AF095425

www.ingramcontent.com/pod-product-compliance
Lightning Source LLC
LaVergne TN
LVHW021823060526
838201LV00058B/3492
* 9 7 8 9 3 8 6 2 7 6 4 9 0 *

اُردو کی غیر افسانوی نثر

(URDU NON-FICTIONAL PROSE)

BULE-005

For
B.A., B.Com, BSC

Useful For

Delhi University (DU), IGNOU, Berhampur University (Odisha), University of Kashmir, Sambalpur University (Odisha), University of Kalyani (West Bengal), Gurukula Kangri Vishwavidyalaya (Uttarakhand), Himachal Pradesh University, Cooch Behar Panchanan Barma University (West Bengal), Ranchi University, University of Culcutta, Pune University, University of Mumbai, and other Indian Universities

---

GULLYBABA PUBLISHING HOUSE PVT. LTD.
ISO 9001 & ISO 14001 CERTIFIED CO.

Published by:
GullyBaba Publishing House Pvt. Ltd.

Regd. Office	Branch Office:
2525/193, 1st Floor, Onkar Nagar-A, Tri Nagar, Delhi-110035 (From Kanhaiya Nagar Metro Station Towards Old Bus Stand) Ph. 011-27387998, 27384836, 27385249	1A/2A, 20, Hari Sadan, Ansari Road, Daryaganj, New Delhi-110002 Ph. 011-23289034 011-45794768

E-mail: hello@gullybaba.com, Website: GullyBaba.com

New Edition

Author: GPH Panel of Experts

ISBN: 978-93-86276-49-0

Copyright© with Publisher
All rights are reserved. No part of this publication may be reproduced or stored in a retrieval system or transmitted in any form or by any means; electronic, mechanical, photocopying, recording or otherwise, without the written permission of the copyright holder.
Gullybaba Publishing House Pvt. Ltd. is not connected to any university/board/institution in any way.
All disputes with respect to this publication shall be subject to the jurisdiction of the Courts, Tribunals and Forums of New Delhi, India only.

Home Delivery of GPH Books

You can get GPH books by VPP/COD/Speed Post/Courier.
You can order books by Email/SMS/WhatsApp/Call.
For more details, visit gullybaba.com/faq-books.html

> **Note:** Selling this book on any online platform like Amazon, Flipkart, Shopclues, Rediff, etc. without prior written permission of the publisher is prohibited and hence any sales by the SELLER will be termed as ILLEGAL SALE of GPH Books which will attract strict legal action against the offender.

تعارف
(Preface)

اُردوایک ترقی یافتہ زبان ہے جوایشیااور یورپ کے کئی ملکوں میں بولی جاتی ہے۔کمپیوٹر اورٹیکنالوجی کے اس دور میں سماج ومعاشرہ،تہذیب وادب اُردوزبان سے بے حدمتاثر ہے۔اس کی ترقی اورعروج کاایک اہم ذریعہ اُردو کی غیر افسانوی نثربھی ہے۔GPH کی پیشکش ''اُردو کی غیرافسانوی نثر (BULE-005)''میں جدید اُردونثر کے ارتقاپرروشنی ڈالی گئی ہےاوراس کے اصناف کا تعارف کرایا گیا ہے۔اُردو کے اہم انشاپردازوں کے حالاتِ زندگی اوران کی نمائندہ تحریروں کے جملہ پہلوؤں کا تجزیہ کیا گیا ہے۔تا کہ آپ ان کے اسالیب کواچھی طرح سمجھ سکیں۔نیز اُردوطنز ومزاح کی فن اورروایت پربھی تفصیل سے روشنی ڈالی گئی ہے۔

دوسرے بلاک میں مضمون نگاری کے فن اورروایت سے بحث کی گئی ہے۔اُردو کے اہم مضمون نگاروں کے فکروفن اور اسالیب پر تفصیل سے بحث کی گئی ہے۔نیزان کے نمائندہ مضامین کے جملہ پہلوؤں کا تجزیہ کیا گیا ہے۔سرسیداحمد کے مضمون 'امید کی خوشی' کے حوالے سے ان کے فن پرروشنی ڈالی گئی ہے۔شبلی نعمانی کے مضمون 'سرسیداور اُردولٹریچر' کے حوالے سے ان کے فن کا جائزہ لیا گیا ہے۔مہدی افادی کے مضمون 'اُردولٹریچر کے عناصرخمسہ' کے حوالے سے ان کے فکروفن اوراسالیب کا جائزہ لیا گیا ہے۔

تیسرے بلاک میں اُردوانشائیہ نگاری کے فن اورروایت سے بحث کی گئی ہے۔مضمون اورانشائیہ کے درمیان فرق کوبھی سمجھایا گیا ہے۔اُردو کے مشہورانشائیہ نگاروں کے حالات زندگی ،فکروفن اوراسالیب کا جائزہ لیا گیا ہے۔مولانا محمد حسین آزاد کے فکروفن اوراسالیب کا جائزہ 'نیرنگ خیال کے حوالے سے لیا گیا ہے۔حسن نظامی کی انشائیوں کی فنی خصوصیات اوراسلوب بیان کے علاوہ ان کے انشائیہ 'ماچس' کا جائزہ لیا گیا ہے۔مولانا ابوالکلام آزاد کے فکروفن اور اسلوب کی خصوصیات کی بیان کی گئی ہیں نیز غبار خاطر کے اقتباس 'چڑیاچڑے کی کہانی' کے حوالے سے ان کے فن کا جائزہ لیا گیا ہے۔مرزامحمود بیگ کے انشائیہ 'آنکھ کی شرم' کے حوالے سےان کے فکروفن اوراسالیب کا جائزہ لیا گیا ہے۔

چوتھے بلاک میں سوانح کے فن اوراس کی روایت سے بحث کی گئی ہے۔اُردوسوانح نگاری کی تاریخ میں دوبڑے مشہورنام شبلی نعمانی،الطاف حسین حالؔی کے لئے جاتے ہیں۔اس بلاک میں شبلی کے فن'الفاروق' کے حوالے سے بحث کی گئی ہے

جو تاریخ کے بغیر کوئی لقمہ نہیں توڑتے۔ دوسرے بڑے سوانح نگار حالؔی کے فن سے 'یادگارِ غالب' کے حوالے سے بحث کی گئی ہے۔ جوشؔ ملیح آبادی کی خودنوشت 'یادوں کی بارات' کا ذکر کیا گیا ہے جس میں جوشؔ کی خودنوشت کی فنی خصوصیات بھی بیان کی گئیں ہیں۔ نیز سوانح نگاروں کی مختصر حالات زندگی اور ان کی تحریروں کے اقتباسات بھی نقل کیے گئے ہیں تاکہ ان کے مطالعے سے ان کے فکر وفن اور اسلوب کا بخوبی اندازہ لگایا جاسکے۔

پانچویں بلاک میں اُردو کی دیگر غیر افسانوی نثری اصناف میں خطوط نگاری، سفرنامہ، رپورتاژ نگاری اور خاکہ نگاری کے فن، روایت اور ارتقا پر روشنی ڈالی گئی ہے۔ نیز اردو میں ان کی سمت و رفتار کا جائزہ لیا گیا ہے۔ اُردو کے غیر افسانوی نثر نگاروں میں مشہور ادیب مرزا غالبؔ کے فن خطوط نگاری پر بحث کی گئی ہے۔ صالحہ عابد حسین کے مشہور سفرنامہ ''سفر زندگی کے لئے سوز وساز'' کی روشنی میں ان کے فکر وفن پر اظہار خیال کیا گیا ہے۔ اُردو میں رپورتاژ نگاری کے فن اور روایت سے بحث کرتے ہوئے مشہور فکشن نگار عصمت چغتائی کے رپورتاژ ''بمبئی سے بھوپال تک'' کا جائزہ لیا گیا ہے۔ اُردو میں خاکہ نگاری کے فن سے بحث کرتے ہوئے شاہد احمد دہلوی کے خاکہ نگاری کا جائزہ لیا گیا ہے۔

چھٹے بلاک میں اُردو طنز ومزاح کی روایت اور فن پر تفصیل سے بحث کی گئی ہے۔ 'اودھ پنچ' کے ایڈیٹر منشی سجاد حسین کی سوانح حیات اور ان کے فکر وفن کا جائزہ لیا گیا ہے۔ ان کی مشہور ناول ''حاجی بغلول'' کے اقتباس کی روشنی میں ان کے فکر وفن کا تجزیہ کیا گیا ہے۔ رشید احمد صدیقی کے مشہور مضمون 'چارپائی' کے مطالعے سے ان کے فکر وفن کا اندازہ لگایا گیا ہے۔ پطرس بخاری کے حالات زندگی اور ان کی آرٹ پر تنقیدی نظر ڈالی گئی ہے۔ ان کے مضمون ''مرحوم کی یاد میں'' سے ان کے فکر وفن اور اسلوب کو سمجھنے میں بڑی مدد ملتی ہے۔ اُردو کے ایک اہم طنز ومزاح نگار شوکت تھانوی کے مشہور مضمون 'سودیشی ریل' کی روشنی میں ان کے فکر وفن کی قدر و قیمت کا اندازہ لگایا گیا ہے۔

گلی بابا پبلیکیشنز ہاؤس پرائیویٹ لمیٹڈ ایک مشن کے طور پر اندرا گاندھی نیشنل اوپن یونیورسٹی (IGNOU) کے کورس پر مبنی معاون کتابوں کی طباعت کا کام کرتا ہے۔ ہر کتاب کی طباعت میں ہماری کوشش ہوتی ہے کہ طلبا کو اسباق سمجھنے میں آسانی ہو۔ ہماری کتاب کی سب سے اہم خصوصیت یہ ہوتی ہے کہ اس کے تحت آپ کو گذشتہ سالوں کے سوالناموں کے صحیح جوابات دیئے جاتے ہیں، جو آپ کے امتحان کو آسان بنانے اور اچھے نمبرات حاصل کرنے میں مددگار ثابت ہوتے ہیں۔ کتاب میں سوال نامہ کو اسی شکل میں پیش کیا گیا ہے جس شکل میں امتحان میں آپ کے سامنے آتا ہے، جو آپ کو اپنے آپ میں ایک اعتماد اور بھروسا بڑھانے میں معاون اور مددگار ثابت ہوگا۔

آئندہ ایڈیشن میں آپ کے مفید مشوروں اور تجویزوں کو شامل کرنے کے لئے بلا کسی پس وپیش کے ہمیں ہماری feedback@gullybaba.com پر ای میل کریں یا سیدھے پرکاشن کے پتے پر لکھیں۔

فہرست مضامین
(Contents)

بلاک : 1	جدید اُردو نثر کا ارتقا (اصناف اور اسالیب)	1
بلاک : 2	اُردو میں مضمون نگاری	43
بلاک : 3	اُردو میں انشائیہ نگاری	63
بلاک : 4	اُردو میں سوانح نگاری	81
بلاک : 5	اُردو میں دیگر نثری اصناف کا ارتقا	97
بلاک : 6	اُردو میں طنز و مزاح	115

سوال نامے

(Question Papers)

جون: 2015 (مع حل شدہ)....................139

دسمبر: 2015 (مع حل شدہ)....................141

جون: 2016 (مع حل شدہ)....................143

دسمبر: 2016 (مع حل شدہ)....................145

جون: 2017 (مع حل شدہ)....................147

دسمبر: 2017 (مع حل شدہ)....................149

جون: 2018 (مع حل شدہ)....................154

دسمبر: 2018 (مع حل شدہ)....................159

جون: 2019....................161

دسمبر: 2019....................162

جون: 2020....................163

فروری: 2021....................164

جون: 2021....................165

دسمبر: 2021....................166

بلاک 1

جدید اُردو نثر کا ارتقا (اصناف اور اسالیب)

اس بلاک میں جدید اُردو نثر کے ارتقا پر تفصیل سے بحث کی گئی ہے۔ اردو نثر کو دو حصوں میں تقسیم کر کے اس کے انواع واقسام پر تفصیل سے روشنی ڈالی گئی کیا گیا ہے:

(۱) افسانوی نثر جس میں داستان، ناول، افسانہ اور ڈراما (فکشن) شامل ہیں۔

(۲) غیر افسانوی نثر جس میں مضمون، انشائیہ، سوانح، سفرنامہ، رپوتاژ اور خطوط نگاری (غیر فکشن) وغیرہ شامل ہیں۔

غیر افسانوی نثر کی اصناف اور اُردو کے اہم انشا پردازوں اوران کی نمائندہ تحریروں کے جملہ پہلوؤں کا تجزیہ کیا گیا ہے۔ اردو کے نمائندہ نثر نگاروں کی مختصر حالات زندگی کے ساتھ ان کی تخلیقات کے اسلوب وانداز کا جائزہ لیا گیا ہے۔ یہاں اردو طنز و مزاح کی روایت اور فن پر بھی تفصیل سیبحث کی گئی ہے۔ اس بلاک کے تحت آنے والے سوالوں کے جوابات سہل اور آسان انداز میں دیئے گئے ہیں جو آئندہ امتحان میں طلبا اور طالبات کے لئے نہایت ہی معاون اور مفید ثابت ہوں گے۔

سوال:1 جدید اُردو نثر کے ارتقا پر ایک نظر ڈالئے۔ [جون:2015 سوال:1]

یا

جدید اُردو نثر کے آغاز وارتقا پر روشنی ڈالیے۔ [جون:2016 سوال:1]

یا

جدید اُردو نثر کے ارتقا پر مضمون تحریر کیجئے۔ [دسمبر:2016 سوال:1]

یا

جدید اُردو نثر کے ارتقا پر اپنے خیالات کا اظہار کیجیے۔ [جون:2017 سوال:1]

جواب: اردو میں تصنیف وتالیف کا سلسلہ دکن سے شروع ہوتا ہے۔اس سلسلے میں سب سے پہلا نام خواجہ بندہ نواز گیسو دراز کا ہے جنھوں نے 'معراج العاشقین' کے نام سے تصوف کے بارے میں ایک رسالہ لکھا۔ یہ رسالہ دکنی اردو نثر کا پہلا نمونہ ہے۔۱۴ اروِیں صدی کے آخر میں ان کے پوتے سید عبداللہ حسینی نے شیخ عبدالقادر جیلانی کے عربی رسالے 'نشاط العشق' کا ترجمہ کر کے اس کی شرح لکھی۔شمس العشاق میراں جی کے تین رسالے شرح مرغوب القلوب، جل ترنگ اور گل باس ہیں۔ ان کے پوتے امین الدین اعلیٰ (۱۵۵۲ء تا ۱۶۷۵ء) کے رسائل ''گفتار حضرت شاہ امین'' اور گنج مخفی بہت اہم ہیں۔مولوی عبداللہ نے ۱۶۶۲ء میں 'احکام الصلوٰۃ' کے نام سے ایک فارسی مذہبی رسالہ کا ترجمہ کیا جس میں نماز کے آداب اور حنفیہ عقائد بیان کئے گئے ہیں۔۱۶۶۸ء میں دکن کے ایک صوفی بزرگ میراں یعقوب نے خواجہ برہان الدین کی کتاب 'شمائل الاتقیا' کا اردو میں ترجمہ کیا اور برہان الدین جانم کی 'کلمۃ الحقائق' اس سلسلے کی اہم کڑیاں ہیں۔لیکن یہ ساری کتابیں تصوف اور مذہب سے متعلق ہیں۔ان کا مقصد وعظ وتبلیغ ہے۔ان کی اہمیت ادبی نہیں خالص لسانی ہے۔ان رسائل کے مطالعے سے دکن میں اردو کے ابتدائی رنگ وروپ اور بعد میں ہونے والے تغیرات کا اندازہ بخوبی لگایا جاسکتا ہے۔

ادبی حیثیت سے دکنی نثر کا قابل رشک نمونہ ملا وجہی کی ''سب رس'' ہے۔'سب رس' میں عشق ودل کے معرکہ کو قصہ کے پیرایہ میں مقفیٰ اور مسجع زبان کو رمزو کنایہ کے ساتھ بڑے خوبصورت انداز میں بیان کیا گیا ہے۔دکن میں اردو نثر کے چار سو سال گزر جاتے ہیں اور وہ اس عرصے میں وہ اپنی ارتقائی منازل بھی

طے کرلیتی ہے۔ لیکن شمالی ہند اس سے بے خبر رہتا ہے۔ محمد حسین آزاد نے ''آبِ حیات'' میں لکھا ہے کہ محمد شاہ کے عہد میں (۱۷۳۲ء) میں فضلی تخلص ایک بزرگ نے کربل کتھا (دہ مجلس) لکھی۔ شمالی ہند میں اردو نثر کی پہلی تصنیف ہے۔ اس سے پتا چلتا ہے کہ شمالی ہند میں ۱۶۸۸ء سے قبل اردو نثر کے آثار نہیں ملتے۔ لیکن پروفیسر حامد حسن قادری کی تلاش و جستجو نے ایک رسالہ اخلاق و تصوف سے متعلق پتا لگایا ہے جس کو ۱۳۰۰ء میں خواجہ سید جہانگیر اشرف سنائی نے تصنیف کیا۔ اس کی تمام تر اہمیت لسانی ہے جبکہ فضلی کی 'دہ مجلس' عربی و فارسی رنگ میں ڈوبی ہوئی ہے۔

شمالی ہند میں اردو نثر: ۱۷۰۷ء میں اورنگزیب عالمگیر کی وفات سے مغلوں کا زوال شروع ہو گیا۔ اس کے وارثین تخت و تاج کے لئے آپس میں لڑنے لگے۔ پورا ملک ٹکڑوں میں بٹا ہوا تھا۔ ہر ٹکڑا اپنی انفرادی بقا کی جنگ لڑ رہا تھا۔ معاشی بدحالی کی وجہ سے عدم اطمنانیت عام تھی اور زندگی کے معنی رنج و الم کے سوا کچھ نہ تھے۔ فارسی ادب کی قندیلیں مدھم ہو کر بجھنے لگیں تو نئے فنکاروں نے ان قندیلوں سے اردو ادب کے چراغ جلائے۔ ولؔی کے دیوان کی آمد سے دہلی میں شاعری کا ایک نیا چشمہ پھوٹ نکلا۔ خان آرزو جو فارسی کے پہلے شاعر تھے ریختہ کے مشاعرے کرانا شروع کر دیئے۔ ولؔی کے دیوان نے ریختہ گوئی کو اثبات و یقین عطا کیا۔ ایسے دور میں شعرا، صوفیا اور ادیبوں نے اس زبان کو اپنایا اور زمانہ کے بدلتے حالات کے مطابق عوام کے احساسات و جذبات کو عوامی زبان میں پیش کیا۔ شمالی ہند میں اردو کے ابتدائی نمونے فضل علی فضلؔی کی 'کربل کتھا' جو ملاّ حسین واعظ کاشفی کی ''روضۃ الشہدا'' کا اردو ترجمہ ہے۔ اس میں واقعۂ کربلا اور حضرت امام حسین کی شہادت بیان کی گئی ہے۔ محمد باقر آگاہ کی 'محبوب القلوب'، شاہ مراد اللہ سنبھلی کی 'پارہ عم' کی تفسیر 'خدائی نعمت' اور شاہ رفیع الدین اور شاہ عبدالقادر کا لفظی اور مفہومی ترجمہ قرآن اور عیسوی خاں کی 'مہر افروز دلبر' جو ۱۷۳۲ء اور ۱۷۵۹ء کے درمیان لکھی گئی۔ اسی طرح نو آئین ہندی، عجائب القصص میں ایسی نثر لکھی گئی جو عوام پسند اور عام فہم تھی۔ شاہ حسین حقیقت نے 'جذب عشق' کو فارسی سے اردو میں منتقل کیا جو ایک عشقیہ داستان ہے۔ اردو داستانوں میں میر محمد حسین عطا خاں تحسین کی 'نوطرز مرصع' بہت مقبول ہے۔ انھوں نے (۱۷۶۸ء تا ۱۷۸۰ء) کے درمیان ''قصہ چہار درویش'' کو اردو میں ترجمہ کیا اور اس کا نام 'نوطرز مرصع' رکھا۔ ۱۸۰۰ء میں جب فورٹ ولیم کالج قائم ہوا تو انگریزوں نے اردو زبان سیکھنے کے لئے منشی ملازم رکھے

اوران سے آسان زبان میں قواعد ولغت اور نثری کتابیں لکھوائیں۔ بائبل کا اردو میں ترجمہ کرایا گیا۔ کالج کے اہل قلم میرامن نے چہار درویش کا قصہ ''باغ و بہار'' لکھا۔ نہال چند لاہوری کی ''گل بکاؤلی'' یا ''مذہب عشق''، اہم ہیں۔ حیدر بخش حیدری کی 'طوطا کی کہانی' جو سنسکرت کی پرانی کتاب کا فارسی ترجمے کا اُردو خلاصہ ہے۔ ان کی دوسری کتاب 'آرائش محفل' ہے۔ ان لوگوں کے علاوہ اکرام علی، بہادر علی حسینی، خلیل علی اشک، بینی نرائن جہاں، مرزا علی لطف وغیرہ کی کتابیں مشہور ومقبول ہوئیں۔ للولال جی نے اردو محاورے کی کئی کتابیں ہندی میں لکھیں۔ ان کتابوں میں عربی وفارسی کی جگہ سنسکرت الفاظ کا بے دریغ استعمال کیا گیا۔ یہیں سے اردو اور ہندی کا تنازعہ پیدا ہوا اور دونوں دو الگ الگ زبانیں سمجھی جانے لگیں۔

۱۸ رویں صدی کے ربع آخر میں جب لکھنؤ کو تہذیبی، ثقافتی اور ادبی دبستان کی حیثیت حاصل ہوگئی تو دہلی کے ٹوٹے ہوئے ستارے لکھنوی دبستان کے ماہتاب وآفتاب بن گئے۔ اس دور میں دہلی کو خیر آباد کہہ کر لکھنؤ میں گوشۂ عافیت تلاش کرنے والے شعرا خان آرزوؔ، جعفر علی حسرتؔ، میر ضاحکؔ، قمرین منتؔ، اشرف علی فغاں، سوداؔ، میرتقی میرؔ، میرسوزؔ، مصحفیؔ، انشاءؔ، جرأتؔ اور میرحسنؔ وغیرہ کے نام بے حد اہم ہیں۔ اس دور میں اردو ادب کے نئے مزاج کو فروغ ملا۔ مرثیہ، مثنوی، ریختی اور ڈرامے کے جداگانہ صنف کی باقاعدہ ابتدا ہوئی۔ مختصر عرصے میں لکھنؤ کے اندر شعروشاعری کی ایسی فضا قائم ہوئی کہ یہ خطہ رشک دہلی بن گیا۔ مشرق کی اس نئی تہذیب کو آصف الدولہ سے نواب واجد علی شاہ کے عہد تک روشنی ملتی رہی۔ اودھ کی اس نئی تہذیب کی روشنی واجد علی کی معزولی کے ساتھ اس وقت بجھ گئی جب یہ مملکت برطانیہ کے ساتھ ملحق کردیا گیا۔ اردو داستانوں میں 'داستانِ امیر حمزہ' اور رجب علی بیگ سرورؔ کی فسانۂ عجائب، سرور سلطانی، نیم چند کھتری کی گل وصنوبر اور انشا کی 'رانی کیتکی کی کہانی' وغیرہ شامل ہیں۔ ۱۸۰۷ء میں مول رام نے بھگوت گیتا کی دانش وحکمت کی باتیں اردو زبان میں لکھی۔ رستم علی بجنوری نے تاریخی کتاب 'قصہ احوال روہیلہ' کو اردو زبان میں لکھا۔ اردو زبان کی پہلی داستان حکیم محمد علی نے محمد شاہ کو سنائی تو بادشاہ نے حکم دیا کہ اسے فارسی میں ترجمہ کیا جائے۔ ۱۹ رویں صدی کے نصف اول میں بے شمار رسائل وجرائد اور داستانیں لکھی گئیں۔ اس سلسلے کی ایک اہم کڑی اردو کا پہلا اخبار 'جام جہاں نما' اور شاہ اسماعیل شہید کی تقویۃ الایمان ہے۔

۱۸۳۶ء سے اُردو اخبارات کا سلسلہ شروع ہو چکا تھا۔ دہلی سے شائع ہونے والے سید الاخبار کے

بعد سینکڑوں اخبارات نکلے۔ جیسے اودھ اخبار، الہلال، ہمدم، ہمدرد، سرفراز، زمیندار، انقلاب، پرتاپ، تیج، ملاپ، آزاد ہند، پیام، امروز، قومی آواز، دعوت، سیاست وغیرہ۔ رسائل میں مخزن، نقاد، صدائے عام، ادیب، زمانہ، الفاظ، اردو ادب، ادب لطیف، نقوش، ادبی دنیا، ہمایوں، نوائے وقت، معارف، ادیب، نیا ادب، شاہراہ، ساقی، افکار، معاصر، آج کل، نیا دور، شاعر، جامعہ، تہذیب الاخلاق وغیرہ قابل ذکر ہیں۔ اُردو نثر کی ابتدائی کوششوں سے فورٹ ولیم کالج کے ادبی کارناموں تک اردو کا اسلوب تکلف اور تصنع کے ساتھ ترقی کرتا ہوا نظر آتا ہے۔ ابتدائی تحریروں میں فارسی اور عربی کا غلبہ ہے۔ اس کی وجہ یہ تھی جو لوگ مادری زبان اردو کی طرح فارسی اور عربی جانتے تھے وہی اردو لکھ رہے تھے۔ دوسری وجہ یہ تھی کہ زیادہ تر کتابیں فارسی اور عربی سے ترجمہ تھیں۔ فورٹ ولیم کالج کے مصنفین نے اس اسلوب سے باہر آنے کی کوشش کی۔ اس طرح اردو نثر سادگی اور روانی کی طرف گامزن ہوگئی۔

سرسید احمد خاں: جدید اردو نثر کے محسنوں میں سب سے پہلا نام سرسید اور ان کے رفقا کا ہے۔ ۱۸۵۷ء کے غدر نے سرسید کی آنکھیں کھول دیں۔ غدر میں انقلابیوں کی بدنظمی، بے مقصد شورش اور اس کے بعد انگریزی حکومت کے کارندوں کے ہاتھوں ہندوستانیوں پر ظلم و جبر اور پل بھر میں صدیوں کی بنی بنائی ساکھ کا بگڑ جانا یہ وہ چیزیں تھی جنھیں دیکھ کر سرسید کے دل کو بہت ٹھیس پہونچی۔ وہ ہرگز اپنے قوم کی کی تباہی دیکھنے کے لئے تیار نہ تھے۔ ان کا خیال تھا کہ انگریز ایک بہتر نظام حیات لے کر آئے ہیں ان کی حکومت کو ختم کرنے کا جذبہ محض جنون ہے۔ ان خیالات کے پیش نظر وہ قوم کے سامنے مصلحانہ مقصد لے کر میدان میں اُترے۔ ان کے بروقت عزم و عمل نے قوم کو تباہی سے بچالیا۔ اپنی مسلسل تبلیغ سے لوگوں کے درمیان نئے علوم اور نئے زمانے کو اپنانے کا حقیقی جذبہ ابھارا۔ ان کی جادو بھری شخصیت نے اعلیٰ تخلیقی صلاحیت رکھنے والے روشن خیال افراد کی ایک جماعت کھڑی کردی۔ اس دور کو 'سرسید دور' بھی کہا جاتا ہے۔ حالؔی کے نثری شاہکاروں میں حیاتِ جاوید، حیاتِ سعدی، یادگارِ غالب اور مسدس حالی کا مقدمہ شامل ہے۔ محمد حسین آزادؔ نے آبِ حیات، دربار اکبری، سخندانِ فارس، قصص ہند، اور نیرنگِ خیال جیسی تصنیف کی، جس کی نثر سادہ، صاف اور مبالغہ سے عاری ہے۔ مولوی ذکاءاللہ نے سو سے زیادہ کتابیں لکھیں، جن میں زیادہ تر ماضی اور تاریخ سے متعلق ہیں۔ مولوی نذیر احمد نے متعدد کتابیں لکھیں جن میں قرآن شریف کا

ترجمہ، انگریزی سے قانونی کتابوں کا ترجمہ اور بچوں کے لئے مراۃ العروس، بنات النعش جیسی کتابیں تصنیف کیں۔ادبی ناولوں میں توبۃ النصوح اور ابن الوقت وغیرہ شامل ہیں۔شبلی نعمانی نے تاریخ، سوانح اور تنقید کے علاوہ متعدد علمی مضامین لکھے۔لکھنؤ میں ندوہ اور اعظم گڑھ میں دارالمصنفین اور شبلی کالج قائم کیا۔ شبلی اپنی نثری تصانیف کی وجہ سے اردو ادیبوں کی صف اول میں جگہ پاتے ہیں۔ان کی مشہور کتابوں میں سیرت النبی، الفاروق، المامون، شعرالعجم، علم الکلام اور موازنہ انیس و دبیر وغیرہ شامل ہیں۔محسن الملک، چراغ علی، وقار الملک وغیرہ ادبی اور قومی زندگی میں لوگوں کے لئے چراغِ راہ بن گئے۔یہی وجہ ہے کہ ناقدین فن نے سرسید کو'فادر آف ماڈرن اردو پروز' (بابائے جدید اُردو نثر) کے لقب سے یاد کیا ہے۔آثار الصنادید، خطبات احمدیہ، تفسیر القرآن، مجموعہ لکچر و مضامین ادبی حیثیت سے خاص مطالعے کے مستحق ہیں۔سرسید پہلے شخص ہیں جنھوں اردو نثر کو مختلف مسائل و مضامین مثلاً تاریخی، تخلیقی، مذہبی اور تعلیمی وغیرہ کے لئے خالص علمی طور پر استعمال کیا۔ان کی عبارت صاف ستھری اور رواں ہوتی ہے۔وہ جو کچھ لکھتے ہیں پوری سچائی اور بے باکی اور دلیل کے ساتھ لکھتے ہیں۔اردو نثر کے عیب انھوں نے گن گن کر لوگوں کو بتائے۔مبالغہ آرائی، لفاظی، تصنع اور قافیہ پیمائی سے انھیں سخت نفرت تھی۔وہ چاہتے تھے کہ اردو نثر میں وہ صلاحیت پیدا ہوجائے کہ کام کی بات سیدھے سادے لفظوں میں ادا کی جائے تا کہ قاری کے دل میں بیٹھ جائے۔سرسید کی یہ تحریک صرف ادب تک محدود نہیں تھی۔ بلکہ سماجی زندگی کے ہر شعبے تعلیم، مذہب، طرز معاشرت، صنعت، نظامِ ملازمت وغیرہ پر حاوی تھی۔انھوں نے اجتماعی مقاصد کے تحت سائنٹفک سوسائٹی اور پھر ایم اے او کالج کی بنیاد ڈالی جو بعد میں علی گڑھ مسلم یونیورسٹی ہوگئی۔

۱۸۲۵ء میں اُردو کو فارسی کی جگہ سرکاری زبان کا درجہ حاصل ہوا تو بہت سے پریس قائم ہوئے ہفت روزہ، ماہنامہ اخبار و جرائد نکلنے لگے۔عیسائی مبلغین نے انجیل کا اردو ترجمہ شائع کیا۔اسی عہد میں دہلی کالج قائم ہوا جہاں سے مختلف علوم وفنون کے ترجمے اردو درس و تدریس میں شامل ہوگئے۔اس ضرورت کے تحت سینکڑوں کتابیں سائنس، تاریخ، جغرافیہ، کیمیا اور ریاضی وغیرہ کی اردو میں ترجمہ ہوئیں اور نصاب کا حصہ بنیں۔اُردو زبان کی ترویج و اشاعت میں دارالترجمہ عثمانیہ نے اہم کردار ادا کیا جہاں اُردو کو خوب ترقی ملی۔

پنڈت رتن ناتھ سرشار اور عبدالحلیم شرر کو اردو نثر کے بڑے ستونوں میں شمار کیا جاتا ہے۔سرشار نے

لکھنؤ کے طرز معاشرت پر فسانۂ آزاد، جامِ سرشار، سیر کہسار، خدائی فوجدار جیسے مشہور ناول لکھے۔ ان کی تحریریں مختلف لوگوں، طبقوں، پیشوں کی بول چال اور زندگی کی سیر کراتی ہیں۔ عبدالحلیم شرؔر کا تعلق لکھنؤ، کلکتہ اور حیدر آباد سے رہا اور انھوں نے یورپ کا بھی سفر کیا۔ عبدالحلیم شرؔر، محمد علی طبیبؔ نے تاریخی ناول لکھ کر اسلام کے شاندار ماضی کو دہرایا۔ عبدالحلیم شرؔر کی ''عبدالعزیز ورجینا'' دلچسپ ہے لیکن فردوسِ فریں ان کا شہکار ہے۔ شرؔر کی کردار نگاری کمزور ہے دوسرے ان کے یہاں تبلیغ اسلام کا جوش زیادہ پایا جاتا ہے۔ طبیبؔ کے تاریخی ناول شرؔر کے ناول کے کم رتبہ ہیں۔ ''نیل کا سانپ'' اور ''عبرت'' ہی کو کسی حد کامیاب کہا جاسکتا ہے۔ اس عہد میں مرزا محمد ہادی رسوؔا کا امراؤ جان ادا، ذات شریف اور شریف زادہ وجود میں آئے لیکن جس کارنامے نے انھیں زندگی جاوید عطا کی۔ وہ ''امراؤ جان ادا'' ہے۔ زبان وادب کے لحاظ سے یہ ناول اردو ادب کا شہکار ہے۔

مولانا راشد الخیری کو ''مصورِ غم'' کے نام سے جانا جاتا ہے۔ انھوں نے ہندوستان میں مسلم خواتین کو اپنی ناول کا مرکز بنایا اور ہمارے معاشرے میں ان کی جو دردناک حالت ہے اس کی نہایت ہی بہترین تصویر کشی کی۔ پریم چند نے ملک میں درپیش مسائل کو اپنے ناول اور افسانے میں جگہ دی اور ادب کو نئی تکنیک، سماجی حقیقت نگاری سے آشنا کیا۔ ان کے اہم ناول گؤدان، میدانِ عمل، بازارِ حسن، گوشۂ عافیت، چوگان ہستی وغیرہ شامل ہیں۔ ان کے اہم افسانے 'دنیا کا سب سے انمول رتن، بڑے گھر کی بیٹی، حج اکبر، بوڑھی کاکی، راہِ نجات، کفارہ، دوبیل، وفا کی دیوی، کفن' وغیرہ خاص طور سے قابل ذکر ہیں۔ ۱۹۳۶ء میں افسانوں کا ایک مجموعہ ''انگارے'' شائع ہوا۔ جس میں رومانیت سے بغاوت کی گئی تھی۔ اس میں رشید جہاں، احمد علی، سجاد ظہیر اور محمود الظفر کے افسانے شامل تھے۔ ان کا مقصد یہ تھا کہ حقیقت نگاری کے ذریعہ معاشرے میں رائج رسموں پر چوٹ کی جائے۔ جنسی معاملات میں ان افسانہ نگاروں نے بہت بے باکی سے کام لیا ہے۔ اس تحریک سے اردو ادب کو مزید قوت ملی۔ اس زمانے کے کچھ اہم ناول نگاروں اور افسانہ نگاروں میں کرشن چندر، راجندر سنگھ بیدی، سعادت حسن منٹو، عصمت چغتائی، حسن عسکری، قرۃ العین حیدر، انتظار حسین، ہاجرہ مسرور، خدیجہ مستور وغیرہ شامل ہیں جنھوں نے اردو نثر میں چار چاند لگا دیئے اور اردو نثر کا دامن وسیع کر دیا۔

تقسیم ملک کے بعد ایک عرصے تک ہجرت اور جلاوطنی پر ہمارے فنکاروں کی توجہ مرکوز رہی۔ پھر دھیرے دھیرے یہ دائرہ وسیع ہوتا گیا۔ ماضی قریب میں ایسے بہت سے ناول لکھے گئے جن کی فہرست بہت لمبی ہے: عبداللہ حسین کا ''اداس نسلیں'' خدیجہ مستور کا ''آنگن'' حیات اللہ انصاری کا ''لہو کے پھول'' انتظار حسین کا ''بستی''، کرشن چندر نے ''ہم وحشی ہیں''، حیات اللہ انصاری نے ''شکستہ کنگورے'' منٹو نے ''ٹوبہ ٹیک سنگھ''، عصمت نے ''جڑیں''، انتظار حسین نے ''اجودھیا''، قرۃ العین حیدر نے جلاوطن جیسے لازوال افسانے لکھے۔ اسی زمانے میں سب سے زیادہ توجہ علمی اور ادبی مسائل کی طرف دی گئی اور تحقیقی کام کی لگن لوگوں میں پیدا ہوئی۔ مولوی عبدالحق نے انجمن ترقی اردو جیسا ادارہ قائم کیا اور اردو کی پرانی کتابیں ڈھونڈ ڈھونڈ کر اسے شائع کرنا شروع کر دیا۔ سید سلیمان ندوی جو شبلی کے جانشین تھے۔ انھوں نے بے شمار مذہبی اور ادبی کتابیں لکھیں۔ اسی دور کے عبدالماجد دریابادی نے مذہبی، علمی، فلسفیانہ اور ادبی موضوعات پر کتابیں لکھیں۔ نیاز فتح پوری کی نثر میں مولانا ابوالکلام آزاد کی نثر کی جھلک ملتی ہے جنھوں نے متعدد علمی وادبی مضامین کے علاوہ ناول، افسانے اور ڈرامے لکھے۔ محمود شیرانی کی نثر میں ادبی رنگ کم اور تحقیق کا انداز زیادہ ہوتا ہے جو ان کی نثر کو معیاری بناتا ہے۔ اردو نثر میں سید مسعود حسین رضوی کا تحقیقی کام معتبر ہے۔ حالی اور آزاد سے لے کر موجودہ عہد تک جن نثر نگاروں کا ذکر کیا گیا ہے انھوں نے مغربی ادب سے استفادہ ضرور کیا ہے لیکن ان کے اندازِ فکر اور خیالات کو قبول نہیں کیا ہے۔

سوال:2 اُردو نثر کے اسالیب پر تبصرہ کیجئے۔ **[جون:2015 سوال:2]**

یا

اُردو نثر کے مختلف اسالیب پر روشنی ڈالئے۔ **[دسمبر:2016 سوال:1]**

جواب: عام طور پر اُردو کے تین اہم اسالیب ہیں۔ سادہ، رنگین اور طنز و مزاح جسے ناقدین نے گلابی اُردو کہا ہے۔ ان اسالیب کے اندر بھی کئی اسلوب ہیں۔ جیسے رجب علی بیگ کا اسلوب جس میں محمد حسین آزاد، ابوالکلام آزاد اور قاضی عبدالستار کے اسالیب شامل ہیں۔ میر امن کا اسلوب جس میں سر سید احمد خاں اور حسن نظامی کا اسلوب شمار کیا جا سکتا ہے۔ کچھ ایسے صاحب طرز ادیب بھی ہیں جو اپنی ایک الگ انفرادی شان رکھتے ہیں۔ جیسے مہدی افادی، ابوالکلام آزاد، رشید احمد صدیقی اور مشتاق احمد یوسفی وغیرہ۔

اُردو نثر کے اسالیب کے ارتقا کے عام رجحانات دو (۲) ہیں:

(ا) اُردو نثر کی ابتدائی کوششوں میں فورٹ ولیم کالج کا کردار بہت اہم ہے۔ کالج کے ابتدائی دور میں اردو کا اسلوب تکلف اور تصنع سے بھرپور نظر آتا ہے۔ اس کی وجہ یہ تھی کہ اُردو کی ابتدائی تحریروں میں عربی وفارسی کا غلبہ تھا۔ لوگ عربی وفارسی کو مادری زبان کی طرح پڑھتے لکھتے تھے۔ اُردو کی اکثر و بیشتر کتابیں عربی وفارسی سے مترجم تھیں، جو مذہبی عقائد کے زیر اثر لکھی گئی تھیں جس کی وجہ سے ترجموں پر عربی وفارسی کے اثرات تھے۔ اس لئے ان میں عربی وفارسی الفاظ پر مشتمل مذہبی اصطلاحوں کا استعمال کیا گیا تھا۔ انھیں اسباب کی بنا پر ابتدائی نثر کا اسلوب تکلف اور تصنع میں محصور ہوکر رہ گیا تھا۔ پھر دھیرے دھیرے کالجکے نثر نگاروں نے عربی وفارسی تقلید سے باہر آنے کی کوشش کی۔ انھوں نے سادگی، روانی اور سہل زبانی کو اپنایا لیکن مقفّٰی اور مسجع عبارت کا چلن بدستور قائم رہا۔ مرزا غالبؔ اپنے خطوط میں بالکل فطری اور نہایت سادہ زبان استعمال کرتے تھے۔ لیکن دیباچوں اور تقریظوں میں تکلف اور تصنع سے پر اسلوب اختیار کیا ہے۔ سرسید احمد خاں بھی عام طور پر رواں اور سادہ زبان استعمال کرتے تھے لیکن ''آثار الصنادید'' میں مقفّٰی اور مسجع انداز بیان سے اپنے دامن کو بچا نہ سکے۔ میر امن نے جب ''باغ و بہار'' میں صاف اور سادہ زبان استعمال کی تو رجب علی بیگ کو بہت برا لگا اور انھوں نے ''فسانۂ عجائب'' میں میر امن کو طعنے دیئے اور ان کی سہل زبانی کا مزاق اڑایا۔ نئے انشا پردازوں پر قدیم انشا پردازی کا اسلوب و انداز اس قدر حاوی تھا کہ اس سے نکلنا بہت مشکل تھا۔ ۱۹۱۷ء میں بحر الفصاحت کے نام سے فصاحت و بلاغت اور عروض سے متعلق جو کتاب شائع ہوئی تو اس میں لفظوں اور معنوں کے لحاظ سے اردو نثر کی چار چار قسمیں بیان کی گئی ہیں:

(الف) مرجّز: وہ نثر جس میں شعر کا وزن ہو اور قافیہ نہ ہو۔

(ب) مقفّٰی: وہ نثر جس میں قافیہ ہو اور وزن نہ ہو۔

(ج) مسجع: وہ نثر جس کے فقروں کے الفاظ وزن میں برابر ہوں اور حروف آخر میں موافق ہو۔

(د) نثر عاری: وہ نثر جس میں روزمرہ زبان استعمال ہو اور وہ وزن و قافیہ سے خالی ہو۔

معنی کے اعتبار سے نثر کی چار قسمیں بیان کی گئی ہیں:

(الف) سلیس سادہ

(ب) سلیس رنگین

(ج) دقیق سادہ

(د) دقیق رنگین

(۲) مرصع اسلوب کا ردعمل ہے۔ سرسید احمد خاں پہلے شخص ہیں جنھوں نے پرانے اسلوب تصنع اور بناوٹ کے خلاف آواز بلند کی۔ محسن الملک، حالؔی، نذیر احمد اور شبلی وغیرہ نے سرسید کے افکار کو عملی شکل دی۔ ان لوگوں نے اُردو زبان کے اسلوب کو فطری اور سادہ بنانے کی ہر ممکن کوشش کی۔ 'تہذیب الاخلاق' کے مضامین اس کی بہترین مثال ہے۔ سرسید نے اپنے مضامین میں انگریزی الفاظ کا استعمال شروع کیا تھا جو فطری اور سادگی سے پر تھا۔ بعض نثر نگار اپنی تحریروں میں انگریزی الفاظ کا استعمال کثرت سے کرنے لگے۔ لیکن انگریزی سے نامناسب رغبت کے چلتے عربی و فارسی کے ماہرین نے اس کے خلاف آواز بلند کی۔ نتیجے میں الہلالی اُردو کا اسلوب ابھر کر سامنے آیا۔ جس میں انگریزی کی جگہ عربی و فارسی کے الفاظ کی بہتات تھی۔ اردو نثر کے اسالیب میں ایک خاص رجحان لطیف نگاری ہے جو ابوالکلام آزؔاد کی طرز نگارش اور ٹیگور کی نظموں کے اردو ترجمے میں نظر آتا ہے۔ اردو نثر کے اسالیب میں ایک رجحان طنز و مزاح کا بھی ہے جسے گلابی اُردو کہا جاتا ہے۔ اس کی باقاعدہ ابتدا اودھ پنچ سے ہوتی ہے۔ سجاد حسین، سرشار، ملا رموزی، رشید احمد صدیقی، پطرس بخاری، عظمت اللہ خاں اور مشتاق یوسفی وغیرہ اس رجحان کے نمائندہ قلمکار ہیں۔ اس طرز کی ابتدا غالبؔ اپنے خطوط کے ذریعے پہلے ہی کر چکے تھے۔

سوال:3 جدید اُردو نثری اصناف سے کیا مراد ہے۔ چند کا تعارف پیش کیجیے۔ [دسمبر:2015 سوال:2]

یا

اُردو میں غیرافسانوی نثری اصناف کی نشان دہی کیجیے۔ [جون:2017 سوال:1]

جواب: جدید اُردو نثر کے اصناف کو ہم دو حصوں میں تقسیم کر سکتے ہیں۔ ایک افسانوی نثر اور دوسرا غیر افسانوی نثر۔ ہم اس بات سے بخوبی واقف ہیں کہ دنیا کی تمام زبانوں کی طرح اُردو میں بھی پہلے شاعری لکھی گئی اور اس کے بعد نثر۔ اردو نثر کے ابتدائی نمونے علماء اور صوفیاء کرام کے ملفوظات اور ارشادات کی

شکل میں ملتے ہیں۔ پھر تذکرے آئے۔ ترجمے ہوئے اور پھر قصے کہانیاں لکھی گئیں۔ اُردو کی پہلی ادبی تصنیف ''سب رس'' داستانی شکل میں دکن میں دیکھنے کو ملتی ہے۔ شمالی ہندوستان میں شاہ عالم ثانی نے ''عجائب القصص'' جیسی داستان لکھی تو داستان نگاری کا دور شروع ہوا۔ ۱۸۵۷ء میں جب انگریز پوری طرح ہندوستان پر قابض ہو چکے تو اردو نثر نے ایک نئی کروٹ لی۔ ایک طرف نثر کے مختلف افسانوی اصناف داستان، ناول، افسانہ، ڈرامہ وجود میں آئے۔ دوسری طرف غیر افسانوی اصناف مضمون نگاری، انشائیہ نگاری، سوانح نگاری، خاکہ نگاری، سفرنامہ، رپورتاژ اور مکتوب نگاری وغیرہ لکھنے کا رواج ہوا۔ جس میں ہر قسم کی ادبی تحریریں شامل ہیں۔

(ا) افسانوی نثر کی اصناف درج ذیل ہیں:

داستان: قصہ سننا اور سنانا انسان کی فطرت میں شامل ہے۔ ایک زمانہ تھا جب انسان کے پاس فرصت تھی تو ایسے قصے پسند کرتا تھا جس میں اس کے تخیل کو خوب سیر کرنے کا موقع ملتا تھا۔ کہانی فوق فطری عناصر کے ذریعے آگے بڑھتی تھی۔ ایک کہانی کے ساتھ دس دس کہانیاں جڑی رہتی ہیں جو ختم ہونے کا نام نہیں لیتی تھیں۔ لیکن جب دھیرے دھیرے انسان سمجھدار ہوا اور اس کے پاس فرصت کے لمحات کم ہوئے تو فوق فطری عناصر قصے سے خارج ہو گئے اور ناول وجود میں آ گیا۔

ناول: انیسویں صدی کے آخری سالوں میں اُردو نثر پر مغربی اثرات مرتب ہوئے۔ مغربی طرز پر ناول اور افسانے لکھے گئے۔ ہندوستانی معاشرہ میں عقل پسندی اور سائنسی فکر پروان چڑھ رہی تھی۔ یہ اصناف رفتہ رفتہ عوام میں مقبول ہو گئی۔ داستان اور ناول دونوں میں ایک چیز مشترک ہے۔ دونوں میں کوئی قصہ یا کہانی ہوتی ہے۔ لیکن داستان کی دنیا میں خیالی باتیں ہوتی ہیں۔ فوق فطری عناصر کا عمل دخل زیادہ ہوتا ہے۔ جبکہ ناول کی دنیا حقیقت پر مبنی ہوتی ہے۔ دنیا میں پیش آنے والے واقعات کو ناول نگار اپنی کہانی کا موضوع بناتا ہے۔

افسانہ: افسانے کو زندگی کا عکس کہا جاتا ہے۔ دنیا کے عظیم افسانہ نگار موپاساں اور چیخوف نے زندگی کو تراش خراش کر کے اس طرح پیش کیا کہ اس کی ہو بہو تصویر ہمارے سامنے آ جاتی ہے۔ اختصار افسانے کا حسن ہوتا ہے۔ یہی چیز افسانے کو ناول سے الگ کرتی ہے۔ پریم چند کا پہلا افسانہ ''انمول رتن'' حقیقت پسندی کی طرف مائل تھا۔ جبکہ یلدرم اور نیاز فتح پوری نے رومانیت کے زیر اثر افسانے لکھے۔ ترقی پسند تحریک کے

نمائندہ افسانہ نگاروں میں کرشن چندر، بیدی، عصمت، منٹو وغیرہ کا نام آتا ہے۔ تقسیم ہند پر افسانہ لکھنے والوں میں شوکت صدیقی، قرۃ العین حیدر، انتظار حسین اور ممتاز مفتی وغیرہ کے نام لئے جاسکتے ہیں۔ علامتوں اور استعاروں سے کہانی کا تانا بانا تیار کرنے والوں میں سریندر پرکاش، بلراج مشرا اور انتظار حسین وغیرہ کا نام لیا جاسکتا ہے۔

ڈراما: کسی بھی واقعہ یا قصے کو کرداروں کی مدد سے ناظرین کے سامنے پیش کرنے کو کہتے ہیں۔ ڈراما جہاں ایک طرف اپنی لطافت، جذبات نگاری اور تاثیر کے اعتبار سے نظم سے قریب تر ہے۔ وہیں دوسری طرف اپنی فنی تکمیل اور موضوع کے اعتبار سے ناول سے مشابہ ہے۔ دونوں میں انسانی زندگی کے مختلف پہلوؤں کو اجاگر کیا جاتا ہے۔ لیکن دونوں میں فرق یہ ہے کہ ناول میں خود ناول نگار کہانی کو تخیلی مشاہدے پر عیاں کرتا ہے جبکہ ڈراما میں کہانی کو کرداروں کے حسّی مشاہدے پر اجاگر کیا جاتا ہے۔ ناول کے مقابلے ڈراما بہت چھوٹا ہوتا ہے۔ ڈراما میں چند ساعتوں کے واقعات میں اس کی زندگی کی مکمل تصویر دکھائی پڑتی ہے۔

(۲) غیر افسانوی نثر کی اصناف درج ذیل ہیں:

مضمون: غیر افسانوی نثر میں اکثر و بیشتر حقیقی بیان کو ترجیح دی جاتی ہے۔ تخیل کی بلند پرواز اور مبالغہ سے اجتناب کیا جاتا ہے۔ مضمون میں متانت و سنجیدگی اور علمیت و بصیرت ہوتی ہے۔ مضمون نگار کسی امر پر سنجیدگی سے روشنی ڈالتا ہے۔ سرسید تحریک نے مضمون نگاری کے ارتقا میں اہم کردار کیا ہے۔ سرسید احمد خاں کے عہد کو اُردو نثر کا دور جدید کہا جاتا ہے۔

انشائیہ: مضمون اور انشائیہ کے اسلوب میں واضح فرق یہ ہے کہ مضمون میں کسی موضوع پر سنجیدگی سے اظہار خیال ہوتا ہے اور اس میں فکر و فلسفہ کا عنصر غالب رہتا ہے۔ انشائیہ میں پورا زور اسلوب یا طرز بیان پر رہتا ہے۔ بے ساختگی اور بے تکلفی اس کی بنیادی شرط ہے۔ انشائیہ میں کوئی آغاز و اختتام نہیں ہوتا۔ بات سے بات نکلتی ہے۔ انشائیہ کی فضا غیر رسمی اور بے تکلف ہوتی ہے۔ اردو میں انشائیہ کے ابتدائی نقوش ملا وجہی کی ''سب رس'' میں ملتے ہیں۔ لیکن اس کا باقاعدہ آغاز سرسید احمد خاں سے شروع ہوتا ہے۔ اس روایت کو آگے بڑھانے میں محمد حسین آزاد، عبدالحلیم شرر، مہدی افادی، سجاد حیدر یلدرم، سجاد انصاری، خواجہ حسن نظامی وغیرہ

قابل ذکر ہیں۔طنز و مزاح کے اسلوب میں رشید احمد صدیقی، پطرس بخاری، کرشن چندر، مشتاق احمد یوسفی، مجتبیٰ حسین اور یوسف ناظم وغیرہ نے معیاری انشائیے لکھے۔فرحت اللہ بیگ اور ابوالکلام آزاد نے اپنی تحریروں سے انشائیہ کے معیار متعین کیے۔ابتدائی انشائیوں میں مقصد پسندی کا عنصر غالب تھا۔لیکن موجودہ دور کے انشائیہ نگاروں کے یہاں موضوع و مسائل میں بنیادی فرق نظر آتا ہے۔انشائیہ غیر رسمی ماحول میں لکھا جاتا ہے۔اس میں محض تاثرات ہوتے ہیں جو ذہنی ترنگ کے تابع ہوتے ہیں۔اس میں خاص زور انداز بیان پر ہوتا ہے۔اس میں واقعات سے زیادہ واقعات کے ردّ عمل سے سروکار ہوتا ہے۔

سوانح: کسی فرد کی حالات زندگی اور اس کے نشیب وفراز کی داستان کو ضبط تحریر میں لانے کو سوانح نگاری کہتے ہیں۔سوانح میں دو باتوں پر خاص توجہ دی جاتی ہے۔اول اس کی شخصیت کی تعمیر اور نشو ونما میں اہم کردار ادا کرنے والے داخلی و خارجی عوامل پر توجہ دی جاتی ہے۔دوم یہ کہ سوانح کا اسلوب ایسا ہو جو تحریر میں لطف اور دل چسپی کو برقرار رکھے۔سوانح زندگی کی ایک ایسی مکمل دستاویز ہے جس میں کسی انسان کی زندگی کے تمام حالات، واقعات، افکار و افعال، مکان و زمان کی صراحت محفوظ ہوتی ہے۔اُردو میں باقاعدہ سوانح نگاری کا آغاز حالؔی سے ہوتا ہے۔حالؔی نے مغرب سے متاثر ہو کر حیاتِ جاوید، یادگارِ غالب، حیات سعدی جیسی سوانح لکھیں۔شبلؔی نے مذہبی شخصیات کو موضوع بنا کر معیاری سوانح عمریاں لکھیں۔شبلؔی نے المامون، الفاروق جیسی سوانح لکھیں۔یہ دونوں مصنف سوانح نگاری کے امام کہے جاتے ہیں۔غرض اردو میں سوانح نگاری کی تاریخ حالؔی و شبلؔی سے شروع ہو کر خلیق احمد نظامی کی حیاتِ شیخ عبدالحق محدث دہلوی پر ختم ہوتی ہے۔خود نوشت سوانح عمری میں مصنف اپنی زندگی کے حالات پوری سچائی اور ایمانداری کے ساتھ قلم بند کرتا ہے۔اردو میں خود نوشت اعجاز حسین کی 'میری دنیا'، آل احمد سرور کی 'خواب باقی ہیں'، مسعود حسین خاں کی 'ورود مسعود' اور عقیل رضوی کی 'گرد وھول' اور جوش ملیح آبادی کی 'یادوں کی بارات'، سالک کی 'سرگزشت'، خواجہ حسن نظامی کی 'آپ بیتی' معیاری خود نوشت ہیں۔

خاکہ: اردو میں خاکہ کو مرقع اور شخصی مرقع اور قلمی تصویر کے نام سے بھی جانا جاتا ہے۔ادبی اصطلاح میں خاکہ ایسی تحریر کو کہتے ہیں کہ جس میں کسی فرد کے متعلق معلومات اختصار کے ساتھ بیان کی جائیں۔خاکہ نگار جس شخصیت کا خاکہ بیان کرتا ہے اس کی ایسی قلمی تصویر بناتا ہے جس میں اس کے خدو خال، عادات

واطواراور ایک حد تک اس کے افکار ونظریات بھی نظر آنے لگتے ہیں۔آپ بیتی، سوانح، خودنوشت میں بھی موضوع کوئی شخصیت ہوتی ہے۔لیکن قدرے تفصیل کے ساتھ اظہار خیال کیا جاتا ہے۔خاکہ کسی عظیم شخصیت کا ہو یہ ضروری نہیں ہے۔البتہ اس کی زندگی میں ڈرامائی عناصر ہوں۔جو شب وروز کے عام انسانوں کی زندگی سے مختلف ہوں۔اُردو میں خاکہ کے ابتدائی نقوش تذکروں میں ملتے ہیں۔محمد حسین آزاد نے ''آب حیات'' میں خاکہ نگاری کے سب سے پہلے نمونے پیش کئے۔فرحت اللہ بیگ کی تصنیف 'نذیر احمد کی کہانی، کچھ ان کی کچھ میری زبانی' خاکہ نگاری میں سنگِ میل کی حیثیت رکھتی ہے۔عبدالرزاق کانپوری نے سرسید اوران کے رفقا کے خاکے 'یادِ ایام' کے نام سے پیش کئے۔ان خاکہ نگاروں کے علاوہ جن ادیبوں نے خاکہ نگاری کی جانب توجہ دی۔ان میں مولوی عبدالحق، رشید احمد صدیقی، خواجہ غلام الدین اور مالک رام، اشرف صبوحی، شاہد دہلوی وغیرہ کے نام شامل ہیں۔

مکتوب نویسی: ایک خالص ذاتی قسم کی تحریر ہوتی ہے۔جس میں انسان اپنے احساسات وجذبات کو پیغام کی صورت میں دوسروں تک پہونچاتا ہے۔خطوط دوطرح کے ہوتے ہیں۔ایک خط وہ ہے جو ایک عام انسان دوسرے کو عام بول چال کی زبان میں لکھتا ہے۔دوسرا خط وہ ہے جو ایک شاعر ادیب لکھتا ہے جس کے اسلوب وانداز میں ادبیت ہوتی ہے۔اس سلسلے میں غالبؔ کے خطوط سرفہرست ہیں۔غالبؔ کے خطوط میں جدت، مراسلہ کو مکالمہ بنادینا، مقفّٰی ومسجع عبارت، بے تکلف انداز بیان، ندرت تشبیہ جیسی خصوصیات ہیں۔اسلوب کی جدت اور انفرادیت کے اعتبار سے ابوالکلام آزادؔ کے خطوط بھی کافی اہمیت کے حامل ہیں۔آزادؔ کے علاوہ نیاز فتح پوری، جوشؔ ملیح آبادی، سعادت حسن منٹو، رشید احمد صدیقی، صفیہ اختر، مہدی افادی، مولوی عبدالحق، حسرت موہانی اور فیض احمد فیضؔ کے خطوط کی نثری ادب میں بڑی اہمیت ہے۔

سفرنامہ: انسان کی فطرت میں ہے کہ وہ سابقہ قوموں کی تاریخ اور تہذیب وثقافت کے بارے معلومات حاصل کرنے کے لئے کوشاں رہتا ہے۔اس کے لئے وہ دور دراز شہروں اور ملکوں کا سفر کرتا ہے۔اس عمل اور کوشش میں وہ جن تجربات اور مشاہدات سے دوچار ہوتا ہے۔اس کی پوری روداد واحد متکلم میں دوسروں سے بیان کرتا ہے اسی کو سفرنامہ کہتے ہیں۔سفرنامہ کے لئے کوئی خاص تیکنیک، ہیئت یا اسلوب وضع نہیں کیا گیا ہے۔بلکہ سفرنامہ نگار اپنے مزاج اور تخلیقی صلاحیت کے مطابق سفرنامے کا اسلوب اور ہیئت متعین کرتا ہے۔

دنیا کا سب سے پہلا سفر نامہ یونانی سیاح میکس تھیٹر کا سفر نامہ ہند ہے۔ اس کے علاوہ ہیون سانگ، ابوالحسن مسعودی، البیرونی، ابن بطوطہ کے سفر نامے بھی قابل ذکر ہیں۔ اُردو میں یوسف حسین خاں کمبل پوش کا 'عجائبات فرہنگ' پہلا سفر نامہ ہے۔ انھوں نے ۱۸۳۷ء میں انگلستان کا سفر کیا تھا۔ یہ سفر نامہ اس کی روداد ہے۔ اردو کے قدیم سفر ناموں میں نواب کریم خاں کا 'سیاحت نامہ' کافی اہمیت کا حامل ہے۔ سر سید کے عہد میں سفر نامے کو کافی ترقی ملی۔ خود سر سید کا سفر نامہ بھی ہے۔ محمد حسین آزاد، شبلی، قرۃ العین حیدر، قدرت اللہ شہاب، عبادت بریلوی، سید احتشام حسین اور صالحہ عابد حسین وغیرہ کے سفر نامے بھی کافی مقبول ہوئے۔

رپورتاژ: غیر افسانوی نثر کی ایک جدید صنف ہے۔ یہ وہی صنف ہے جسے انگریزی میں ''رپورٹ اتیج'' کہتے ہیں۔ رپورتاژ اسی لفظ کا فرانسیسی تلفظ ہے۔ کسی واقعہ، کانفرنس یا اجلاس کا بیان یا رپورٹ ذاتی لب ولہجہ میں اس طرح کیا جائے کہ اس میں افسانے کا انداز پیدا ہو جائے اور ساتھ ہی اس میں مصنف کی شخصیت جلوہ گر ہو جائے تو یہی رپورتاژ ہے۔ رپورتاژ کسی بھی واقعے پر لکھے جاسکتے ہیں۔ ریل کا سفر، کسی تقریب کا بیان یا کسی جلسے کی روداد یا آپ بیتی کا کوئی ایسا ٹکڑا جو نجی ہو اور عام دل چسپی کا بھی ہو۔ اردو میں اس کے ابتدائی نقوش محمد حسین آزاد، نیاز فتح پوری اور ملا رموزی کی بعض تحریروں میں دیکھے جاسکتے ہیں۔ ترقی پسند تحریک کے زیر اہتمام منعقد ہونے والی کانفرنسوں کی روداد عوام تک پہونچانے کے لئے جس اسلوب کو ترقی پسند ادیبوں نے رائج کیا اسے ہی رپورتاژ کہتے ہیں۔ اُردو میں پہلا رپورتاژ سجاد ظہیر نے ۱۹۴۰ء میں لکھا تھا۔ رپورتاژ لکھنے والوں میں کرشن چندر، عصمت، عادل رشید، فکر تونسوی اور ابراہیم جلیس وغیرہ کا نام بڑے احترام سے لیا جاتا ہے۔

سوال:4 اُردو میں مضمون نگاری کے ارتقا پر ایک نوٹ لکھئے۔ [جون:2015 سوال:2]

جواب: مضمون اس تحریر کو کہتے ہیں جس کی بنیاد کسی ایک خیال یا موضوع پر ہو۔ اس لفظ کو متعدد معنوں میں استعمال کیا جاتا ہے۔ جیسے خط کا مضمون، شعر کا مضمون وغیرہ۔ یہاں مضمون سے مراد کوئی خیال، موضوع یا تحریر ہے۔ دنیا کے کسی بھی فن کو ارتقا کے لئے اس کو اپنے اصلی رنگ وروپ میں آنے کے لئے ایک لمبا عرصہ درکار ہوتا ہے۔ اس کا آشیانہ بڑی مشقتوں کے بعد دھیرے دھیرے بنتا اور سنورتا ہے۔ داغ دہلوی کا ایک شعر ہے:

نہیں کھیل اے داغ یاروں سے کہہ دو
کہ آتی ہے اُردو زباں آتے آتے

دنیا کی دیگر زبانوں کی طرح اردو کی بھی اپنی ادائیں ،ناز اور بانکپن ہے،فنی خوبیاں اور اصولی باریکیاں ہیں۔اس پر قابو پانے اور اس پر عبور حاصل کرنے کے لئے بڑی مشقتوں کا سامنا کرنا پڑتا ہے۔جس طرح بولنا اور باتیں کرنا ایک فن ہے اسی طرح مضمون نگاری بھی ایک اعلیٰ ترین فن ہے۔انسان اپنے دلی احساسات وجذبات کے لئے اظہار کے لئے یا تو زبان کا سہارا لیتا ہے یا پھر قلم کا۔جو شخص زبان کے ذریعے سلیقہ مندی سے اپنی بات بیان کرتا ہے اسے مقرر کہتے ہیں۔اور جو شخص قلم کے ذریعے بیان کرتا ہے وہ محرر کہلاتا ہے۔

مضمون نگاری ایک غیر افسانوی نثری صنف ہے۔اس صنف میں کسی موضوع پر مربوط انداز میں اظہار خیال کیا جاتا ہے۔اس کے لئے موضوع کی کوئی قید وبند نہیں ہوتی ہے۔اس میں قلم کار حکمت وفلسفہ اور علم ودانش کے مطابق کسی ایک عنوان پر اپنے مثبت اور عمدہ خیالات کا اظہار کرتا ہے۔وقت اور زمانے کی رفتار کے ساتھ سماج ومعاشرہ اور ماحول سے روشناس کراتا ہے۔مضمون کی فضا رسمی ہوتی ہے۔اس میں ہر جملہ اور ہر پیراگراف مرکزی خیال کی منطقی وضاحت کرتا ہے۔مضمون کی عبارت اپنے مرکزی خیال کے ارد گرد گھومتی ہے۔اور کسی ایک نظریے پر جا کر ختم ہوجاتی ہے۔کسی بھی موضوع پر ایک تحقیقی اور معلوماتی مضمون ہمارے ذہنوں کے بند دریچوں کو کھول سکتا ہے۔مضمون کے لئے زبان وبیان کا واضح اور صاف ستھرا ہونا ضروری ہے۔ادبی رنگ اور دلکش اسلوب مضمون کے حسن کو دوبالا کردیتے ہیں۔مضمون نگار کسی بھی موضوع پر قلم اٹھا سکتا ہے۔مضمون نگار کے خیالات میں تسلسل کا پایا جانا بے حد ضروری ہے۔موضوع کے اعتبار سے مضمون کی مختلف قسمیں ہیں۔جیسے علمی،ادبی،سیاسی،سماجی،مذہبی اور معلوماتی وغیرہ۔

مغلیہ عہد میں فارسی سرکاری زبان کی حیثیت رکھتی تھی۔۱۸ اردیں صدی عیسوی میں براعظم کے وسیع علاقوں میں اردو زبان بولی جاتی تھی لیکن اس کے باوجود فارسی علمی اور ادبی حلقوں میں مقبول تھی اور اس میں علمی مضامین لکھے جاتے تھے۔مسلمان اور ہندو اہل قلم کا میدان بھی فارسی تھا۔اس لئے فارسی زبان میں کتابیں لکھی گئیں۔لیکن یہ بات بھی نہیں کہی جاسکتی کہ اردو نثر کا وجود ناپید تھا۔شمالی ہند اور پنجاب وغیرہ علاقوں میں اگرچہ ۱۱ رویں صدی سے ۱۸ رویں صدی تک کسی مستقل اور مکمل تصنیف کا پتا نہیں چلتا۔صرف ''سید اشرف جہانگیر سمنانی'' کے رسالہ نثر کا ذکر ملتا ہے۔شیخ عین الدین گنج العلم جو متعدد فارسی کتابوں کے

مصنف ہیں انھوں نے دکنی اردو میں چند رسائل مسائل شرعیہ سے متعلق تصنیف کئے۔ اردو کی سب سے قدیم کتاب جو دستیاب ہے ''معراج العاشقین'' ہے اس کے مصنف خواجہ بندہ نواز گیسو دراز ہیں۔ اس کی تصنیف ۱۳۱۲ء اور ۱۴۲۱ء کے درمیان ہے ۱۴۹۰ء میں جب بیجا پور کی سلطنت قائم ہوئی۔ ابراہیم عادل شاہ ثانی تخت نشین ہوا تو شعروادب کی تخلیق کا باقاعدہ سلسلہ شروع ہوگیا۔ اس عرصہ میں دکن میں اردو عام ہوگئی۔ گولکنڈہ میں اردو نثر کی ترویج واشاعت میں عبداللہ قطب شاہ کا زمانہ اس لحاظ سے اہم ہے کہ اس دور میں ایک کتاب ''سب رس'' لکھی گئی اور یہیں سے اردو میں ادبی نثر کا آغاز ہوا۔ ''سب رس'' کا یہ قصہ ملا وجہی نے فتاحی نیشا پوری کے قصہ حسن و دل سے لیا ہے لیکن کہیں بھی اس کا اعتراف نہیں کیا ہے۔ دکن میں ۱۴ ارویں صدی سے ۱۸ ارویں صدی کے درمیان بہت سی کتابیں نظم و نثر کی شکل میں لکھی گئیں۔ اردو صحافت سے پہلے اردو زبان کی ترقی میں عیسائی مشنریوں نے تبلیغ و تدریس کے لئے مذہبی نقطہ نظر کے پیش نظر اردو مضامین لکھے۔ اس کے علاوہ سید احمد بریلوی کی تحریک اصلاح کے زیر اثر بہت سے مضامین لکھے گئے۔ اس سلسلے کی ایک اہم کڑی ''تقویۃ الایمان'' ہے جس کو سید اسماعیل شہید نے تصنیف کی۔ یہ کتاب اپنے بہترین اسلوب کے اعتبار سے اردو نثر کی تاریخ میں ایک اہم حیثیت رکھتی ہے۔ اس کے بعد دہلی اخبار، سید الاخبار وغیرہ نے صحافت کی دنیا میں قدم رکھا اور بہت سے ادبی مضامین لکھے گئے۔ اردو میں سادہ نثر کی باقاعدہ روایت فورٹ ولیم کالج سے شروع ہوتی ہے۔ اس میں میر امن کی معروف تالیف ''باغ و بہار'' خاص طور سے قابل ذکر ہے۔ جو آزاد تصنیف نہیں بلکہ ایک ماخوذ تالیف ہے۔ مگر اس کا طرز بیان اور اسلوب اظہار اتنا سادہ اور بے تکلف اور خوش آئین اور خوبصورت ہے کہ دوسو سال کا عرصہ گزر جانے کے باوجود بھی اس کی مقبولیت میں کوئی کمی نہیں آئی ہے۔ اردو نثر کی تاریخ میں اس کی حیثیت نقطہ آغاز کی سی ہے جہاں سے نثر کا ایک نیا اسلوب اور طرز اظہار کا ایک نیا انداز سامنے آتا ہے۔

مرزا غالبؔ کے عہد تک اردو نے ترقی تو ضرور کرلی تھی۔ لیکن غالبؔ نے اردو نثر کو شخصی احساسات وجذبات کا ترجمان بنا دیا۔ غالبؔ نے اپنی ہمہ گیر شخصیت کا اتنا گہرا اثر ڈالا کہ اردو میں خطوط لکھ کر نثر کا ایک ایسا نمونہ پیش کر دیا جواب تک مفقود تھا۔ اس قلیل سرمائے کے باوجود غالبؔ اردو ادب میں ایسا مقام حاصل کر گئے جو کسی کو نہیں ملا۔ خط کو آدھی ملاقات کہا جاتا ہے۔ لیکن غالبؔ نے اسے پوری ملاقات بنا دیا۔ ایسا معلوم ہوتا ہے کہ خط نہیں لکھ رہے سامنے بیٹھے باتیں کررہے ہیں۔ اردو میں مضمون نگاری کا باقاعدہ آغاز انیسویں صدی کے

وسط سے ہوا۔ سرسید اور ان کے رفقا اور معاصرین نے سماجی اصلاح کے لئے مختلف موضوعات پر مضامین لکھے۔ اس دور میں عوام میں ذہنی بیداری پیدا کرنے کے لئے مضامین لکھے گئے۔ مولانا حالیؔ، شبلی نعمانی، آزاد، ذکاءاللہ اور امیر ناصر علی نے معاشرت، تہذیب، مذہب، ادب اور دیگر موضوعات پر مضامین لکھے۔ عبدالحلیم شرر نے تاریخی موضوعات پر مضامین لکھے۔ مولوی عبدالحق، ابوالکلام آزاد، وحیدالدین سلیم اور سید سلیمان ندوی وغیرہ نے مختلف موضوعات پر متعدد علمی مضامین لکھے۔ سجاد انصاری، نیاز فتح پوری، عبدالماجد دریاآبادی، منشی پریم چند، سجاد حیدر یلدرم، جوش، مجنوں گورکھپوری کے مضامین بھی لوگوں میں بہت معروف و مقبول ہوئے۔

سرسید کی ادبی زندگی ''سید الاخبار'' سے شروع ہوتی ہے۔ جس میں سرسید کے ادبی مضامین چھپتے تھے۔ سرسید نے کئی کتابیں اور سیکڑوں مضامین لکھے۔ ۱۸۴۷ء میں ''آثار الصنادید'' کے نام سے اپنی محنتوں کو کتابی شکل میں چھپوا کر منظر عام پر لائے۔ آثار الصنادید وہ تاریخی تصنیف ہے جس کی بدولت سرسید کا نام ایک بلند پایہ محقق اور کامیاب مصنف کی حیثیت سے ملک اور بیرون ملک مشہور ہوا۔ انھوں نے ایسے موضوعات پر مضامین لکھے جنھیں وہ ملک و قوم کے لئے مفید سمجھتے تھے اور ان برائیوں کی طرف بھی اشارہ کیا جو ہمارے ملک میں عام ہیں اور جو ہماری ترقی کی راہ میں رکاوٹ ہیں۔ وہ چاہتے تھے کہ اردو نثر میں وہ صلاحیت پیدا ہو جائے کہ کام کی بات سیدھے سادے لفظوں میں ادا کی جائے تاکہ بات قاری کے دل میں بیٹھ جائے۔ ایک ماہنامہ رسالہ ''تہذیب الاخلاق' نکالا جو اُردو مضمون نگاری کی تاریخ میں اہم حیثیت رکھتا ہے۔ مضمون نگاری میں کسی بھی موضوع پر اظہارِ خیال کی پوری آزادی ہوتی ہے۔ اس لئے مضمون نگاری کا فن مستقل ترقی کر رہا ہے اور آج بھی مختلف موضوعات پر عمدہ مضامین لکھے جا رہے ہیں۔

سوال:5 سوانح نگاری کے فن سے بحث کیجئے۔ [جون:2015 سوال:4]

یا

اُردو میں سوانح نگاری کی روایت اور ارتقا پر روشنی ڈالیے۔ [دسمبر:2015 سوال:4]

یا

اُردو میں سوانح نگاری کی روایت پر روشنی ڈالئے۔ [جون:2016 سوال:2]

جواب: سوانح نگاری غیر افسانوی نثر کی ایک اہم صنف ہے۔ سوانح نگاری کسی فرد کی حالات زندگی اور اس کے ظاہر و باطن، عادت و اطوار، اخلاق و معاشرت، احساس و جذبات اور اس کی زندگی کے نشیب و فراز کی

داستان کو ضبط تحریر میں لانے کو کہتے ہیں۔ سوانح میں واقعات کا سلسلہ وار بیان کر دینا فنی اعتبار سے کافی نہیں ہوتا بلکہ واقعات کا انتخاب اور معمولی جزئیات تک رسائی کرنا بھی ضروری ہوتا ہے۔ سوانح نگاری کی ابتدائی روایت عربی و فارسی میں سیرت نگاری و تذکرہ نویسی کی شکل میں موجود تھی۔ حضرت عمرؓ کے دور خلافت سے پہلے اس فن پر کوئی خاص توجہ نہیں دی جاتی تھی۔ لیکن حضرت عمرؓ نے اس جانب خاص توجہ دی اور حکم دیا کہ غزوات نبیؐ پر ایک خاص حلقہ درس قائم کیا جائے۔ اس زمانے امام زہری نے غزوات نبیؐ پر ایک مستقل کتاب لکھی۔ اس دور میں تاریخ نویسی اور سیرت نگاری دونوں میں چھان بین اور تلاش و تفحص کا رجحان نمایاں ہوا۔ لیکن جیسے جیسے شخصی حکومتوں کا دور شروع ہوا یہ روایت آگے نہ بڑھ سکی۔ سیرت نگاری میں تاریخ نویسی سے زیادہ وقائع نویسی پر زور دیا جانے لگا۔

سوانح نگاری کا آغاز بنی اسرائیل سے ہوتا ہے جنھوں نے اپنے انبیاء وصلحاء کے اخلاق واعمال کو بطور یادگار سپرد قلم کیا۔ ان کے اقوال واعمال کو آنے والی نسلوں کے لئے سر چشمۂ حیات بنادیا۔ انگریزوں کی تاریخ میں سوانح کا محبوب و منفرد موضوع عمائدین حکومت اور کلیسا رہا ہے۔ دکن میں اردو کی جملہ اصناف کے ساتھ سوانح نگاری کا بھی آغاز ہو چکا تھا۔ سوانح نگاری کے تدریجی ارتقا کا مطالعہ کرنے سے پتا چلتا ہے کہ اس کے اجزا غیر منظّم طور پر تاریخوں، تذکروں، روزنامچوں اور سیرت کی کتابوں میں ملتے ہیں۔ نصرتی کا علمی کارنامہ رُومی کا غوث نامہ اور مولود نامۂ عبدالملک دکن کی سوانحی تصنیفات ہیں۔ شمالی ہند میں سوانح عمری پر بہت سی نظمیں، مرثیے لکھے گئے۔ فارسی میں نکات الشعرا، 'مخزن نکات' اور اردو میں 'گلشن ہند دیوان جہاں، چار گلشن، انتخاب دوانین، صحت ابراہیم، تذکرہ آب حیات وغیرہ وہ شعوری کوششیں ہیں جنھیں اردو سوانح نگاری کی تاریخ میں بلند مقام حاصل ہے۔

۱۸ ویں صدی میں جب عیسائی مبلغین نے حضرت محمد ﷺ اور دیگر بزرگان دین کے غلط سوانحی احوال وکوائف بیان کیے اور اسلام کے بارے میں غلط فہمیاں پیدا کرنے کی کوشش کی تو علی گڑھ تحریک نے اسلام کے بارے میں پھیلائی گئی غلط فہمیوں کو دور کرنے کی کوشش کی۔ چنانچہ سرسید نے ''خطبات احمدیہ'' اور مولوی چراغ علی نے ''بی بی حاجرہ'' اور ''ماریہ قبطیہ'' میں تاریخی صداقتوں کو پیش کیا۔ اُردو میں باقاعدہ سوانح نگاری کا آغاز حالؔی سے ہوتا ہے۔ حالؔی نے مغرب سے متاثر ہو کر حیاتِ جاوید، یادگارِ غالب، حیات

سعدی جیسی سوانح لکھیں۔ اس دور کے سب سے بڑے سوانح نگار حالؔی اور شبلی نعمانی تھے۔ مولانا شبلی نے اسلام کے مشہور و معروف شخصیتوں کو سوانح نگاری کا موضوع بنایا اور ان کی زندگی اور کارناموں کو تاریخی پس منظر میں بیان کر کے اسلام کے شاندار ماضی کو دہرایا۔ الفاروق، المامون اور حیاتِ شرر جیسی سوانح لکھیں۔ یہ دونوں مصنف سوانح نگاری کے امام کہے جاتے ہیں۔ اس کے علاوہ ڈپٹی نذیر احمد، مولوی چراغ علی اور عبدالحلیم شرؔر وغیرہ نے سوانح عمریاں لکھیں۔ مختصر یہ کہ علی گڑھ تحریک ایک بہت بڑی ادبی اور فکری تحریک تھی جس کا دائرہ بہت وسیع تھا۔ اس تحریک نے اردو ادب کی تمام انواع پر اپنا اثر ڈالا۔ سوانح نگاری، سیرت نگاری، ناول، اردو نظم اور مضمون نگاری سب کچھ سرسید تحریک کے زیر اثر پروان چڑھا۔ غرض اردو میں سوانح نگاری کی تاریخ حالؔی و شبلی سے شروع ہو کر خلیق احمد نظامی کی حیاتِ شیخ عبدالحق محدث دہلوی پر ختم ہوتی ہے۔ خودنوشت سوانح عمری میں مصنف اپنی زندگی کے حالات پوری سچائی اور ایمانداری کے ساتھ قلم بند نہیں کرتا ہے۔ مصنف یا تو سب کچھ چھپا جاتا ہے اور پھر بہت بننے کی کوشش کرتا ہے۔ یعنی مبالغہ سے کام لیتا ہے تاکہ اس کی شخصیت ایک مثالی کردار بن کر لوگوں کے سامنے آئے۔ ۱۹ /ویں صدی کے وکٹوریائی سوانح نگار اپنے موضوعات میں سچائی کے بجائے عزت و رفعت کی چادر اوڑھنے کے قائل تھے۔ اردو میں خودنوشت اعجاز حسین کی 'میری دنیا'، آل احمد سرور کی 'خواب باقی ہیں'، مسعود حسین خاں کی 'ورود مسعود' اور عقیل رضوی کی 'گرد ڈھول' اور جوش ملیح آبادی کی 'یادوں کی بارات'، سالک کی 'سرگزشت'، خواجہ حسن نظامی کی 'آپ بیتی' معیاری خودنوشت ہیں۔

روسو کے نزدیک ایک اچھی آپ بیتی رخودنوشت سوانح کے لئے ضروری ہے کہ مصنف اپنے عیب وہنر پوری سچائی اور ایمان داری کے ساتھ بیان کر دے، جو اس کی شخصیت کی ہو بہو نقل بن جائے۔ معیاری سوانح نگاری کے لئے درج ذیل باتوں کا خیال رکھنا ضروری ہے:

(۱) واقعات سچے اور حقیقت پر مبنی ہوں۔

(۲) سوانح نگار کردار کے تمام خوبیوں اور خامیوں کو اجاگر کرے۔

(۳) عقیدت مندی سے گریز کیا جائے۔

(۴) کردار کی شخصیت کے تمام پہلو نمایاں ہوں۔

(۵) واقعات کے انتخاب اور ہیرو کے انتخاب میں ایک سلیقہ ہو۔

(۶) واقعات اور حالات کے درمیان تال میل ہو۔

(۷) باطنی اور ظاہری سیرت دونوں کا امتزاج ہو۔

سوانح میں چند باتوں پر خاص توجہ دی جاتی ہے۔ اول اس کی شخصیت کی تعمیر اور نشو و نما میں اہم کردار ادا کرنے والے داخلی و خارجی عوامل پر توجہ دی جاتی ہے۔ دوم یہ کہ سوانح کا اسلوب ایسا ہو جو تحریر میں لطف اور دلچسپی کو برقرار رکھے۔ سوانح زندگی کی ایک ایسی مکمل دستاویز ہے جس میں کسی انسان کی زندگی کے تمام حالات، واقعات، افکار و افعال، مکان و زمان کی صراحت محفوظ ہوتی ہے۔ سوانح میں اپنے دور کی تاریخ، سیاسی، سماجی اور معاشرتی کشمکش کا اظہار ضمنی ہوتا ہے جو ہیرو کے کردار پر صرف روشنی ڈالتے ہیں۔ اس روایت کو آگے بڑھاتے ہوئے کئی ادیبوں نے خودنوشت سوانح لکھی ہیں۔ جو سوانح حیات کے مقابلے ناقص اور کم رتبہ ہیں۔ کیوں کہ خودنوشت لکھنے والوں کے راستے میں دو بڑی رکاوٹیں ہوتی ہیں:

(۱) خودنوشت لکھنے والے کو خود سے محبت اور دوسروں کا خوف رہتا ہے۔

(۲) ایک اچھا خودنوشت ایسی باتیں بھی کر دیتا ہے جو اس کے لئے ناممکن ہیں۔ وہ اپنے ہیرو کے کردار کا جج بن سکتا ہے۔ اس کی کمزوریوں کو شمار کر سکتا ہے لیکن ایسا بالکل نہیں ہوتا۔ مصنف یا تو بہت کچھ چھپا جاتا ہے یا پھر مبالغے سے کام لیتا ہے۔ اُردو میں لکھی گئی آپ بیتیاں/خودنوشت سوانح کئی طرح کی ہوتی ہیں:

(الف) مکمل حالاتِ زندگی

(ب) روزنامچے

(ج) شخصی جھلکیاں یا شخصی خاکے

(د) شخصی انشائیے

(ہ) زندگی کے کسی ایک حصے کی روئیداد یا سوانح عمری جس کی مدد سے اپنے فن یا کارنامے کے ارتقا کی داستان مرتب ہو۔

سوانح نگاری کسی فرد کی تفسیر حیات یا تاریخ ماضی ہے۔جس میں اس کی پیدائش سے لے کر موت تک کا ریکارڈ درج ہوتا ہے۔جس میں اس کے زندگی کے کارنامے اور پوری شخصیت کو ایک فلم کیطرح پیش کیا جاتا ہے۔آکسفورڈ ڈکشنری کے مطابق ''سوانح عمری بطور ایک ادبی صنف کے افراد کی زندگی کی تاریخ ہے۔ ''انسائیکلو پیڈیا برٹینکا کے مطابق ''یہ تاریخ سے جداگانہ صنف ہے۔یہ آرٹ ہے سائنس نہیں۔''اس طرح فن سوانح نگاری کسی فرد کی کلی یا جزوی ہیئت کی شعوری تاریخ ہے۔

زندگی واقعات کا ایک گھنا جنگل ہے جس میں بیشتر واقعات انسان کی روزمرہ زندگی کے معمولات ہوتے ہیں ان کا اعادہ ضروری نہیں ہے۔حالات زندگی کے تراش خراش اور کانٹ چھانٹ میں بڑی احتیاط کی ضرورت ہوتی ہے۔حیات نگاری میں اخلاقی جرأت کمال درجے کی ہونی چاہیے۔ورنہ وہ اپنے موضوع سے انصاف نہ کرسکے گا۔اپنی تحقیق وجستجو کے دوران اسے جو کچھ معلومات حاصل ہوں دیانت داری اور صاف گوئی سے بیان کرنا چاہیے۔اس طرح حیات نگار اپنے فرض کی ادائیگی کے بعد خود کو ہلکا پھلکا محسوس کرے گا۔

سوال: 6 اُردو میں خاکہ نگاری کی روایت پر ایک نوٹ لکھیے۔ [جون:2015 سوال:5]

جواب: اردو میں خاکہ کو مرقع اور شخصی مرقع اور قلمی تصویر کے نام سے بھی جانا جاتا ہے۔ادبی اصطلاح میں خاکہ ایسی تحریر کو کہتے ہیں کہ جس میں کسی فرد کے متعلق معلومات اختصار کے ساتھ بیان کی جائیں۔خاکہ نگار جس شخصیت کا خاکہ بیان کرتا ہے اس کی ایسی قلمی تصویر بناتا ہے جس میں اس کے خدوخال ، عادات واطوار اور ایک حد تک اس کے افکار ونظریات بھی نظر آنے لگتے ہیں۔آپ بیتی ،سوانح ،خودنوشت میں بھی موضوع کوئی شخصیت ہوتی ہے۔لیکن قدرے تفصیل کے ساتھ اظہار خیال کیا جاتا ہے۔خاکہ کسی عظیم شخصیت کا ہو یہ ضروری نہیں ہے۔خاکہ ایک معمولی کسان اور چرواہے کا بھی ہوسکتا ہے۔البتہ اس کی زندگی میں ڈرامائی عناصر ہوں۔جو شب وروز کے عام انسانوں کی زندگی سے مختلف ہوں۔اُردو میں خاکہ کے ابتدائی نقوش تذکروں میں ملتے ہیں۔محمد حسین آزاد نے ''آب حیات'' میں خاکہ نگاری کے سب سے پہلے نمونے پیش کیے۔فرحت اللہ بیگ کی تصنیف 'نذیر احمد کی کہانی، کچھ ان کی کچھ میری زبانی' خاکہ نگاری میں سنگِ میل کی حیثیت رکھتی ہے۔ان کا دوسرا خاکہ ''دہلی کا یادگار مشاعرہ'' ہے جس میں ایک دور کی چند سماجی خصوصیات کو

زندہ کرنے کی کوشش کی گئی ہے۔ ۱۹۴۱ء میں سید عابد حسین نے آل انڈیا ریڈیو دہلی پر پڑھے گئے گیارہ مختصر خاکوں کا مجموعہ ''کیا خوب آدمی تھا'' کے نام سے شائع کیا۔ اس میں راشید الخیری، حالیؔ، نذیر احمد، چکبست، داغ، پریم چند، اجمل خاں، اقبال، محمد علی جوہر وغیرہ کے خاکے ہیں جن کی خوب پزیرائی ہوئی اور جو جدید ترین اصولوں پر بڑی حد تک پوری اترتے ہیں۔ عبدالرزاق کانپوری نے سرسید اور ان کے رفقا کے خاکے 'یادِ ایام' کے نام سے پیش کئے۔ ان خاکہ نگاروں کے علاوہ جن ادیبوں نے خاکہ نگاری کی جانب توجہ دی۔ ان میں مولوی عبدالحق کا 'چند ہم عصر'، رشید احمد صدیقی کا 'گنج ہائے گراں مایہ'، عظیم بیگ چغتائی کا 'دوزخی' اردو کا ایک معیاری خاکہ سمجھا جاتا ہے۔ عصمت، منٹو، خواجہ غلام الدین اور مالک رام، اشرف صبوحی، شاہد دہلوی وغیرہ نے بھی بہترین خاکے لکھے ہیں۔

۱۹۴۳ء میں بشیر احمد ہاشمی کی کتاب 'گفت وشنید' منظر عام پر آئی تو اس میں مختلف شخصیات کا خاکہ اڑایا گیا۔ اس میں مختلف حضرات کی عادتوں کو مضحکہ خیز انداز میں پیش کیا گیا۔ مولوی عبدالحق نے ''چند ہم عصر'' میں اپنے جان پہچان کے چند معروف لوگوں کے حالات اور کارنامے لکھے جو مواد اور تیکنیک کے اعتبار سے خاکے نہیں ہیں لیکن ان میں سوانح اور سیرت نگاری ضرور ہے۔ اس کتاب کو خاکہ نگاری کے بجائے سیرت نگاری کا اعلا نمونہ کہا جاسکتا ہے۔ رشید احمد صدیقی پہلے شخص ہیں جنھوں نے خاکہ نگاری کے فن کو جدید تیکنیک سے آراستہ کیا۔ گنج ہائے گرانمایہ، ذاکر صاحب اور ہم نفسیانی رفتہ خاکہ نگاری کی ایسی کتابیں ہیں جس میں انھوں نے زندگی کے گوشے کو بڑے فنکارانہ انداز میں پیش کیا ہے۔ انھوں نے لوگوں کو یہ احساس دلایا کہ خاکہ نگاری کا فن اتنا جاندار ہے کہ اگر اسے صحیح معنوں میں برتا جائے تو ایک عام انسان کو ہزاروں اور لاکھوں ادیبوں کی دلچسپی کا مرکز بنایا جاسکتا ہے۔

۱۹۵۴ء میں اعجاز حسین کی مختصر کتاب ''ملک ادب کے شہزادے'' منظر عام پر آئی۔ جس میں چوالیس شاعروں کے خدوخال، حرکات وسکنات اور صورت وسیرت پر دو تین صفحے کے مضامین لکھے گئے۔ رسالہ نقوش کا شخصیات نمبر نکلا تو اس میں ۸۲ بلند پایہ ادیبوں اور شاعروں کے خاکے پیش کئے گئے۔ ان میں اکثر وبیشتر خاکہ نگاروں نے خاکہ کی جدید تیکنیک کا خیال نہیں رکھا۔ انھوں نے مصنف کی جیتی جاگتی تصویریں پیش کرنے کے بجائے بیانیہ انداز میں ان کا تعارف پیش کیا۔ ۱۹۶۱ء ضیاء الدین برنی نے

''عظمت رفتہ'' کے نام سے ہندوستان میں خاصی اہمیت کے حامل ۹۳ شخصیتوں کے مختصر سوانح کا مجموعہ پیش کیا جس میں ان کی متحرک تصویریں نظر آتی ہیں۔لیکن ان کے خاکوں کا اسلوب متانت وسنجیدگی سے پر ہے۔ وہ قصہ سناتے نہیں بلکہ لکھتے ہیں۔اس لئے ان کی تصویریں بے جان نظر آتی ہیں۔

۱۹۶۲ء میں شاہد احمد دہلوی کی کتاب ''گنجینہ گوہر'' منظر عام پر آئی۔جس میں سترہ خاکے شامل ہیں۔ان کا اسلوب دیگر تمام خاکہ نگاروں سے مختلف ہے۔وہ اپنے خاکوں میں عام بول چال کی زبان استعمال کرتے ہیں۔ واقعات کا بیان براہ راست اور بے تکلف کرتے ہیں۔موقع اور محل کے اعتبار سے محاروں کا استعمال کرتے ہیں۔ چہرا نویسی کے فن میں انھیں کمال کی مہارت حاصل ہے۔وہ اشخاص کے عیوب ومحاسن کو بے لاگ بیان کرتے ہیں اور کم سے کم الفاظ میں وہ جیتی جاگتی تصویریں پیش کرنے میں ماہر ہیں۔خاکہ نگاری کے سلسلے میں متعدد ایسی کتابیں ہیں جن کی شہرت کا ڈنکا چاروں طرف بج رہا ہے۔لیکن بنیادی طور پر وہ خاکہ نگاری سے مختلف ہیں۔ان میں سے ابوالکلام آزاد کی تصنیف ''چیدہ شخصیتیں'' کی خاکہ نگاری کے سلسلے میں بڑی شہرت ہے۔جس میں عظیم انسانوں کی عظمتوں کا ذکر ہے۔اسی طرح شوکت تھانوی کی کتاب ''شیش محل'' میں مزاح نے مختلف مضامین کو خاکے کی صف سے الگ کردیا۔انیس احمد جعفری کی تصنیف ''دیدہ شنیدہ'' میں تمام مضامین اختصاریا اسلوب کی بھینٹ چڑھ گئے۔اسی طرح چراغ حسن حسرت کی ''مردم دیدہ''، غلام احمد فرقت کی ''نادر'' اور شجاع کی ''خون بہا'' کو بھی خاکہ نگاری میں شمار نہیں کیا جاسکتا ہے۔

سوال: 7 رپورتاژ نگاری کےفن اور روایت سے بحث کیجئے۔

جواب: اُردو میں باقاعدہ رپورتاژ نگاری کا آغاز بیسویں صدی سے ہوتا ہے۔یہ صنف انگریزی ادب کے زیر اثر اُردو میں منتقل ہوئی۔مغرب میں یہ صنف فرانسیسی ادب کے توسط سے داخل ہوئی۔رپورتاژ انگریزی لفظ ''رپورٹ اتج'' کا ترجمہ ہے۔رپورتاژ چشم دید واقعات پر لکھا جاتا ہے۔ریل کا سفر،کسی تقریب کا بیان یا کسی جلسے کی روداد یا آپ بیتی کا کوئی ایسا ٹکڑا جو نجی ہو اور عام دل چسپی کا ہو۔اس کو ذاتی لب ولہجہ میں اس طرح بیان کیا جائے کہ اس میں افسانے کا انداز پیدا ہو جائے اور ساتھ ہی اس میں مصنف کی شخصیت جلوہ گر ہو جائے تو یہی رپورتاژ ہے۔سنے سنائے واقعات یا بنا ہوا کوئی قصہ ایک افسانہ، ناول یا ڈراما ہوسکتا ہے،

رپورتاژ نہیں۔ کیوں کہ داخلی کیفیات اپنی تمام تر شدت کے ساتھ اسی وقت پیدا ہو سکتی ہیں جب کہ مصنف نے واقعات کا بذات خود موقع واردات پر جائزہ لیا ہو یا وہ واقعات اس کی ذات پر بیتے ہوں۔ رپورتاژ کا ماحول افسانہ اور ناول کے مقابلے میں زیادہ حقیقی ہوتا ہے۔ اس کا مصنف اپنے کرداروں کے تمام حرکات وسکنات اور احساسات ونظریات اور شخصیت کے ایک ایک پہلو سے اچھی طرح واقف ہوتا ہے۔ رپورتاژ کی روح واقعہ کی سچائی اور مقصدیت ہے۔ یہی وہ عناصر ہیں جن کی قوت سے قاری رپورتاژ پڑھتے ہوئے متذکرہ واقعہ میں اتنا محو ہو جاتا ہے کہ خود کو واقعہ شریک محسوس کرتا ہے۔ رپورتاژ اور سفرنامہ دو مختلف اصناف ہیں۔ سفرنامہ کا کینواس ناول اور تاریخ کی طرح وسیع اور طویل ہوتا ہے۔ سفرنامے کا کوئی مخصوص موضوع نہیں ہوتا۔ بلکہ سفر کے دوران جو بھی منظر، جو بھی کیفیت یا جو بھی واقعہ گزرتا ہے۔ اسے قلمبند کیا جاتا ہے۔ رپورتاژ کا موضوع سماجی اور اجتماعی مسائل سے متعلق ہونا چاہیے۔

اردو میں اس کے ابتدائی نقوش محمد حسین آزاد، نیاز فتح پوری اور ملا رموزی کی بعض تحریروں میں دیکھے جا سکتے ہیں۔ ترقی پسند تحریک کے زیر اہتمام منعقد ہونے والی کانفرنسوں کی روداد عوام تک پہونچانے کے لئے جس اسلوب کو ترقی پسند ادیبوں نے رائج کیا اسے ہی رپورتاژ کہتے ہیں۔ رپورتاژ صرف چشم دید واقعات پر لکھا جاتا ہے۔ اس لئے اس کا تعلق زمانۂ حال سے ہوتا ہے۔ من گھڑت اور سنے ہوئے قصوں سے اس کا کوئی سروکار نہیں ہے۔ جب تک رپورتاژ میں خارجیت کے ساتھ داخلی جذبات اور تاثرات شامل نہ ہوں وہ ایک اچھا رپورتاژ نہیں بن سکتا۔ چنانچہ ایک رپورتاژ کی تخلیق کے لئے واقعات کی صداقت اور اسی کے ساتھ جذبات وتاثرات کی گہرائی اور خلوص کا ہونا بہت ضروری ہے۔ اس کا موضوع سماجی اور اجتماعی مسائل سے متعلق ہونا چاہیے۔ اکثر رپورتاژ کسی نہ کسی ہنگامی نوعیت کے حامل رہے ہیں۔ اُردو میں پہلا رپورتاژ سجاد ظہیر نے ۱۹۴۰ء میں لکھا تھا۔ کرشن چندر کے دونوں رپورتاژ 'پودے' اور 'صبح ہوتی ہے' اور ابراہیم جلیس کا 'دو ملک ایک کہانی'، فکر تونسوی کا 'چھٹا دریا' ایسے رپورتاژ ہیں جن میں اجتماعی مسائل پیش کئے گئے ہیں۔ جمنا داس اختر نے لاہور کے فسادات پر ایک رپورتاژ 'اور خدا دیکھتا رہا' لکھا۔ دہلی کے فسادات پر سید ضمیر حسن کا 'دلی کی بپتا' ایمر جنسی کے حالات پر مبنی ہے۔ زہرہ جمال نے مجاز کی دردناک موت پر '۵/دسمبر کی ایک رات' لکھا۔ سجاد ظہیر

کا 'یادیں'، ابراہیم جلیس کا 'شہر' جو بمبئی کی زندگی سے متعلق ہے اور عادل تنویر کا 'خزاں کے پھول' عصمت چغتائی کا 'بمبئی سے بھوپال تک' عہد اللہ ملک کا 'مستقبل ہمارا ہے' وغیرہ قابل ذکر ہیں۔

اُردو میں باقاعدہ رپورتاژ نگاری کا ارتقا ''ترقی پسند مصنفین'' کے ہاتھوں ہوا۔ترقی پسند مصنفین کے جلسوں کی روداد اوران کی فضا کو حمید اختر قلمبند کرتے اور ہر جلسے میں بحیثیت سکریٹری انجمن کے گذشتہ ہفتے کی روداد پڑھتے۔ان کے رپورٹ ادبی رنگ میں رنگے ہوتے تھے۔اس طرح حمید اختر ایک نئی صنف کے موجد کہے جاسکتے ہیں۔ رپورتاژ کے ان نقوش کے ساتھ ہمیں کرشن چندر کا ''پودے'' ملتا ہے جس میں حیدرآباد کانفرنس کا بھرپور تذکرہ ملتا ہے۔پودے کے بعد عادل رشید کا ''خزاں کے پھول''، تاجور سامری کا ''جب بندھن ٹوٹے''، جمنا داس اختر کا ''اور خدا دیکھتا رہا''، پرکاش پنڈت کا ''کہت کبیر سنو بھائی سادھو''، انور عظیم کا ''ناچ گیت اور پتھر''، فکر تونسوی کا ''چھٹا دریا'' قرۃ العین حیدر کا ''ستمبر کا چاند''، ابراہیم جلیس کا ''سپید اور سرخ ستارے کے درمیان''، خواجہ احمد عباس کا ''سرخ زمین اور پانچ ستارے'' عصمت چغتائی کا ''بمبئی سے بھوپال تک''، خدیجہ مستور کا ''پو پھٹے''، زہرہ جمال کا ''۵ رستمبر کی رات''، قدرت اللہ شہاب کا ''یا خدا''، قاضی عبدالستار کا ''سفر ہے شرط مسافر نواز بہتیرے''، سید ضمیر حسن دہلوی کا ''دہلی کی بپتا''، ممتاز مفتی کا ''لبیک'' کو مثال کے طور پر پیش کیا جاسکتا ہے۔

رپورتاژ کے موضوعات ہنگامی نوعیت کے ہوتے ہیں۔ان موضوعات کا تعلق جنگ سے ہوسکتا ہے، بلوے، فساد، حادثات، قحط، سیر وسیاحت اور ادبی وتہذیبی جلسے اور تقریبوں سے بھی ہوسکتا ہے۔ مذہبی اور سماجی تہواروں، میلوں، ٹھیلوں، گلی محلوں اور سڑکوں پر آئے دن ہونے والے واقعات وحادثات غرض یہ تمام چیزیں رپورتاژ کے موضوعات میں شامل ہیں۔ اس کے بعد رپوتارژ نگاری کا چلن عام ہوگیا۔مختلف موضوعات پر کئی رپورتاژ لکھے گئے۔انور عظیم نے ''پھول کی پتی ہیرے کا جگر'' اور قرۃ العین حیدر نے لندن لیٹر، ستمبر کا چاند، کوہ دماوند جیسے شاہکار رپورتاژ لکھے۔ اس طرح شروع سے لے کر عہد حاضر تک کئی رپورتاژ نگار ایسے ہیں جنھوں نے اس صنف کو اس مقام تک پہونچایا جس کی وہ حقدار تھی۔ایک مشکل صنف ہونے کی وجہ سے اس نے عروج وزوال ایک لمبی مسافت طے کی ہے۔لیکن اس صنف کا مخصوص فن زندگی کی حقائق کو پیش کرنا ہے۔ادب اور زندگی کا گہرا رشتہ ہے۔اس لحاظ سے یہ صنف ادب سے زندگی کو جوڑتی ہے۔اس لئے اس کا مستقبل روشن اور تابناک ہے۔

سوال:8 اُردو کے اہم انشا پردازوں کی تحریروں کے بارے میں اپنی رائے بیان کیجیے۔

[دسمبر:2016 سوال:2]

یا

اُردو کے اہم انشا پردازوں کے کارناموں پر تبصرہ کیجیے۔ [جون:2017 سوال:2]

جواب: وجہیؔ: ملاّ اسعد اللہ وجہیؔ قطب شاہی دور کا سب سے بڑا شاعر اور نثر نگار گزرا ہے۔ ملا وجہیؔ کی ولادت ابراہیم قطب شاہ کے زمانے میں ہوئی اور محمد قلی قطب شاہ کے زمانے میں اسے ملک الشعرا کے خطاب سے نوازا گیا۔ نظم ونثر دونوں میں اسے کمال کی مہارت حاصل تھی۔ اس کی تصنیف 'سب رس' کو اردو نثر کی تاریخ میں ایک خاص مقام حاصل ہے اور ادبی حیثیت سے دکنی نثر کا قابل رشک نمونہ ہے۔ وجہی نے 'سب رس' میں عشق ودل کے معرکہ کو قصہ کے پیرایہ میں مقفیٰ اور مسجع زبان کو رمز و کنایہ کے انداز میں پیش کیا ہے۔ 'سب رس' کی نثر پر فارسی الفاظ ومحاورات کا گہرا اثر ہے۔ ساتھ ہی اسلوب، لہجے اور صرفی پہلو پر بھی یہ رنگ چھایا ہوا ہے۔ 'سب رس' کے جملے چھوٹے چھوٹے ہیں۔ وجہی کی زبان ولیؔ کی زبان سے زیادہ قریب ہے۔ وجہی کو اردو نثر کا موجد کہا جاتا ہے۔ عالم ادب میں جو مقام ومرتبہ ارسطو کو حاصل ہے وہی مقام اردو ادب میں ملا وجہی کو حاصل ہے۔ یہی وجہی کا وہ اسلوب ہے جو انھیں صاحب طرز ادیب بناتا ہے۔

میر امن: محمد شاہ کے زمانہ میں ۱۷۲۶ء میں پیدا ہوئے۔ میر امن کی زندگی کے واقعات پر دھند کے بادل ہیں۔ جیسا کہ وہ باغ و بہار کے دیباچے میں لکھتے ہیں کہ ان کی دس پانچ پشتیں دہلی میں گزریں۔ ہمایوں کے عہد ہی سے ان کے آبا واجداد شاہی دربار سے وابستہ رہے۔ ۱۷۵۳ء میں سورج مل جاٹ نے ان کی جاگیر ضبط کر لی اور ۱۷۶۰ء میں احمد شاہ ابدالی کے حملوں سے پورا گھر تباہ ہو گیا۔ روز کی قتل وغارت گری سے تنگ آ کر دہلی سکونت ترک کر کے عظیم آباد پٹنہ گئے۔ پھر وہ ۱۷۹۹ء میں تلاش معاش کی خاطر کلکتہ چلے گئے۔ وہاں نواب دلاور جنگ کے معلم مقرر ہوئے۔ منشی میر بہادر علی حسینی کے توسط سے ڈاکٹر جان گل کرسٹ تک پہونچے۔ گل کرسٹ نے انھیں فورٹ ولیم کالج میں ملازم رکھ لیا۔ وہ شعبہ ہندوستانی سے منسلک تھے۔ ۱۴ر مئی ۱۸۰۱ء میں منشی کی حیثیت سے تقرر عمل میں آیا اور چالیس روپے ماہانہ تنخواہ پانے لگے۔ وہ فورٹ ولیم کالج سے پانچ سال تک وابستہ رہے۔ دوران ملازمت انھوں نے گل کرسٹ کی فرمائش

پر نوطرز مرصع اور اخلاق محسنی کو باغ و بہار اور گنج خوبی کی شکل میں اس طرح پیش کیا کہ دو صدی گزر جانے کے بعد بھی گنج خوبی نہ سہی لیکن باغ و بہار کی تر و تازگی اب بھی برقرار ہے۔ میر امن نے اپنی تصنیف میں عربی غیر مانوس الفاظ سے گریز کیا ہے۔ دہلی کے روز مرہ بول چال، کہاوتوں، محاوروں سے اپنی تصنیف کو سجایا ہے اور یہ ثابت کر دیا کہ نثر کی خوبی اس کی دل نشیں، اثر آفرینی اور مقبولیت محض ظاہری طمطراق اور مصنوعی وسیلوں کی رہین منت نہیں۔ انشا پردازی کا فطری تصنع سے پاک اور پر لطف اسلوب قاری کا دل موہ لیتا ہے۔ لیکن ان تمام خوبیوں کے باوجود میر امن مقفّیٰ اور مسجع قدیم طرز سے اپنا دامن نہیں بچا سکے۔ یہی میر امن کا اسلوب ہے جو انھیں صاحب طرز ادیب بناتا ہے۔

انشا اللہ خاں: ۱۷۵۶ء میں بنگال میں پیدا ہوئے۔ اور ۱۸۱۸ء میں وفات پائی۔ انشا اللہ خاں نے 'رانی کیتکی کی کہانی' کو عام بول چال کی زبان میں لکھا ہے۔ یہ اردو کی مختصر ترین طبع زاد داستان ہے جو داستان گوئی کے دور اول کے اس بیش بہا سرمائے کا ایک حصہ ہے جن میں فورٹ ولیم کالج کے معروف قصے عطا حسین اور محمد عوض خاں زرّیں کے 'نوطرز مرصع'، میر امن کی 'باغ و بہار'، حیدری کی 'آرائش محفل' وغیرہ شامل ہیں۔ لیکن جو بات اس قصے کی اہمیت کا باعث ہے وہ یہ ہے کہ جو کام فورٹ ولیم کالج کے اہل قلم ایک منصوبے کے تحت انجام دے رہے تھے۔ انشا اللہ خاں کی جدت پسند طبیعت اور اعلیٰ ذہانت نے اس میں اپنے لئے ایک علاحدہ اور انوکھی راہ نکالی۔ اس کہانی کی خصوصیت یہ ہے کہ اس میں ایک بنیادی التزام یہ کیا گیا ہے کہ ہندی کے علاوہ عربی و فارسی کے ایک لفظ کا استعمال نہیں ہے۔ اس پابندی کو نباہنا کوئی معمولی بات نہیں ہے۔ انشا اللہ خاں نے یہ ثابت کرنے کی کوشش کی ہے کہ اردو میں عربی و فارسی کے بغیر بھی اظہار ممکن ہے۔ اور وہ اپنی اس کوشش میں بڑی حد تک کامیاب بھی ہوئے ہیں۔ داستان عام اسلوب کے برخلاف بڑی سیدھی سادی زبان میں ہے۔ لکھنے کا ایک نیا اور کامیاب تجربہ ہے جس میں خالص تکلف اور تصنع ہے۔ اُردو کے نثری اسلوب کا یہ ایک منفرد انداز ہے جو انشا اللہ خاں سے شروع ہو کر انہیں پر ختم ہوتا ہے۔ انشا اللہ خاں کی تصنیف دریائے لطافت (فارسی) کی اہمیت یہ ہے کہ اس میں پہلی بار قواعد، زبان اور بولی پر پوری وضاحت کے ساتھ اظہار خیال کیا گیا ہے۔ مثالیں اردو میں دی گئی ہیں۔ ان کی ایک دوسری تصنیف 'سلک گوہر' ایک انوکھی داستان ہے جس میں انھوں نے ایک بھی لفظ نقطے والا استعمال نہیں کیا ہے۔

یہ تحریریں شعوری طور پر بڑے غور و خوض کے ساتھ لکھی گئی ہیں۔ یہی انشا اللہ خاں کا اسلوب ہے جو انھیں صاحب طرز ادیب بناتا ہے۔

رجب علی بیگ سرور: فسانۂ عجائب ۱۸۲۴ء میں شائع ہوئی۔ انھوں نے اس کے دیباچے میں لکھا ہے کہ اس وقت ان کی عمر چالیس سال تھی۔ ۱۸۶۹ء کے اوائل میں موت نے انھیں اپنی آغوش میں لے لیا۔ رام نگر بنارس کے مشرق میں پنچ بٹی کے قبرستان میں ان کی تدفین ہوئی۔ سرور نے نواب آصف الدولہ کے عہد میں آنکھ کھولی۔ وہ اردو کے علاوہ عربی اور فارسی کے عالم تھے۔ خوش نویسی، نجوم، موسیقی کے علاوہ انھیں فن داستان گوئی کا بڑا شوق تھا۔ ۱۸۲۴ء میں ایک قتل کے سلسلے میں ان پر الزام عائد کیا گیا اور مجبوراً انھیں لکھنؤ چھوڑ کر کانپور جانا پڑا۔ شاہ نصیرالدین حیدر کے تخت نشین ہونے پر وہ پھر لکھنؤ چلے آئے اور سرکاری ملازمت اختیار کرلی۔ وہ صاحب دیوان شاعر تھے۔ جنھوں نے بحیثیت نثر نگار اپنی شناخت قائم کی۔ نثر میں 'سرور سلطان' اور شبستان سرور ان کی یادگار ہیں لیکن فسانہ عجائب ان کی بہترین نثری تصنیف ہے جو ۱۸۲۴ء میں غازی الدین حیدر کے عہد میں کانپور میں لکھی گئی۔ یہ اس زمانے کی بے حد مقبول تصنیف ہے جس کے بارے میں چکبست نے لکھا ہے کہ اس دور میں رجب علی بیگ کے طرز تحریر کی پرستش کی جاتی تھی۔ منیر مسعود لکھتے ہیں کہ تاریخ میں پہلی بار اس چابک دستی اور استناد کے ساتھ لکھنؤ کی تصویر کشی کی گئی ہے۔ سرور نے اپنی داستان کو دلچسپ بنانے کے لئے مختلف داستانی اجزا 'سحر البیان، بہار دانش اور پدماوت وغیرہ سے استفادہ کر کے داستانی ادب کا ایک شاہکار بنادیا۔ فسانۂ عجائب کی شہرت اور مقبولیت کی ایک بڑی وجہ سرور کا اسلوب ہے۔ فسانۂ عجائب کے محرک نے فرمائش کی تھی کہ ایک ایسی تحریر اپناؤ جو لغت سے صاف ہو اور جس میں عوام کی روزمرہ گفتگو شامل ہو۔ لیکن سچائی یہ ہے کہ فسانۂ عجائب میں سرور کی زبان اکثر و بیشتر جگہ غیر مانوس اور مشکل ہے جو عام آدمی کی پہونچ سے باہر ہے۔ سرور اپنی زبان کو مستند اور ٹکسالی تصور کرتے ہیں۔ وہ میرامن کی سلیس، فطری اور تکلف سے عاری نثر پر طنز کستے ہیں۔ سرور کو مقفّٰی اور مسجع عبارت کی تزئین کاری اور زبان میں چاشنی پیدا کرنے میں مہارت حاصل تھی۔ وہ عربی و فارسی کے الفاظ کا بے دریغ استعمال کرتے ہیں۔ اور جگہ جگہ اشعار کا استعمال کرتے ہیں جس سے نثر کا حسن مجروح ہوتا ہے۔ سرور نے نثر میں تشبیہ واستعارے کے علاوہ کہیں کہیں وزن کی بھی تلاش کی ہے۔ بحیثیت مجموعی سرور کا اسلوب رنگین ہے جس کی

کڑیاں آگے چل کر محمد حسین آزادؔ، ابوالکلام آزاد اور قاضی عبدالستار سے جڑتی ہیں۔ یہی سرور کا اسلوب ہے جو انھیں صاحب طرز ادیب بناتا ہے۔

مرزا غالبؔ: ۱۷۹۷ء میں پیدا ہوئے اور ۱۸۶۹ء میں دہلی میں وفات پائی۔ غالبؔ ایک عظیم شاعر ہونے کے علاوہ ایک صاحب طرز ادیب بھی تھے۔ مکتوب نویسی ادب کی وہ صنف ہے جس سے فنکار کی شخصیت بے نقاب ہوتی ہے۔ کسی اور صنف میں یہ چیز ممکن نہیں۔ خطوط اس کی شخصیت کا آئینہ ہوتے ہیں اور خطوط کے ذریعہ ہم مصنف کی حالاتِ زندگی کا پتا لگا سکتے ہیں۔ جس کی مثالیں ہمیں مرزا غالبؔ کے خطوط میں ملتی ہیں۔ ان کے خطوط کا مطالعہ ان کی زندگی ہی میں شروع ہو گیا تھا۔ غالبؔ کے خطوط اگر چہ ۱۸۴۹ء کے بعد سامنے آئے۔ لیکن ان کی نگارشات کا سلسلہ ۱۸۶۹ء تک جاری رہا۔ جو غالبؔ کا سال وفات بھی ہے۔ اردوئے معلی اور عود ہندی کے نام سے ان خطوط کے دو بڑے مجموعے شائع ہوئے۔ غالبؔ کے یہ خطوط ایک طرح سے اپنے زمانے کی ایک اہم ادبی، تہذیبی اور تاریخی دستاویز بھی ہیں۔ غالبؔ کے زمانے تک یا اس سے پہلے خط و کتابت بہت ہی رسمی، پر تکلف اور پر تصنع تھی۔ لمبے لمبے آداب والقاب اور اشارے کنایوں میں باتیں کی جاتی تھیں۔ لیکن غالبؔ نے اس طرز تحریر کے خلاف اپنا ایک طرز ایجاد کیا جو بالکل سادہ پر لطف اور پر شوخ ہے۔

اردو شاعری میں غالبؔ کی حیثیت لافانی ہے۔ لیکن اگر وہ شاعر نہ ہوتے صرف خطوط ہی چھوڑے ہوتے تو بھی ان کا مقام و مرتبہ وہی ہوتا جو آج ہے۔ اس معنی میں غالبؔ کے خطوط ان کی وضع داری اور بے تکلف انداز بیان کو بھی پیش کرتے ہیں۔ غالبؔ اپنے دوستوں، شاگردوں اور عزیزوں سے خط میں باتیں کرتے تھے تو ایسا محسوس ہوتا تھا کہ دو آدمی آمنے سامنے بیٹھے آپس میں باتیں کر رہے ہیں۔ غالبؔ کے خطوط کے بارے میں کہا جاتا ہے کہ انھوں نے مراسلے کو مکالمہ بنا دیا ہے۔ یہی غالبؔ کا اسلوب ہے جو انھیں صاحب طرز ادیب بناتا ہے۔ غالبؔ نے فارسی اور اُردو میں شاعری کی۔ انھوں نے تاریخ تیموریہ لکھنا شروع کیا اور اسے 'مہر نیم روز' اور 'ماہ نیم ماہ' دو حصوں میں تقسیم کر دیا۔ دوسرا حصہ مکمل نہ ہو سکا۔ غالبؔ نے دو مختصر رسالے 'نکات غالبؔ' اور 'واقعات غالبؔ' مرتب کئے۔ پنج آہنگ، دستنبو اور مثنوی ابر گہر بار ان کی ادبی یادگاریں ہیں۔

سرسید احمد خاں نے ۱۸۱۷ء میں دہلی میں پیدا ہوئے اور ۱۸۹۸ء میں علی گڑھ میں وفات پائی۔ ۱۸۵۷ء کے غدر کے بعد برطانوی حکومت نے سارے ملک کو انتقامی آگ کے شعلوں میں جھونک دیا۔ ہزاروں معصوم و بے گناہ انسان ظلم و بربریت کا شکار ہو رہے تھے۔ غم و مایوسی کے بادل چاروں طرف چھائے ہوئے تھے ۔زندگی بوجھ بن چکی تھی۔ سرسید نے ہندوستانی تاریخ کا گہرا مطالعہ کیا تھا۔ ان کی نظروں کے سامنے تمام تاریخی واقعات موجود تھے۔ ٹیپو سلطان جیسا بہادر سپاہی اور اس کی جانثار فوجیں انگریزوں کے جدید ہتھیاروں کا مقابلہ نہ کرسکیں اور نہ ہی سید احمد شہید بریلی اوران کی جماعت مجاہدین ان کے سامنے ٹک سکے تھے۔ سرسید اس نتیجے پر پہونچے کہ اب انگریزوں کے خلاف مزید فوج کشی خودکشی کے مترادف ہوگی۔ ایسے وقت میں سرسید نے مسلمانوں کے فکر و عمل کے ہر گوشے میں اپنا اثر ڈالا۔ علم و ادب، تعلیم و تربیت، اخلاق و مذہب، معاشرت و سیاست ہر میدان میں ان کا اصلاحی ہاتھ رہا۔ ۱۸۴۰ء میں ’جام جم‘ کے نام سے ایک رسالہ شائع کیا جس میں امیر تیمور سے لے کر بہادر شاہ ظفر تک تمام حکمرانوں کے حالات قلم بند تھے۔ دہلی کے گردونواح کے آثار قدیمہ کا معائنہ کر کے ۱۸۴۷ء میں ’آثار الصنادید‘ لکھی۔ خطبات احمدیہ، آثار الصنادید اور تاریخ سرکشی بجنور سرسید کی علمی و ادبی یادگاریں ہیں لیکن سرسید نے ’تہذیب الاخلاق‘ میں جو مضامین لکھے ان کی بڑی ادبی اہمیت ہے۔ انھوں نے اپنے مضامین میں تعلیمی، اصلاحی اور اخلاقی تصورات و خیالات کا بڑی خوش اسلوبی سے اظہار خیال کیا۔

سرسید احمد خاں نے ادب کی افادیت اور مقصدیت پر زور دیا۔ اردو نثر کے عیب گن گن کر لوگوں کو بتائے۔ مبالغہ آرائی، لفاظی، تصنع اور قافیہ پیمائی سے انھیں سخت نفرت تھی۔ وہ چاہتے تھے کہ اردو نثر میں وہ صلاحیت پیدا ہو جائے کہ کام کی بات سیدھے سادے لفظوں میں ادا کی جائے تاکہ قاری کے دل میں بیٹھ جائے۔ سرسید کی یہ تحریک صرف ادب تک محدود نہیں تھی۔ بلکہ سماجی زندگی کے ہر شعبے پر حاوی تھی۔ تعلیم، مذہب، طرز معاشرت، صنعت، نظامِ ملازمت وغیرہ۔ انھوں نے اجتماعی مقاصد کے تحت سائنٹفک سوسائٹی اور پھر ایم اے او کالج کی بنیاد ڈالی جو بعد میں علی گڑھ مسلم یونیورسٹی ہوگئی۔ ان کا خیال تھا کہ مغربی تہذیب سے نفرت نہیں کرنی چاہیے بلکہ ان کی خوبیوں کو قبول کرنا چاہیے۔ مشرق کی ہر بات اچھی ہو یہ کوئی ضروری نہیں ۔ہمیں اپنی برائیوں کو دور کرنا چاہیے۔ سرسید نے مغربی علوم کے حصول کے لئے خاص طور پر زور

دیا۔انھوں نے اپنے انداز بیان کو ایڈسن اور ایڈمل کے اسلوب سے متاثر ہوکر ایک خاص سانچے ڈھالنے کی کوشش کی۔انھوں نے تصنع، بناوٹ اور مبالغہ سے اتنا گریز کیا کہ قواعد تک کی پابندی نہیں کی۔سرسید اپنی نثر میں اکثر جگہ انگریزی الفاظ کا استعمال کرتے ہیں جو ان کے اسلوب کی ایک پہچان بن گئی ہے۔ان کے انداز بیان میں بات کو سمجھانے کا عنصر غالب ہے۔

محمد حسین آزاد: ۱۸۳۰ء میں دہلی میں پیدا ہوئے ۱۹۱۰ء میں لاہور میں وفات پائی۔ابتدائی تعلیم والد اور ذوقؔ سے حاصل کرنے کے بعد دہلی کالج میں ایڈمیشن لیا۔انھیں مولوی نذیر احمد، ذکاء اللہ اور پیارے لال آشوب وغیرہ سے ہم سبق ہونے کا موقع ملا۔اپنے والد کے ساتھ ''اردو اخبار'' میں بطور ایڈیٹر شریک ہوگئے۔ آزادؔ نے انجمن پنجاب کے جلسے میں قدیم شاعری کی بعض کوتاہیوں کا تذکرہ کیا اور جدید شاعری سے لوگوں کو روشناس کرایا۔آزادؔ نے ایک لاثانی مشاعرے کی بنیاد ڈالی جس میں مصرعِ طرح نہیں بلکہ نظمیں لکھنے کے لئے موضوع دیا جاتا تھا۔'قصص الہند' ان کا پہلا ادبی کارنامہ ہے اور آب حیات ان کا شاہکار ہے۔یہ اُردو تخلیق کاروں کے تذکروں پر مبنی ایک ایسی کتاب ہے جس میں زبردست تنقیدی شعور دیکھنے کو ملتا ہے۔شاعر کے زندگی کے واقعات اور اس کی سرگزشت قلمبند کرنے میں آزاد کے پر لطف اور دل چسپ اسلوب بیان اور ان کی محاکاتی صلاحیتوں نے ان کی اچھی رہبری کی ہے۔آب حیات اردو ادبی تاریخ کا ایک ایسا اہم باب ہے جس میں ہر تصویر اپنے واضح خدوخال اور اپنی شخصیت کے تمام اہم پہلوؤں کے ساتھ اجاگر ہوتی ہے۔آب حیات میں خاکہ نگاری کے ابتدائی نقوش بڑی ذکاوت اور خوش اسلوبی کے ساتھ ابھرتے ہیں۔تشبیہات واستعارات اور صوری حسن سے عبارت سجی نظر آتی ہے۔آزاد کے اسلوب کو رجب علی بیگ کے اسلوب کی توسیع کہہ سکتے ہیں۔ جو آگے چل کر ابوالکلام آزاد کے یہاں دیکھنے کو ملتی ہے۔ان کی عبارت رنگین ہے۔وہ عربی وفارسی کے مروجہ الفاظ کو اس خوبی سے استعمال کرتے ہیں جیسے انگوٹھی میں نگینہ جڑا ہو۔مقفّٰی و مسجع عبارت کے رنگ بھی جا بجا جھلکتے ہیں لیکن وہ اس کے پابند بھی نہیں ہیں۔آب حیات کا ہر مرقع چلتی پھرتی تصویر نظر آتا ہے۔آزاد کی تحریر اپنے ہم عصروں میں منفرد ہے اس لئے انھیں صاحب طرز ادیب کہا جاتا ہے۔آب حیات، نیرنگ خیال اور سخن دان فارس ان کی قابل ذکر تصانیف ہیں۔ان کا شمار اردو ادب کے عناصر خمسہ میں ہوتا ہے۔

شبلی نعمانی: ایک عالم، مفکر اور مورخ کی حیثیت سے جانے جاتے ہیں۔ ۱۸۵۷ء میں ضلع اعظم گڑھ میں پیدا ہوئے اور ۱۹۱۴ء میں انتقال کر گئے۔ سر سید سے ملاقات کے بعد علی گڑھ کے پروفیسر مقرر ہوئے۔ انھوں نے تاریخ، سوانح اور تنقید کے علاوہ متعدد علمی مضامین لکھے۔ اعظم گڑھ میں دار المصنفین اور شبلی کالج قائم کیا۔ ۱۸۹۴ء میں ندوۃ العلما کے روح رواں بن گئے۔ شبلی اپنی نثری تصانیف کی وجہ سے اردو ادیبوں کی صف اول میں جگہ پاتے ہیں۔ ان کی مشہور کتابوں میں سیرت النبی، الفاروق، المامون، شعر العجم، علم الکلام اور موازنہ انیس و دبیر وغیرہ شامل ہیں۔ انھوں نے اپنے مضامین میں تعلیم و تربیت، ادب، تہذیبی امور، تاریخ اور اپنے سیاسی مسلک پر روشنی ڈالی ہے۔ مضامین شبلی سے ان کی نثر کے حسن اور جاذبیت و شگفتگی کا اندازہ ہوتا ہے۔ انھوں نے عربی و فارسی کے دقیق الفاظ کو برجستگی سے استعمال کرکے عبارت کے حسن میں چار چاند لگا دیا۔ ان کے یہاں استدلال ہے۔ وہ تاریخ کے بغیر کوئی لقمہ نہیں توڑتے۔ عالمانہ تحقیق و تفتیش شبلی کی تحریروں کا حق ہے۔ عبارت میں منطقی ربط ہے۔ ان کے اسلوب کی تین بڑی خصوصیات قطعیت، بلاغیت اور صراحت ہیں۔ انھوں نے اپنے طرز تحریر کو موضوع کے مطابق ڈھالا ہے۔ ان کی سوانحوں کا اسلوب سوانح نگاری کے ادبی تقاضوں سے ہم آہنگ ہے۔ تنقید نگار کی حیثیت سے شبلی نے اپنے مخصوص ناقدانہ تصورات کی بنا پر اپنی شناخت بنائی ہے۔ یہ خصوصیت ہیں جو انھیں صاحب طرز ادیب بناتی ہے۔

اودھ پنچ: ۱۸۷۷ء سے ۱۹۱۲ء تک طنز و مزاح کے افق پر جگمگاتا رہا۔ طنز و مزاح اس کا اسلوب تھا مقصد نہیں۔ اودھ پنچ میں سیاسی شعور اور گرد و پیش کے جو حالات ملتے ہیں۔ اس کا مقابلہ بہت کم اخبار کر سکتے ہیں۔ اودھ پنچ کے ایڈیٹر منشی سجاد حسین تھے ان کے یہاں ہم مذاق اور ہم خیال افراد کا ایک حلقہ تھا۔ اکبر الہ آبادی، مرزا مچھو بیگ ستم ظریف، تربھون ناتھ ہجر، سید محمد آزاد، جوالا پرشاد برق اور پنڈت رتن ناتھ سرشار وغیرہ اپنے اسلوب و انداز کی وجہ سے ایک انفرادی شان رکھتے تھے۔ اکبر الہ آبادی جو اپنے کلام میں ہنسی مذاق کے ساتھ دعوت فکر بھی دیتے تھے۔ سید محمد آزاد کی زبان سلیس، پر اثر اور پر لطف تھی۔ منشی سجاد حسین ۱۸۵۶ء میں لکھنؤ میں پیدا ہوئے اور ۱۹۱۰ء میں انتقال کر گئے۔ وہ ناول نگار کی حیثیت سے کافی مشہور تھے۔ خود سجاد حسین نے رنگا رنگ پھولوں سے اپنا گلدستہ سجایا تھا۔ حاجی بغلول، احمق الذین، پیاری زمین اور میٹھی چھری وغیرہ ان کی یادگار ناولیں ہیں۔ وہ لندن پنچ سے کافی متاثر تھے۔ انھوں نے طنز و مزاح کے میدان کو وسیع کیا اور اس کے

موضوعات میں تنوع پیدا کیا۔ سجاد حسین نے تصنع اور پر تکلف زبان کی سلاست، صفائی کی اور زبان کی سادگی اور فطری انداز پر زور دیا۔ اودھ پنچ اردو کا ایسا قلعہ ہے جس کی زیارت سے آدمی اردو داں ہو جاتا ہے۔ وہ لکھنؤ کی ٹکسالی زبان لکھتے تھے۔ وہ انگریزی زبان کے الفاظ سے مزاح پیدا کرنے کے ہنر سے بخوبی واقف تھے۔ انھوں نے خواتین کے طرز تکلم اور ان کے مخصوص لب و لہجے کو بڑی کامیابی کے ساتھ نقل کیا ہے۔ برق بے تکلف، سادہ اور رواں نثر لکھتے ہیں۔ مچھوا اپنے چھوٹے چھوٹے جملوں میں اصلاحی مقصد کو بڑی خوش اسلوبی کے ساتھ ظرافت کے ساتھ نمایاں کرتے ہیں۔ انھوں نے ہندی الفاظ کے برمحل استعمال سے عبارت میں رنگینی اور دل نوازی پیدا کی ہے۔ برق کے اسلوب میں انفرادیت ہے۔

پنڈت رتن ناتھ: ۱۸۴۶ء میں لکھنؤ میں پیدا ہوئے اور ۱۹۰۲ء میں حیدرآباد میں وفات پائی۔ سرشار کو اردو نثر کے بڑے ستونوں میں شمار کیا جاتا ہے۔ ان کے مضامین ''مراۃ الہند'' اور ریاض الاخبار میں شائع ہوتے تھے۔ انھوں نے ''اودھ اخبار'' کی ادارت کی۔ الف لیلیٰ کو فارسی سے اُردو میں منتقل کیا۔ سرشار نے لکھنؤ کے طرز معاشرت پر فسانۂ آزاد، جامِ سرشار، سیر کہسار، خدائی فوجدار جیسے مشہور ناول لکھے۔ ان کی تحریریں مختلف لوگوں، طبقوں، پیشوں کی بول چال اور زندگی کی سیر کراتی ہیں۔ فسانۂ آزاد میں سرشار نے لکھنؤ کے زوال پذیر جاگیردارانہ نظام کی تصویر کشی اس طرح کی ہے کہ اس میں زندگی کا ہر پہلو ملتا ہے۔ لکھنؤ کے خواص و عوام کی زبان کا چٹخارا ان کے اسلوب میں دیکھنے کو ملتا ہے۔ سرشار نے اپنے ناولوں کے ذریعے اُردو نثر کو ایک نئی توانائی، قوت اظہار اور ترسیل کے موثر پیرایوں سے روشناس کرایا ہے۔ ان کے اسلوب میں انفرادیت ہے۔

مہدی افادی: ۱۸۷۰ء میں گورکھپور میں پیدا ہوئے۔ وہ ایک ذہین اور حاضر دماغ انسان تھے اور بڑے منفرد انداز میں اظہار خیال کرتے تھے۔ ان کی تحریروں میں دانشمندی، شگفتگی، شادابی نے انھیں صاحب طرز ادیب بنا دیا تھا۔ وہ کہتے ہیں کہ تہذیب الاخلاق کے مطالعے نے انھیں انسان بنا دیا تھا۔ ان کے نظام فکر میں ادب اور سماج کا نیا تصور تھا وہ قدیم سے بیزار اور جدید کے پرستار تھے۔ ان کے مزاج میں بلا کی لطافت و نفاست تھی۔ وہ زندگی میں ہر چیز عمدہ اور بہتر چاہتے تھے۔ تخلیقی نثر میں انھوں نے خوب نام کمایا۔ نت نئے خیالات کو نت نئے الفاظ اور ان کی تراش خراش سے لوگوں کے سامنے پیش کیا۔ افادی کے

نگارشات کا قابل لحاظ حصہ اُردو لٹریچر کے عناصر خمسہ کے ادبی کاوشوں سے ذہنی اور فکری وابستگی کا ترجمان ہے۔ وہ رومانیت کے دلدادہ ہونے کے باوجود سرسید مساعی سے تحرک حاصل کرتے تھے۔ اردو کے عناصر خمسہ کو خراج تحسین پیش کرنے کے ساتھ انھوں نے ناصر علی کے نثری اسلوب کو بھی اپنایا ہے۔ تنقید نگار کی حیثیت سے مہدی افادی ایک مخصوص طرز فکر اور اسلوب کے حامل نظر آتے ہیں۔ انھیں نئی نئی اصطلاحیں وضع کرنے میں قدرت حاصل تھی۔ انگریزی الفاظ کے مترادفات اور استعاراتی نثر لکھنے میں انھیں مہارت حاصل تھی۔

مہدی افادی نے اردو نثر کو رومانی تحریک کی رنگینی و لطافت اور تابنا کی سے روشناس کرانے میں اہم کردار ادا کیا ہے۔ وہ اپنی انشا پردازی اور فکری رویوں کے اعتبار سے ایک منفرد اور امتیازی شان رکھتے ہیں۔ وہ اپنے ایک مضمون میں لکھتے ہیں کہ ''ادب صرف کاغذ پر سیاہی پھیلانے کا نام نہیں اور اگر ہم تقاضائے وقت سے بے خبر ہو کر اسی عمل میں مصروف رہے تو نہ صرف زبان و ادب بلکہ ایک پوری قوم کا غیر تلافی نقصان ہوگا۔ وہ سرسید تحریک کی معنویت سے پوری طرح واقف تھے۔ ان کے مضمون 'برکات علوم جدیدہ' سے اندازہ ہوتا ہے کہ وہ سائنسی انکشافات اور علوم جدیدہ کی مادی فتوحات کو کس نظر سے دیکھتے تھے۔ انھوں نے بہت کم لکھا ہے لیکن جو بھی لکھا ہے اس میں زبان کا چٹخارا، فکر و خیال کا گھوارا اور رومانیت کی تابنا کی موجود ہے۔

خواجہ حسن نظامی: ۱۸۷۸ء میں پیدا ہوئے اور ۱۹۵۵ء میں وفات پائی۔ انھیں اردو، عربی اور فارسی زبان پر عبور حاصل تھا لیکن انگریزی سے بالکل نا آشنا تھے۔ انھیں تصنیف و تالیف کا اس قدر شوق تھا کہ ملک اور بیرون ملک کے مختلف شہروں کا دورہ کیا اور وہاں کے سنتوں اور اہل بصیرت سے تبادلۂ خیال کیا۔ حلقہ نظام المشائخ قائم کیا تو اس کی تشہیر کے لئے ایک رسالہ ملا واحدی کے اشتراک سے نکالا۔ خواجہ صاحب 'اردو کلب' قائم کر کے اردو کی ترویج و اشاعت میں ہمیشہ کوشاں رہے اور شمس العلماء کے خطاب سے نوازے گئے۔ نثر کی مختلف اصناف میں ان کی تصنیفیں موجود ہیں۔ ان کی تصنیف 'فرعون کی تاریخ' ایک قابل قدر تاریخی اور ادبی کارنامہ ہے۔ انھوں نے قلمی چہرے اور خاکے بھی بڑے دلچسپ اور پر لطف انداز میں لکھے ہیں۔ بقول ان کے انھوں نے کم و بیش پانچ ہزار اشخاص کے خاکے لکھے ہیں۔ انھوں نے اپنے مخصوص

اسلوب و انداز میں جاذب نظر اور دلچسپ تصویریں پیش کی ہیں۔ اردو میں انشائیہ کی صنف کو مقبول کیا اور اس کی فنی خدوخال کو سنوارا۔ ان کی نثری اسلوب سادہ، سلیس، عام فہم، پر لطف، شگفتہ اور اثر انگیز ہے۔ انھوں نے عربی و فارسی کے مشکل الفاظ اور تصوف کی اصطلاحوں سے اپنی نثر کو بوجھل اور ثقیل ہونے سے محفوظ کیا ہے۔ وہ اپنی بات کو چھوٹے چھوٹے سلیس، شستہ اور آسان جملوں میں بیان کرنے پر قادر ہیں۔ ان کی تحریروں میں ڈرامائی لطف ہے۔ وہ ہندی کے عام فہم الفاظ کافی تعداد میں استعمال کرتے ہیں۔ ان کی متصوفانہ تحریروں کا ادب سے گہرا رشتہ ہے۔ ان کے اسلوب میں دہلی کے روزمرہ کی بول چال کی زبان ہے جس کی کڑیاں میر امن، غالب اور سرسید سے جا کر ملتی ہیں۔

مولانا ابوالکلام آزاد: ۱۸۸۸ء میں پیدا ہوئے اور ۱۹۵۸ء میں وفات پائی۔ وہ اُردو، عربی، فارسی اور ترکی زبان کے جید عالم تھے۔ سرسید احمد خاں سے متاثر ہو کر انگریزی کتابوں کا مطالعہ کیا۔ عراق، مصر اور شام وغیرہ کا سفر کیا۔ انھوں نے قرآن شریف کا ترجمہ کیا اور تفسیر بھی لکھی۔ انھوں نے 'الہلال' اخبار جاری کیا جو حق وصداقت کا علمبردار تھا۔ ۱۹۱۵ء میں البلاغ نکالا۔ انگریزی حکومت میں انھیں قید و بند کی صعوبتیں برداشت کرنی پڑیں، لیکن جدوجہد آزادی کا سلسلہ بدستور جاری رکھا۔ انجمن حمایت الاسلام کے سالانہ اجلاس میں حالی، اقبال اور نذیر احمد سے ملاقات ہوئی۔ الہلال، البلاغ، ترجمان القرآن، غبار خاطر اور کاروان خیال مولانا آزاد کی ناقابل فراموش یادگاریں ہیں۔ انھوں نے مضمون نگاری کے فن کو ترقی دی اور صاحب طرز ادیب کہلائے۔ اُردو نثر کے دو اسالیب سادہ اور رنگین ہیں۔ رنگین اور پرتکلف اسلوب سے ابوالکلام آزاد کا رشتہ تھا جس کی کڑیاں رجب علی بیگ اور محمد حسین آزاد کے طرز تحریر سے جا کر ملتی ہیں۔ لیکن ابوالکلام آزاد کی نثر میں فصاحت و بلاغت ہے۔ ان کے اسلوب کے مختلف رنگوں کو ان کی تحریروں میں دیکھا جاسکتا ہے۔ وہ اپنی تحریروں میں تکرار لفظی کے ساتھ رعایت لفظی و معنوی کا بھی خیال رکھتے ہیں جس سے تحریروں میں ڈرامائی کیفیت پیدا ہو جاتی ہے۔ وہ اپنی تحریوں میں اقوال و امثال اور تلمیحات و اشعار کا بلا تکلف استعمال خطیبانہ انداز میں کرتے ہیں۔ وہ ہندوستان کے تعلیمی نظام کے بانیوں میں سے تھے اور آزاد ہندوستان کے پہلے وزیر تعلیم بھی تھے۔ لوگ انھیں ایک صحافی، مدبر، مترجم، سیاست داں، ماہر تعلیم، ایڈمنسٹریٹر، صاحب طرز ادیب، مفکر، ماہر لسان اور مجاہد آزادی کی حیثیت سے جانتے ہیں۔

رشید احمد صدیقی: ۱۸۹۹ء میں مریاہو ضلع جونپور، اتر پردیش میں پیدا ہوئے۔ علی گڑھ سے ایم۔ اے (اُردو) کیا اور یونیورسٹی میں استاد کی حیثیت سیمقرر ہوئے اور پروفیسر سے لے کر صدر شعبہ رہے۔ ۱۹۵۸ء میں ریٹائر ہوگئے اور ۱۹۷۷ء میں وفات پائی۔ رشید احمد کو مزاحیہ مضامین کے علاوہ خاکا نگاری اور انشائیہ نگاری میں بھی کمال حاصل تھا۔ ان کے قلم سے جو بھی تحریر نکلی اس میں ظرافت موجِ تہ نشیں کی طرح کارفرما ہے۔ رشید صاحب مزاح نگار تھے اور اپنے طالب علمی کے زمانے ہی سے زندگی کی ناہمواریوں کے مضحکہ خیز پہلوؤں پر دلچسپ مضامین لکھتے تھے۔ ان کی تصانیف میں طنزیات ومضحکات، مضامین رشید، خنداں، گنج ہائے گرانمایہ، آشفتہ بیانی میری، جدید غزل، ذاکر صاحب سہیل کی سرگزشت اور ہم نفساں رفتہ کا ادب میں اہم مقام ہے۔ وہ کسی واقعہ کی تمہید میں ظرافت کا آغاز اس طرح کرتے ہیں کہ اصل موضوع تک پہونچتے پہونچتے مزاح اپنے نقطۂ عروج تک پہونچ جاتا ہے۔ انھوں نے اپنے بیشتر مضامین ریڈیو کے لئے لکھے ہیں اس لئے تحریر میں خطابت کا رنگ سرایت کر گیا ہے۔ ان کے مزاح میں بذلہ سنجی کی چھاپ گہری ہے۔ ان کے اسلوب کی تین بنیادی خصوصیات تکرار، تضاد اور اختصار ہیں۔

(۱) تکرار کو صوتی، صرفی اور نحوی تینوں سطحوں پر دیکھا جاسکتا ہے۔ وہ فقروں، جملوں میں ایسے الفاظ کا انتخاب کا کرتے ہیں جو ایک ہی آواز پر شروع اور ختم ہوتے ہیں۔ صوتی تکرار کو اضافت یا عطف واؤ کی ترکیبوں میں بھی محسوس کیا جاسکتا ہے۔ ان کے یہاں صوتی ہم آہنگی لفظوں سے فقروں میں اور فقروں سے کلموں اور جملوں میں دیکھی جاسکتی ہے۔ ایسی مثالیں بھی ہیں جہاں ایک لفظ کی تبدیلی سے پورا جملہ دہرایا گیا ہے۔

(۲) تضاد میں لفظی جوڑوں میں اکثر ایسے یونٹ آتے ہیں جو معنی کے اعتبار سے ایک دوسرے کی ضد ہوتے ہیں۔ وہ عبارت میں سیاق وسباق کے برخلاف نتیجہ اخذ کرتے ہیں۔ الفاظ کو مخصوص سیاق وسباق میں لاکر ان سے ایسے معنی مراد لیتے ہیں جو اپنے اصل مفہوم کی ضد ہوتے ہیں۔ موقع محل سے ہٹ کر بات کرتے ہیں جس سے بیان میں شوخی اور مزاح پیدا ہو جاتا ہے۔

(۳) ان کے اکثر جملوں میں مرکب افعال کے استعمال کے ساتھ شعر جیسا اختصار ملتا ہے۔ جب وہ کسی واقعے یا خیال کو بیان کرتے ہیں تو ایسے برجستہ جملے پر ختم کر دیتے ہیں جو حاصل بیان ہوتا ہے۔ وہ اپنی تحریروں میں الفاظ، کہانی، واقعہ پر کم خیال کے مزاح پر زیادہ دھیان دیتے ہیں۔

قاضی عبد الستار: اُردو کے ایک صاحب طرز ادیب ہیں۔ان کا نام اردو کے مشہور و معروف افسانہ نگاروں میں شمار ہوتا ہے۔ وہ اپنے منفرد موضوع اور سحر آفریں اسلوب کے ذریعے پہچانے جاتے ہیں۔وہ تضاد کے بادشاہ کہلاتے ہیں۔ان کی مصنوعی کہانی میں بھی حقیقت کا رنگ جھلکتا ہے۔ان کا فن ایڈگر ایلن پو کی یاد دلاتا ہے۔ان کے قلم میں ماضی کی شان و شوکت کو دوبارہ زندہ کرنے کی حیرت انگیز طاقت ہے۔ایڈگر ایلن پو کی طرح مختلف سیاق و سباق میں نفسیات کو اجاگر کرنے میں انھیں کمال کی مہارت حاصل ہے۔وہ اُردو کے مخصوص نثری اسلوب کے قصر شاہی کے چار ستونوں (رجب علی بیگ سرور، محمد حسین آزاد، ابوالکلام آزاد، قاضی عبد الستار) میں سے ایک ہیں۔

ان کے افسانے پریم چند کی یاد دلاتے ہیں۔ وہ اپنے افسانوں کا تانا بانا آس پاس کے ماحول اور اپنی ذاتی زندگی سے بناتے ہیں جس میں حقیقت نگاری کا رنگ صاف جھلکتا ہے۔وہ اپنے افسانوں میں تجربات اور مشاہدات کا رنگ بڑی چابکدستی سے بھرتے ہیں اور اپنے سحر آفریں اسلوب اور دلکش زبان سے اسے پر لطف بنا دیتے ہیں۔تقسیم ہند کے بعد اودھ کے زمیندار گھرانوں کی زبوں حالی ان کے افسانوں کا موضوع ہیں۔لیکن ان کے یہاں گاؤں کی کیفیت پریم چند سے بالکل مختلف ہے۔کیوں کہ اب زمانہ کافی بدل چکا ہے۔آزادی کے بعد زمیندار قابل رحم ہے۔اپنی وضع داری اور رواداری نبھانے کی خاطر وہ اپنی زمین وجائیداد بیچ رہا ہے۔''پیتل کا گھنٹہ'' ان کا مقبول ترین افسانہ ہے جو اردو، ہندی دونوں زبانوں میں یکساں مقبول ہے۔

قاضی صاحب نے تاریخی ناول بھی لکھے ہیں۔جن میں سلاح الدین ایوبی، خالد بن ولید، دارا شکوہ اور غالبؔ وغیرہ قابل ذکر ناول ہیں۔سماجی اور معاشرتی ناولوں میں حضرت جان اور تاجم سلطان کے نام لئے جاسکتے ہیں۔انھیں ابن الوقت کہا جائے تو غلط نہ ہوگا۔وہ تشبیہ واستعارہ میں لپٹے ہوئے لمبے لمبے جملے استعمال کرتے ہیں اور بیانیہ تکنیک پر زور دیتے ہیں۔اس لئے تخلیقی نثر میں اختراعی عمل بہت کم دیکھنے کو ملتا ہے۔ان کے تاریخی ناولوں میں اصطلاحوں کی بھر مار ہے جو نثر کو بوجھل بنا دیتی ہے۔

مشتاق احمد خاں: اُردو کے مایہ ناز طنز و مزاح نگار ہیں۔راجستھان میں پیدا ہوئے۔تقسیم ہند کے بعد پاکستان چلے گئے۔تعلیم و تربیت کا ایک حصہ کراچی میں گزرا۔مسلم کمرشیل بینک میں ملازمت اختیار کی۔

چراغ تلے، خاکم بدہن، زرگزشت اور آب گم وغیرہ قابل ذکر ہیں۔جن میں مزاحیہ مضامین، خاکے اور خود نوشت کی اعلیٰ و معیاری جھلکیاں دیکھنے کو ملتی ہیں۔ان کے طرز بیان میں ایسی انفرادیت ہے جو سابقہ طنز ومزاح نگاروں کے اسالیب میں کہیں نظر نہیں آتی۔وہ خیال کے مزاح کے قائل ہیں اور اپنے خیال کو ایسے سانچوں میں ڈھالتے ہیں کہ قاری کے منہ سے بے ساختہ واہ نکل جاتا ہے۔وہ ہنستے ہنستے رلا دیتے ہیں۔ان کے زیادہ تر مضامین کا اختتامیہ المیہ ہوتا ہے۔ان کے اسلوب کی بڑی خوبی یہ ہے کہ ان کے جملے کے معنی غیر متوقع ہوتے ہیں جس سے قاری حیرت میں پڑ جاتا ہے۔سراپا نگاری اور منظر کشی میں ان کا کوئی ثانی نہیں ہے۔مکالموں میں خلاف امید جواب سے مزاح پیدا کرنے میں انھیں کمال حاصل ہے۔محاوروں، ضرب المثل مصرعوں، شعروں میں حسب ضرورت ردوبدل کر کے مزاح پیدا کرنے کا فن انھیں بخوبی آتا ہے۔وہ الفاظ کو ایک نئے سیاق وسباق میں نیا معنی پہناتے ہیں۔انھوں نے ذومعنویت سے بھی مزاح پیدا کرنے کی کوشش کی ہے۔ان کی نثر میں تجزیاتی رنگ حاوی ہے۔موضوع میں تنوع اور خیالات میں جدت ہے۔کسی تاریخی واقعہ سے جوڑ کر بلیغ اشارہ کرنے پر انھیں قدرت حاصل ہے۔انھوں نے حاجی بغلول، چچا چھکن، فوجی کی طرح، مرزا عبدالودود بیگ اور قاضی عبدالقدوس جیسے کرداروں سے اُردو کے خزانے کو مالا مال کر دیا ہے۔عورت کے ذکر میں ان کے یہاں بلا کا بانکپن ہے۔ان کی تحریریں قاری کے دل میں گدگدی پیدا کرتی ہیں ۔وہ زیرلب تبسم سے بڑھ کر کبھی کبھی بے اختیار قہقہے لگانے لگتا ہے۔ان کی طنز کی کاٹ زندگی کی ناہمواریوں کو بڑی خوبصورتی سے تراشتی ہے۔

سوال:9 اُردو نثر کے فروغ میں سرسید تحریک کی خدمات بیان کیجیے۔ **[دسمبر:2105 سوال:1]**

[جون:2016 سوال:1]

یا

عہدِ سرسید کو اُردو نثر کا عہد زریں کیوں کہا جاتا ہے،اس کے اسباب تفصیل سے بیان کیجیے۔

[جون:2016 سوال:2]

جواب: سرسید احمد خاں: ۱۸۱۷ء میں دہلی میں پیدا ہوئے اور ۱۸۹۸ء میں علی گڑھ میں وفات پائی۔ ۱۸۵۷ء کی بغاوت ختم ہو چکی تھی۔ برطانوی حکومت نے سارے ملک کو انتقامی آگ کے شعلوں میں جھونک دیا۔ہزاروں معصوم و بے گناہ انسان ظلم و بربریت کا شکار ہو رہے تھے۔غم و مایوسی کے بادل چاروں طرف چھائے ہوئے تھے۔زندگی بوجھ بن چکی تھی۔انیسویں صدی انسانی تہذیب کی وہ منزل تھی کہ جہاں پرانا

نظامِ حیات وقت کے نئے تقاضوں کے سامنے سرنگوں اور دم توڑ چکا تھا۔ سرسید نے ہندوستانی تاریخ کا گہرا مطالعہ کیا تھا۔ ان کی نظروں کے سامنے تمام تاریخی واقعات موجود تھے۔ ٹیپو سلطان جیسا بہادر سپاہی اور اس کی جانثار فوجیں انگریزوں کے جدید ہتھیاروں کا مقابلہ نہ کرسکیں۔ اور نہ ہی سید احمد شہید بریلی اور ان کی جماعت مجاہدین ان کے سامنے ٹک سکے تھے۔ سرسید اس نتیجے پر پہونچے کی اب انگریزوں کے خلاف مزید فوج کشی خودکشی کے مترادف ہوگی۔ ایسے وقت میں سرسید تحریک نے مسلمانوں کے فکر و عمل کے ہر گوشے میں اپنا اثر ڈالا ہے۔ ان کے رفقاء نے اردو ادب کی تمام انواع و اقسام پر قلم اٹھایا۔ سوانح نگاری، سیرت نگاری، ناول، اردو نظم اور مضمون نگاری سب کچھ اس تحریک کے زیرِ اثر پروان چڑھا۔ تکلف اور تصنع جو پرانی نثر کا خاص امتیاز تھا اس کے خلاف آواز بلند کی اور اسے ترک کر کے بے تکلف اظہارِ خیال کا ذریعہ اپنایا اور اُردو نثر کے حدود کو وسیع کر دیا۔ اس لئے عہدِ سرسید کو اُردو نثر کا عہد زریں کہا جاتا ہے۔

قوم کی خاطر وہ فرانس، لندن، جرمنی، روس اور امریکہ گئے۔ زندگی کے آخری لمحات تک قومی فلاح و بہبود کے لئے کوشش کرتے رہے۔ ان کا خیال تھا کہ مسلمانوں کی فلاح و بہبود کا صرف ایک ہی ذریعہ ہے اور وہ یہ کہ انگریز حکومت کے زیرِ تسلط مسلم معاشرہ میں بہتری کی صورت پیدا کی جائے۔ ان کا خیال تھا کہ مغربی تہذیب سے نفرت نہیں کرنی چاہیے بلکہ ان کی خوبیوں کو قبول کرنا چاہیے۔ مشرق کی ہر بات اچھی ہو یہ کوئی ضروری نہیں ہے۔ ہمیں اپنی برائیوں کو دور کرنا چاہیے۔ سرسید نے مغربی علوم کے حصول کے لئے خاص طور پر زور دیا۔ انھوں نے اپنے اندازِ بیان کو ایڈیسن اور ایڈمل کے اسلوب سے متاثر ہو کر ایک خاص سانچے ڈھالنے کی کوشش کی ہے۔ انھوں نے تصنع، بناوٹ اور مبالغہ سے اتنا گریز کیا ہے کہ قواعد تک کی پابندی نہیں کی۔ سرسید اپنی نثر میں اکثر جگہ انگریزی الفاظ کا استعمال کرتے ہیں جو ان کے اسلوب کی ایک پہچان بن گئی۔ ان کے انداز میں بات کو سمجھانے کا عنصر غالب ہے۔ ۱۸۴۰ء میں 'جام جم' کے نام سے ایک رسالہ شائع کیا جس میں امیر تیمور سے لے کر بہادر شاہ ظفر تک تمام حکمرانوں کے حالات قلم بند ہیں۔ دہلی کے گرد و نواح کے آثارِ قدیمہ کا معائنہ کر کے ۱۸۴۷ء میں 'آثار الصنادید' لکھی۔ خطباتِ احمدیہ، آثار الصنادید اور تاریخ سرکشی بجنور سرسید کی علمی و ادبی یادگاریں ہیں، لیکن سرسید نے 'تہذیب الاخلاق' میں جو مضامین لکھے ان کی بڑی ادبی اہمیت ہے۔ انھوں نے اپنے مضامین میں تعلیمی، اصلاحی اور اخلاقی تصورات و خیالات کا بڑی خوش اسلوبی سے اظہارِ خیال کیا ہے۔

سرسید کی جادو بھری شخصیت نے اعلیٰ تخلیقی صلاحیت رکھنے والے روشن خیال افراد کی ایک جماعت کھڑی کردی۔ اس دور کو 'سرسید دور' بھی کہا جاتا ہے۔ حالیؔ کے نثری شاہکاروں میں حیاتِ جاوید، حیاتِ سعدی، یادگارِ غالبؔ اور مسدّس حالیؔ کا مقدمہ شامل ہے۔ محمد حسین آزادؔ نے آبِ حیات، دربار اکبری، سخن دانِ فارس، قصص ہند، اور نیرنگِ خیال جیسی تصنیفیں کیں، جس کی نثر سادہ، صاف اور مبالغہ سے عاری ہے۔ ذکاء اللہ نے سو سے زیادہ کتابیں لکھیں، جن میں زیادہ تر ماضی اور تاریخ سے متعلق ہیں۔ مولوی نذیر احمد نے کئی کتابیں لکھیں جن میں قرآن شریف کا ترجمہ، انگریزی سے قانونی کتابوں کا ترجمہ اور بچوں کے لئے مراۃ العروس، بنات النعش وغیرہ شامل ہیں۔ ادبی ناولوں میں توبۃ النصوح اور ابن الوقت وغیرہ شامل ہیں۔ شبلی نعمانی نے تاریخ، سوانح اور تنقید کے علاوہ متعدد علمی مضامین لکھے۔ شبلی اپنی نثری تصانیف کی وجہ سے اردو ادیبوں کی صف اول میں جگہ پاتے ہیں۔ ان کی مشہور کتابوں میں سیرت النبی، الفاروق، المامون، شعرالعجم، علم الکلام اور موازنہ انیس و دبیر وغیرہ شامل ہیں۔ محسن الملک، چراغ علی، وقارالملک وغیرہ ادبی اور قومی زندگی میں لوگوں کے لئے چراغِ راہ بن گئے۔ یہی وجہ ہے کہ ناقدین فن نے سرسید کو 'فادر آف ماڈرن اردو پروز' (بابائے جدید اُردو نثر) کے لقب سے یاد کیا ہے۔ آثارالصنادید، خطبات احمدیہ، تفسیر القرآن، مجموعہ لکچر و مضامین ادبی حیثیت سے خاص مطالعے کے مستحق ہیں۔

سرسید پہلے شخص ہیں جنھوں نے اردو نثر کو مختلف مسائل و مضامین مثلاً تاریخی، تخلیقی، مذہبی اور تعلیمی وغیرہ کے لئے خالص علمی طور پر استعمال کیا۔ ان کی عبارت بہت صاف ستھری اور رواں ہے۔ وہ جو کچھ لکھتے ہیں پوری سچائی اور بے باکی اور دلیل کے ساتھ لکھتے ہیں۔ اردو نثر کے عیب انھوں نے گن گن کر لوگوں کو بتائے۔ مبالغہ آرائی، لفاظی، تصنع اور قافیہ پیمائی سے انھیں سخت نفرت تھی۔ وہ چاہتے تھے کہ اردو نثر میں وہ صلاحیت پیدا ہو جائے کہ کام کی بات سیدھے سادے لفظوں میں ادا کی جائے تاکہ قاری کے دل میں بیٹھ جائے۔ سرسید کی یہ تحریک صرف ادب تک محدود نہیں تھی۔ بلکہ سماجی زندگی کے ہر شعبے تعلیم، مذہب، طرز معاشرت، صنعت، نظامِ ملازمت وغیرہ سب پر حاوی تھی۔ انھوں نے اجتماعی مقاصد کے تحت سائنٹفک سوسائٹی اور پھر ایم اے او کالج کی بنیاد ڈالی جو بعد میں علی گڑھ مسلم یونیورسٹی ہوگئی۔ آج علی گڑھ کے فارغ التحصیل طلباء اپنی صلاحیتوں کے بل بوتے ملک اور بیرون ملک اہم عہدوں پر فائز ہیں۔ انھوں نے یہ ثابت کردیا

کہ وہ دوسرے طلباء سے مسابقتی دور میں پیچھے نہیں ہیں۔ علی گڑھ کے شاندار تدریسی ریکارڈ نے ماہرین تعلیم کو حیرت واستعجاب میں ڈال دیا ہے۔ آج اس کی شہرت کا ڈنکا پوری دنیا میں بج رہا ہے۔ ہندوستان کے ہر علاقے، ہر خطے کے طلباء یہاں تعلیم حاصل کر رہے ہیں۔ غیر ملکی طلباء بھی اس ادارے سے فیضیاب ہو رہے ہیں۔ آج بھی یہ ادارہ بڑی شان سے قوم کے مستقبل کو سنوارنے اور ان کی زندگی کو بہتر بنانے میں بہت اہم کردار ادا کر رہا ہے۔

☺☺☺

بلاک 2

اُردو میں مضمون نگاری

اس بلاک میں مضمون نگاری کے روایت اور فن سے بحث کی گئی ہے۔ مضمون نگاری کی ابتدا اور ارتقا کے علاوہ اُردو کے اہم مضمون نگاروں کے فکروفن اور اسالیب پر تفصیل سے بحث کی گئی ہے۔ نیز ان کے نمائندہ مضامین کے چند اقتباس کو بھی نقل کیا گیا ہے تا کہ ان کی مضمون نگاری کے جملہ پہلوؤں کا اندازہ لگایا جا سکے۔ ان مضمون نگاروں میں سرسید احمد خاں، شبلی نعمانی، مہدی افادی وغیرہ شامل ہیں۔

سرسید احمد کے مضمون 'امید کی خوشی' کے حوالے سے ان کے فن پر روشنی ڈالی گئی ہے۔ شبلی نعمانی کے مضمون 'سرسید اور اُردو لٹریچر' کے حوالے سے ان کے فن کا جائزہ لیا گیا ہے۔ مہدی افادی کے مضمون 'اُردو لٹریچر کے عناصر خمسہ' کے حوالے سے ان کے فکروفن اور اسالیب کا جائزہ لیا گیا ہے۔ سرسید احمد نے ادب کی افادیت اور مقصدیت پر زور دیا۔ شبلی کے اسلوب کی تین بڑی خصوصیات قطعیت، بلاغیت اور صراحت ہیں۔ عالمانہ تحقیق و تفتیش شبلی کی تحریروں کا حق ہے۔ افادی کی تحریروں میں دانشمندی، شگفتگی، شادابی ہے جو انھیں صاحب طرز ادیب بناتی ہے۔ اس بلاک کے تحت آنے والے سوالوں کے جوابات سہل اور آسان انداز میں دیئے گئے ہیں جو آئندہ امتحان میں طلبا اور طالبات کے لئے نہایت ہی معاون اور مفید ثابت ہوں گے۔

سوال:1 اُردو میں مضمون نگاری کی روایت اور فن پر تبصرہ کیجئے۔ [دسمبر:2016 سوال:2]

جواب: مضمون اس مسلسل تحریر کو کہتے ہیں جس کی بنیاد کسی ایک خیال یا موضوع پر ہو۔ مضمون کی فضا رسمی ہوتی ہے۔ جہاں ہر جملہ ہر بات اور ہر پیراگراف کسی مرکزی خیال کی منطقی وضاحت کرتا ہے۔ مضمون نگاری ایک غیر افسانوی نثری صنف ہے۔ جسمیں کسی موضوع پر مربوط انداز میں اظہار خیال کیا جاتا ہے۔ اس کے لئے موضوع کی کوئی قید نہیں ہوتی ہے۔ اس میں قلم کار حکمت وفلسفہ اور علم ودانش کے مطابق کسی ایک عنوان پر اپنے مثبت اور عمدہ خیالات کا اظہار کرتا ہے۔ اُردو کا پہلا مضمون نگار ماسٹر رام چندر کو مانا جاتا ہے۔ انھوں نے 'فوائد الناظرین' اور 'محبّ وطن' جاری کیا جن میں ان کے مضامین منظر عام پر آئے۔ انھوں نے اپنے مضامین میں سیاسی، سماجی، تہذیبی، تعلیمی اور اقتصادی مسائل سے بحث کی ہے۔

مضمون نگاری کا باقاعدہ آغاز سرسید احمد خاں کی تحریروں سے ہوتا ہے۔ انھوں نے اپنے انداز بیان کو ایڈسنؔ اور ایڈملؔ کے اسلوب سے متاثر ہوکر اپنے رسالے 'تہذیب الاخلاق' کے ذریعے اس صنف کو پروان چڑھایا۔ انھوں نے تصنع، بناوٹ اور مبالغہ سے اتنا گریز کیا کہ قواعد تک کی پابندی نہیں کی۔ سرسید نے تین طرح کے مضامین لکھے۔ خالص مذہبی مضامین، سیاسی مضامین اور اصلاحِ اخلاق ومعاشرت سے متعلق مضامین۔ سرسید اکثر وبیشتر مضامین ایسے ہیں جنھیں مضمون کا نام دیا جاسکتا ہے۔ اکثر مضامین میں ان کی حیثیت معلم الاخلاق کی ہے، ادیب کی نہیں۔ سرسید کے مضامین میں بعض کمیاں بھی پائی جاتی ہیں۔ ان کے مضامین میں متانت وسنجیدگی کے ساتھ علمی واصطلاحی معلومات کی بھرمار ہوتی ہے۔ جس سے مضمون کا لطف کمزور ہوجاتا ہے۔ ان سب کمزوریوں کے باوجود وہ اردو کے اولین مضمون نگار ہیں۔ سرسید تحریک اردو کی پہلی تحریک تھی جس نے ذہنی انقلاب برپا کردیا۔ اس تحریک نے اردو ادب کو نثر نگاری سے متعارف کرایا۔ سوانح نگاری، مضمون نگاری، انشائیہ نگاری، ناول نگاری، تاریخ، تنقید غرض اُردو زبان وادب کی ہر صنف پروان چڑھنے لگی۔ سرسید تحریک سے قبل فورٹ ولیم کالج، غالبؔ کے خطوط اور دہلی کالج کی نثر ماسٹر رام چندر کے ذریعے منظر عام پر آچکے تھے۔ دہلی کالج نے طلبا کو عقلی دلائل اور آزادیٔ فکر کی طرف متوجہ کیا۔ سرسید کے مضامین ان کے تہذیبی اور تاریخی شعور کے آئینہ دار ہیں۔ سرسید نے اپنی تصانیف اور مضامین میں مبالغہ اور تصنع سے احتراز کیا۔

''تہذیب الاخلاق'' کے لکھنے والوں میں ایک بڑا نام چراغ علی کا ہے جنھوں نے مضمون کی صنف کو کافی ترقی دی۔ ان کے مضامین میں مذہب کا رنگ بہت گہرا ہے۔ اس وقت عیسائی مشنریاں اسلامی اصول وعقائد کو چیلنج کررہی تھیں۔ چراغ علی ان کے اعتراضات کو رفع کررہے تھے۔ انھوں نے اپنے ہر مضمون میں یہ ثابت کرنے کی کوشش کی کہ اسلام مادی اور قومی ترقی کا دشمن اور دنیوی منفعت کا مخالف نہیں ہے۔ انھوں نے 'احساس عام' میں یہ ولیم میور اور اسپرنگر کی غلط فہمی کو دور کرنے کی کوشش کی کہ اسلام تمام فرقوں کے ساتھ رواداری اور مساوات و برابری کی تعلیم دیتا ہے۔ اسلام عورتوں کے حقوق کا بھی خیال رکھتا ہے۔

محسن الملک کا اصلی نام سید مہدی علی تھا۔ علی گڑھ تحریک سے وابستہ ہوئے تو اپنی پوری زندگی قوم کے لئے وقف کردی۔ انھوں نیسر سید کے اصلاحی کاموں کو آگے بڑھانے اور سرسید تحریک کو پروان چڑھانے میں اہم کردار ادا کیا۔ اپنے مضامین کے ذریعے فلسفۂ تمدن اور سیاسی، عمرانی آدرشوں کی تفسیر وتشریح کی۔ اجتماعی زندگی کی نئی قدروں اور نئے امکانات کا خیر مقدم کیا۔ جب ہندوستان میں سودیشی تحریک پھیلنے لگی تو اس کی حمایت میں 'سودیشی تحریک' نام کا مضمون لکھا اور داد حاصل کی۔ بقول شبلی ان کا طرز تحریر ہندوستان کے عام مشہور مضمون نگاروں کے طرز تحریر سے بالکل الگ ہے اور اس میں ایک خاص لطف اور دل فریبی پائی جاتی ہے۔

سرسید کے بعد حالؔی نے 'تہذیب الاخلاق وغیرہ میں جو مضامین لکھے وہ مذہب، اخلاقیات، تعلیم کے علاوہ مسلمانوں کی سماجی، سیاسی اور ادبی مسائل سے متعلق تھے۔ انھوں نے اپنے مضامین کے ذریعے قوم کی اصلاح کی۔ حالؔی کی آواز میں سادگی، منطق، حقیقت اور اظہار بیان میں بے تکلفی شامل ہے۔ حالؔی کے یہاں سرسید کے مقابلے سادگی زیادہ ہے وہ اپنی متانت وسنجیدگی اور سادگی کی وجہ سے پہچانے جاتے ہیں۔

شبلی نعمانی ایک عالم، مفکر، مورخ سوانح نگار، ناقد مصلح، جریدہ نگار اور شاعر کی حیثیت سے جانے جاتے ہیں۔ شبلی اپنی نثری تصانیف کی وجہ سے اردو ادیبوں کی صف اول میں جگہ پاتے ہیں۔ ان کی مشہور کتابوں میں سیرت النبی، الفاروق، المامون، شعرالعجم، علم الکلام اور موازنہ انیس ودبیر وغیرہ شامل ہیں۔ انھوں نے اپنے مضامین میں تعلیم وتربیت، ادب، تہذیبی امور، تاریخ اور اپنے سیاسی مسلک پر روشنی ڈالی ہے۔ مضامین شبلی سے ان کی نثر کے حسن اور جاذبیت وشگفتگی کا اندازہ ہوتا ہے۔ ان کے یہاں استدلال ہے۔ وہ تاریخ

کے بغیر کوئی لقمہ نہیں توڑتے۔ عالمانہ تحقیق و تفتیش شبلی کی تحریروں کا حق ہے۔ عبارت میں منطقی ربط ہے۔ ان کے اسلوب کی تین بڑی خصوصیات قطعیت، بلاغیت اور صراحت ہیں۔ انھوں نے طرزِ تحریر کو موضوع کے مطابق ڈھالا ہے۔ ان کی سوانحوں کا اسلوب سوانح نگاری کے ادبی تقاضوں سے ہم آہنگ ہے۔ ان کے مضامین میں خیال اور الفاظ دونوں سادہ ہوتے ہوئے بھی پر اثر اور معنی آفریں ہوتے ہیں۔ وہ سلیس جملوں کی ترتیب سے عبارت پیدا کرنے کے فن سے بخوبی واقف ہیں۔

مولوی ذکاء اللہ کو درس و تدریس اور خدمت علم و فن کا بڑا شوق تھا۔ ان کی علمی خدمات کی وجہ سے انھیں شمس العلماء اور خان بہادر جیسے خطابات سے نوازا گیا۔ انھوں نے مختلف رسالوں اور اخباروں میں بے شمار مضامین لکھے ہیں۔ ان کی طبیعت میں اختراع و ایجاد کا مادہ بہت کم تھا اس لئے ان کی تحریروں میں صفائی و روانی کے طرز بیان میں کوئی خوبی نہیں ہے۔ ان کو غور و فکر اور تحقیق و تفتیش کی عادت تھی اس لئے علمی، تاریخی، سیاسی اور اخلاقی ہر طرح کے مضامین کو تمام اوصاف کے ساتھ اپنے مضامین میں پیش کرتے ہیں۔

میر ناصر علی خاں ایک فطری ادیب تھے، جو اپنی مضمون نگاری کی وجہ سے بہت مشہور ہوئے۔ انھوں نے کوئی مستقل کتاب نہیں لکھی لیکن زبان و ادب کا اتنا زبردست شوق تھا کہ نو عمری ہی میں مضمون نگاری شروع کر دی تھی۔ انھوں نے مختلف رسالوں، اخباروں میں مضامین لکھے۔ تیرہویں صدی، زمانہ اور صلائے عام کے ذریعے صحیح زبان، دل کش اسلوب اور پاکیزہ خیالات کے نمونے پیش کئے۔ ان کے مضامین کی ادبی دنیا میں دھوم تھی۔ انھوں نے دہلی اور لکھنؤ کی زبان میں فرق کرتے ہوئے کہا کہ دہلی میں ایک زبان بولی جاتی ہے جبکہ لکھنؤ میں عوام کی زبان اور ہے اور خواص کی دوسری۔

مشتاق حسین وقار الملک سرسید تحریک سے جڑ گئے۔ ان میں قومی خدمت کا جذبہ تھا۔ سائنٹفک سوسائٹی کے ممبر بن گئے۔ اور مدرسہ مفید الخلائق قائم کیا۔ انھوں نے چند اہم کتابوں کے ترجمے بھی کئے لیکن ان کی شہرت 'تہذیب الاخلاق' میں لکھے مضامین سے ہوئی۔ ان کی مضمون نگاری کا موضوع سماجی اور سیاسی الجھنوں سے پیدا ہونے والے مسائل تھے۔ انھوں نے اپنے مضامین میں بڑی بے باکی سے برطانوی حکومت کی غلط پالیسیوں پر سخت تنقید کی۔ جس سے مسلمانوں کے سیاسی خیالات میں زبردست انقلاب رونما ہوا۔ جدید سائنس اور مغربی علوم کی تحصیل کو وہ نئی نسل کے لئے ضروری سمجھتے تھے۔ وہ چھوٹے چھوٹے جملوں

میں اپنے مفہوم کو بڑے دل کش انداز میں پیش کرنے میں ماہر ہیں۔ان کی عبارتوں میں عربی وفارسی کے دقیق اورنا مانوس الفاظ نہیں ملتے ہیں۔

اودھ پنچ اپنے زمانے کا ایک مشہور اخبار تھا۔اودھ پنچ میں سیاسی شعور اور گرد وپیش کے جو حالات ملتے ہیں۔اس کا مقابلہ بہت کم اخبار کر سکتے ہیں۔اس اخبار میں طنز ومزاح کے اسلوب میں ایسے مضامین چھپتے تھے جو اپنے عہد کے سیاسی اور تہذیبی زندگی کی بھر پور عکاسی کرتے تھے۔اودھ پنچ کے ایڈیٹر منشی سجاد حسین تھے ان کے نزدیک ہم مذاق اور ہم خیال افراد کا ایک حلقہ تھا۔اکبرالہ آبادی، مرزا مچھو بیگ ستم ظریف، تربھون ناتھ ہجر، سید محمد آزاد، جوالا پرشاد برق اور پنڈت رتن ناتھ سرشار وغیرہ اپنے اسلوب وانداز کی وجہ سے ایک انفرادی شان رکھتے تھے۔اکبرالہ آبادی جو اپنے کلام میں ہنسی مذاق کے ساتھ دعوت فکر بھی دیتے تھے۔سید محمد آزاد کی زبان سلیس، پراثر اور پرلطف تھی۔خود سجاد حسین نے رنگارنگ پھولوں سے اپنا گلدستہ سجایا تھا۔وہ لندن کے پنچ سے متاثر تھے۔انھوں نے طنز ومزاح کے میدان کو وسیع کیا اور اس کے موضوعات میں تنوع پیدا کیا۔سجاد حسین نے تصنع اور پرتکلف زبان کی سلاست، صفائی کی اور زبان کی سادگی اور فطری انداز پر زور دیا۔اودھ پنچ کے مضامین مغرب پرستوں کی پر تصنع، بناوٹی اور نمائشی زندگی کا مذاق اڑاتے تھے۔

سرسید عہد کے بعد مضمون نگاری نے ایک نئی کروٹ لی۔موضوعات اور اظہار خیال کے سانچے بدل گئے۔اس کے مضمون نگاروں میں سجاد حیدر یلدرم، سجاد انصاری اور مہدی افادی کے نام لئے جا سکتے ہیں۔یہ حضرات ادب برائے ادب کے قائل تھے۔ان کی تحریریں مغربی افکار کے اثر سے لبریز تھیں۔اس دور کو رومانوی تحریک سے موسوم کیا جاتا ہے۔اس کے علمبرداروں میں روسو، گوئیٹے، ڈورسوتھ، بائرن اور ٹینی سن وغیرہ شامل تھے۔ان لوگوں نے سرمایہ داری کے خلاف آواز بلند کی۔سجاد انصاری، مہدی افادی اور سجاد حیدر یلدرم اسی اسکول سے وابستہ تھے۔ان کے مضامین رومانی رنگ میں ڈوبے ہوئے ہیں۔

دور جدید کے مضامین کے موضوعات میں زبردست تنوع پایا جاتا ہے۔اس دور میں تاریخی، تہذیبی اور سیاسی موضوعات پر مضامین لکھے گئے اور تحقیق وتنقید سے بھی سروکار رکھا گیا۔ابوالکلام آزاد، ظفر علی خاں اور محمد علی جوہر کا خاص میدان سیاست، تہذیب اور ثقافت تھا۔اردو صحافت نے مضمون نگاری کے ارتقا میں

بے حد اہم کردار ادا کیا ہے۔ اردو کا پہلا با قاعدہ اخبار ''دہلی اردو اخبار'' تھا جسے محمد حسین آزاد کے والد محمد باقر نکالتے تھے۔ سر سید کے برادر کا سید الاخبار، عبدالحلیم شرر کا دلگداز، ابوالکلام آزاد کا الہلال، البلاغ، ظفر علی خاں کا زمیندار، عبدالماجد دریابادی کا صدق ایسے اخبار تھے جن کے مضامین نے اُردو دنیا میں تہلکہ مچا دیا تھا، محمد علی جوہر کا ہمدرد اور کامریڈ کی بھی بڑی شہرت تھی۔ سید سلیمان ندوی نے اردو ادب کی گرانقدر خدمات انجام دی۔ ابتدائی تعلیم حاصل کرنے کے بعد دارالعلوم ندوۃ العلماء میں داخل ہوئے۔ یہاں شبلی سے استفادہ کا موقع ملا۔ بعد میں انھوں نے دارالعلوم ندوۃ العلماء کی ذمہ داری سنبھالی۔ وہ ایک کامیاب صحافی، شاعر، سوانح نگار، دانشور نقاد، محقق اور مضمون نگار تھے۔ ان کی تصنیف 'نقوش سلیمانی' کے اکثر مضامین زبان سے متعلق ہیں۔ سنہرے حصے کے مضامین شعروادب سے متعلق موضوعات پر محیط ہیں۔ انھوں نے کم وبیش ساڑھے چھ سو مضامین لکھے ہیں۔ ان کی ایک اہم تصنیف 'یادرفتگاں' ہے جس میں انھوں نے مختلف اہم شخصیتوں کے قلمی خاکے 'معارف' میں لکھے تھے۔

مولانا ابوالکلام آزاد اُردو، عربی، فارسی اور ترکی زبان کے جید عالم تھے۔ سر سید احمد خاں سے متاثر ہو کر انگریزی کتابوں کا مطالعہ کیا۔ عراق، مصر اور شام وغیرہ کا سفر کیا۔ انھوں نے قرآن شریف کا ترجمہ کیا اور تفسیر لکھی۔ انھوں نے متعدد مضامین 'الہلال' اور البلاغ کے لئے لکھے۔ انگریزی حکومت میں انھیں قید و بند کی صعوبتیں برداشت کرنی پڑیں لیکن جدو جہد آزادی کا سلسلہ جاری رکھا۔ انجمن حمایت الاسلام کے سالانہ اجلاس میں حالؔی، اقبالؔ اور نذیر احمد سے ملاقات ہوئی۔ الہلال، البلاغ، ترجمان القرآن، غبار خاطر اور کاروان خیال آزؔاد کی ناقابل فراموش یادگاریں ہیں۔ آزاد نے مضمون نگاری کے فن کو ترقی دی اور صاحب طرز ادیب کہلائے۔ اُردو نثر کے دو اسالیب سادہ اور رنگین ہیں۔ رنگین اور پُر تکلف اسلوب سے ابوالکلام آزاد کا رشتہ تھا جس کی کڑیاں رجب علی بیگ اور محمد حسین آزؔاد کے طرز تحریر سے جا کر ملتی ہیں۔ لیکن ابوالکلام آزاد کی نثر میں فصاحت و بلاغت ہے۔ ان کے اسلوب کے آہنگ میں جمال الدین افغانی کے صحافتی انداز کی گونج سنائی دیتی ہے۔ وہ ہندوستان کے تعلیمی نظام کے بانیوں میں سے تھے اور آزاد ہندوستان کے پہلے وزیر تعلیم بھی تھے۔ لوگ انھیں ایک صحافی، مدبر، مترجم، سیاست داں، ماہر تعلیم، ایڈمنسٹریٹر، صاحب طرز ادیب، مفکر، ماہر لسان اور مجاہد آزادی کی حیثیت سے جانتے ہیں۔

سید عابد حسین ایک سماجی مفکر اور دانشور تھے۔ ملک و بیرون ملک تعلیم حاصل کرنے کے بعد جامعہ ملیہ اسلامیہ میں رجسٹرار کی حیثیت سے مقرر ہوئے۔ انھوں نے ایک ہفت روزہ 'نئی روشنی' جاری کیا۔ وہ مغربی زبانوں کے تراجم کے روایت کے اہم پاسدار تھے۔ 'مضامین عامہ' میں ان کے مضامین خالص مزاح کے اچھے نمونے ہیں۔ ان کا دل چسپ موضوع فلسفہ اور تاریخ وتہذیب تھا۔ ان کے مضامین میں سرسید اور حالی کی طرح سادگی، شگفتگی اور دل کشی کا عنصر موجود ہے۔ وحیدالدین سلیم ایک صحافی، ماہرلسانیات اور کامیاب مصنف تھے۔ وہ علی گڑھ انسٹی ٹیوٹ اور تہذیب الاخلاق کے لئے مضامین لکھتے تھے۔ رسالہ 'معارف' جاری کیا۔ انگریزی کتابوں کو اردو میں منتقل کرنے کے لئے 'انجمن مترجمین' قائم کیا۔ شبلی کے مشورے سے 'مسلم گزٹ' شائع کیا۔ وضع اصطلاحات جیسی اہم کتاب مرتب کی جو اصطلاحات سازی کے اصول بیان کرتی ہے۔ ان کے مضامین مختلف رسائل وجرائد میں شائع ہوئے جنھیں بعد میں افادات سلیم کے نام سے شائع کیا گیا ہے۔ انھوں نے اپنے تنقیدی مضامین میں فنکار کے ماحول اس کی افتادطبیعت اور سماجی ومعاشی واقعات میں اس کے فن کی خصوصیات ڈھونڈھنے کی کوشش کی ہے۔ سلیم کا اسلوب سادہ، سلیس اور عام فہم ہے جو شاید سرسید کی تربیت کا نتیجہ ہے۔

سوال:2 سرسیّد کے مضمون 'امید کی خوشی' کو مدنظر رکھ کر ان کے فن پر اظہار خیال کیجئے۔

[دسمبر:2016 سوال:3]

یا

سرسید کے مضمون ''امید کی خوشی'' پر ایک تنقیدی مضمون قلمبند کیجیے۔ [جون:2017 سوال:2]

جواب: سرسید احمد خاں اگر چہ اُردو کے پہلے مضمون نگار نہیں تھے لیکن انھوں نے اپنے مضامین سے اس فن میں توسیع ضرور کی ہے۔ انھوں نے تعلیم وتربیت، اصلاح، تمدنی ترقی، سیاسی رجحانات، مذہبی موضوعات اور ادبی تصورات پر اظہار خیال کیا ہے۔ سرسید نے 'تہذیب الاخلاق' میں اس بات کا اعتراف کیا ہے کہ انھوں نے اپنے طرز تحریر کو بیکن، ڈرائڈن، ایڈیشن اور اسٹیل وغیرہ کے اسلوب بیان سے متاثر ہوکر ایک خاص سانچے میں ڈھالنے کی کوشش کی ہے۔ ان کے مضمون ''امید کی خوشی'' میں تمثیلی انداز پورے آب وتاب سے نمایاں ہے۔ مضمون میں ایک رومانوی اور افسانوی انداز جھلکتا ہے۔ انھوں نے مضمون میں

پر لطف اور نصیحت آمیز حکایتیں بھی درج کی ہیں جس سے مضمون میں دل چسپی بڑھ جاتی ہے۔ سرسید احمد خاں نے اپنے مضمون 'امید کی خوشی' میں سہل نگاری کو اپنا شعار بنایا ہے۔ مضمون کے ہر پیراگراف میں وہ اپنے مقصد کو قارئین کے سامنے واضح کر دیتے ہیں۔ یہ ان کا اسلوب بھی ہے اور مضمون نگاری کے لئے عیب بھی ہے۔ لیکن یہ کیا کچھ کم ہے کہ انھوں نے اردو میں مضمون نگاری کی باقاعدہ بنیاد قائم کی۔ وہ قارئین کو خدا کی سب سے انمول دولت 'امید کی خوشی' کی تعریف میں زمین و آسمان کے قصیدے پڑھتے ہیں۔ انھوں نے اپنے مضمون میں تشبیہوں اور تمثیلوں کا خوبصورت استعمال کیا ہے۔ امید ایک ایسی چیز ہے کہ جس کے سہارے انسان بڑی سے بڑی مصیبتوں کا سامنا کر سکتا ہے۔ امید سے چہرے پر رونق اور جسم میں نئی جان پیدا ہو جاتی ہے۔ آدم علیہ السلام سے لے کر نوح علیہ السلام تک سب نے امید کے سہارے اپنی کشتی پار لگائی ہے۔ ایک قریب المرگ نابینا بوڑھا اس امید میں زندہ رہتا ہے کہ ایک نہ ایک دن اس کا گمشدہ بیٹا ضرور ملے گا۔ ایک قیدی جسے قید با مشقت کی سزا ملی ہے۔ اپنے عزیز و اقارب سے دور اجنبی شہر میں قید ہے۔ اس امید میں زندہ ہے کہ ایک دن ضروری اس کی بے گناہی ثابت ہوگی اور وہ اپنے عزیز و اقارب سے مل سکے گا۔ سرسید 'امید کی خوشی' کے ذریعے اپنی قوم کو ایک مصلح کی حیثیت سے یہ بتانا چاہتے ہیں کہ انسان کو اللہ کی رحمت سے مایوس نہیں ہونا چاہیے۔ اس کے یہاں دیر ہے اندھیر نہیں ہے۔ خود اللہ عزوجل قرآن مجید میں ارشاد فرماتا ہے: لا تقنطوا من رحمة الله (اللہ کی رحمت سے مایوس نہ ہو۔)۔

سرسید ادب برائے ادب کے قائل نہیں تھے۔ بلکہ وہ ادب کو مقصدیت کا ذریعہ سمجھتے تھے۔ وہ پوری قوم کی اصلاح کے لئے لکھتے تھے۔ یہی وجہ ہے کہ انھوں نے تکلف اور تصنع سے سے گریز کیا اور سہل نگاری کو اپنا شعار بنایا۔ سرسید اپنی نثر میں ہم عصروں کی طرح اکثر جگہ انگریزی الفاظ کا استعمال کرتے ہیں جس کے بارے میں لکھتے ہیں کہ اہل زبان غیر زبان کے لفظ کو اس عمدگی سے ملا لیتے ہیں کہ جیسے تاج گنج کے روضے میں سنگ مرمر، عقیق، یاقوت و زمرد کی پچکاری۔ (نثری علم انشا)۔ سرسید نے اُردو نثر کو انگریزی ماخذوں سے بھی وسعت اور گہرائی عطا کی۔ اردو نثر کو اس قابل بنایا کہ اس میں علمی، سائنسی مضامین لکھے جانے لگے۔ بحث و تکرار، گزرا ہوا زمانہ، امید کی خوشی اور جاڑا کا شمار انشائیوں میں ہوتا ہے۔ لیکن 'تہذیب الاخلاق' کے اکثر مضامین سنجیدہ، علمی اور بحث طلب مسائل پر روشنی ڈالتے ہیں۔ جیسے تعلیم، آزادی رائے،

سمجھ، دنیا امید پر قائم ہے، اخلاق، ریا کاری، خوشامد، وحشیانہ نیکی، اپنی مدد آپ وغیرہ۔ان کی تحریروں کی درج ذیل خصوصیات ہیں:

(۱) نثر سادہ اور آسان ہوتی ہے۔قاری کو سمجھنے میں کوئی الجھن اور پریشانی نہیں ہوتی۔

(۲) نثر میں بے تکلفی ہوتی ہے۔دوسرے ادیبوں کی طرح اپنی بات کو گھما پھرا کر پیش نہیں کرتے۔ان کی تحریریں پڑھ کر ایسا محسوس ہوتا ہے کہ ان میں آمد ہے آورد نہیں۔

(۳) مضامین میں مقصدیت اور افادیت کا عنصر غالب ہے۔ان کی کسی بھی تحریر کا ایک دو پیراگراف پڑھنے سے اندازہ ہو جاتا ہے کہ وہ ہمیں کس جانب لے جا رہے ہیں۔

(۴) مضامین میں کافی حد تک شگفتگی ہے۔وہ شگفتگی کے لئے کبھی کبھی ظرافت سے بھی کام لیتے ہیں۔

(۵) وہ اپنی بات کو متانت و سنجیدگی کے ساتھ بیان کرتے ہیں۔

(۶) وہ اپنی تحریروں میں اثر پیدا کرنے کی ہر ممکن کوشش کرتے ہیں۔وہ اپنی بات کو اس طرح بیان کرتے ہیں کہ قاری کے ذہن میں سرایت کر جائے۔

(۷) ان کے کلام میں روانی اس قدر ہے کہ ہر موضوع پر بے تھکان لکھتے ہیں۔جیسے مشاق کھلاڑی دوڑتا چلا جا رہا ہے۔

(۸) سرسید کے یہاں موضوعات کا تنوع اور رنگارنگی ہے۔وہ موضوع کے مناسبت سے اسلوب اور طرز نگارش اختیار کرتے ہیں۔

(۹) سرسید کے فقروں اور پیراگراف میں تناسب اور موزونیت کی کمی ہے۔جملے طویل ہیں جن میں خلوص اور سچائی ہے۔

(۱۰) سرسید کی تحریریں اعتماد و یقین تو پیدا کرتی ہیں لیکن قاری کو مسرور و محظوظ بہت کم کرتی ہیں۔وہ اسلوب و شوکت الفاظ پر مقصد اور مدعا کو ترجیح دیتے ہیں۔اس لئے ان کی تحریروں میں حسن کی کمی پیدا ہو جاتی ہے۔اور یہی کمی ان کی اسلوب اور طرز نگارش کی خاصیت ہے۔

سوال:3 شبلی نعمانی کے مضمون ''سرسید اور اُردو لٹریچر'' پر تبصرہ کیجئے۔ [جون:2015 سوال:2]

یا

شبلی نعمانی کی مضمون نگاری اور ان کے مضمون 'سرسید اور اُردو لٹریچر' پر تبصرہ کیجئے۔

[دسمبر:2016 سوال:4]

یا

شبلی نعمانی کی مضمون نگاری پر 'سرسید اور اُردو لٹریچر' کی روشنی میں تبصرہ کیجیے۔

[جون:2017 سوال:3]

جواب: شبلی نعمانی ایک عالم، مفکر اور مورخ کی حیثیت سے جانے جاتے ہیں۔ ۱۸۵۷ء میں اعظم گڑھ میں پیدا ہوئے اور ۱۹۱۴ء میں انتقال کر گئے۔ سرسید سے ملاقات کے بعد علی گڑھ کے پروفیسر مقرر ہوئے۔ انھوں نے تاریخ، سوانح اور تنقید کے علاوہ متعدد علمی مضامین لکھے۔ شبلی اپنی نثری تصانیف کی وجہ سے اردو ادیبوں کی صف اول میں جگہ پاتے ہیں۔ ان کی مشہور کتابوں میں سیرت النبی، الفاروق، المامون، شعرالعجم، علم الکلام اور موازنہ انیس و دبیر وغیرہ شامل ہیں۔ انھوں نے اپنے مضامین میں تعلیم وتربیت، ادب، تہذیبی امور، تاریخ اور اپنے سیاسی مسلک پر روشنی ڈالی ہے۔ مضامین شبلی سے ان کی نثر کے حسن اور جاذبیت و شگفتگی کا اندازہ ہوتا ہے۔ انھوں نے اپنے مضامین میں تعلیم وتربیت، ادب، تہذیبی امور، تاریخ اور اپنے سیاسی مسلک پر روشنی ڈالی ہے۔ مضامین شبلی سے ان کی نثر کے حسن اور جاذبیت و شگفتگی کا اندازہ ہوتا ہے۔ انھوں نے عربی و فارسی کے دقیق الفاظ کو برجستگی سے استعمال کر کے عبارت کے حسن میں چار چاند لگا دیا ہے۔ ان کے یہاں استدلال ہے۔ وہ تاریخ کے بغیر کوئی لقمہ نہیں توڑتے۔ عالمانہ تحقیق و تفتیش شبلی کی تحریروں کا حق ہے۔ عبارت میں منطقی ربط ہے۔ ان کے اسلوب کی تین بڑی خصوصیات قطعیت، بلاغیت اور صراحت ہیں۔ ان کی سوانحوں کا اسلوب سوانح نگاری کے ادبی تقاضوں سے ہم آہنگ ہے۔ تنقید نگار کی حیثیت سے شبلی نے اپنے مخصوص ناقدانہ تصورات کی بنا پر اپنی شناخت بنائی ہے۔

شبلی کی شخصیت اس لحاظ سے بہت دل چسپ ہے کہ وہ قدیم اور جدید دونوں کی انتہا پسندی، مبالغہ آرائی اور تنگ نظری سے بیزار ہیں۔ وہ منطق کو تحریر و تقریر دونوں کے لئے ضروری سمجھتے ہیں۔ وہ کوشش

کرتے ہیں کہ ہر موضوع پر چاہے وہ مذہبی مسائل ہوں، سیاسی معاملات ہوں، علمی مباحث ہوں یا پھر شاعرانہ ان سب میں بہت احتیاط اور سنبھلا ہوا انداز اختیار کرتے ہیں۔ لیکن وہ خود بعض جگہ جوش بیان، جوش پسندیدگی، جوش انکار میں اس دیدہ وری اور توازن کو بھول جاتے ہیں۔ جس کی تبلیغ کو وقت کی سب سے بڑی ضرورت قرار دیتے ہیں جس پر انھوں نے عمل بھی کیا ہے۔ اقرار وانکار کا یہی جوش وخروش ان کے اسلوب کا اہم عنصر ہے۔

شبلی نے اپنے مضمون 'سر سید اور اُردو لٹریچر' میں سر سید کے ادبی زندگی کے ہر پہلو پر اختصار کے ساتھ جامع روشنی ڈالی ہے۔ شبلی نے سر سید کو اُردو کا مصلح قرار دیا۔ سر سید ہی کی بدولت اُردو عشق و عاشقی کے چنگل سے آزاد ہوئی۔ سر سید نے ادب کی افادیت اور مقصدیت پر زور دیا۔ اردو نثر کے عیب گن گن کر لوگوں کو بتائے۔ مبالغہ آرائی، لفاظی، تصنع اور قافیہ پیمائی سے انھیں سخت نفرت تھی۔ وہ چاہتے تھے کہ اردو نثر میں وہ صلاحیت پیدا ہو جائے کہ کام کی بات سیدھے سادے لفظوں میں ادا کی جائے تاکہ قاری کے دل میں بیٹھ جائے۔ سر سید کی یہ تحریک صرف ادب تک محدود نہیں تھی۔ بلکہ سماجی زندگی کے ہر شعبے پر حاوی تھی۔ تعلیم، مذہب، طرز معاشرت، صنعت، نظامِ ملازمت وغیرہ۔ فردوسی بزم میں رہ جاتا ہے، سعدی رزم کے مردِ میدان ہیں، نظامی رزم و بزم دونوں کے استاد ہیں لیکن اخلاق کے گوشے سے ناآشنا ہیں، ظہوری صرف مدحیہ لکھ سکتے ہیں۔ لیکن سر سید نے تقریباً ہر موضوع پر لکھا ہے اور بہت ہی لاجواب لکھا ہے۔

شبلی نے سر سید کی تصنیف 'آثار الصنادید' پر تنقید کی کہ اگر چہ سر سید کے سامنے اردو نثر کے بعض نمونے میر امن کی 'باغ و بہار' موجود تھی جس کی سادگی اور صفائی اور واقعہ طرازی کا لوہا آج بھی مانا جاتا ہے۔ لیکن آثار الصنادید میں اکثر جگہ بے دل اور ظہوری کا رنگ نظر آتا ہے۔ اس کی اصل وجہ یہ تھی کہ سر سید دن رات مولانا امام بخش صہبائی کی صحبت میں رہتے تھے اور مولانا موصوف بے دل کے مرید تھے۔ شبلی کہتے ہیں کہ سر سید نے مجھ سے خود کہا کہ 'آثار الصنادید' کے بعض مقامات پر مولانا نے میری طرف سے لکھے ہیں۔ آثار الصنادید جس زمانے میں لکھی گئی۔ اس کے کچھ عرصہ بعد مرزا غالبؔ نے اُردو کی طرف توجہ کی۔ غالبؔ نے اپنی ایک الگ راہ نکالی اور مراسلے کو مکالمہ بنا دیا۔ اس لحاظ سے یہ کہنا درست ہوگا کہ اُردو انشا پردازی کا سنگ بنیاد غالبؔ نے رکھا تھا اور اس کے مجدد اور امام سر سید احمد خاں تھے۔

سرسید کے زمانے میں کثرت سے اردو اخبار جاری ہو گئے۔ اخبارات میں مختلف موضوعات پر مضامین لکھے گئے۔ لیکن انشا پردازی کا کوئی خاص اسٹائل متعین نہیں تھا۔ سرسید نے قوم کی اصلاح کے لئے 'تہذیب الاخلاق' پرچہ نکالا اور اُردو انشا پردازی کو اس کے اصلی مقام تک پہونچا دیا۔ سرسید نے 'امید کی خوشی' پر ایک مضمون لکھا ہے جس میں امید کو مخاطب کیا ہے۔ تشبیہوں اور تمثیلوں کے ذریعے قوم کو خواب غفلت سے بیدار کرنے کی بھرپور کوشش کی کہ کس طرح ایک ماں کو اپنے بچے سے مہد سے لحد تک امید کی خوشی رہتی ہے۔ کس طرح ایک بہادر اور جانباز سپاہی جنگ کے میدان میں ڈٹا رہتا ہے اور یکے بعد دیگرے کئی جنگ لڑ کر بری طرح تھک چکا ہے۔ میدان جنگ میں ہر طرف خوف اور وحشت کا ماحول ہے۔ وہ بجلی کی مانند چمکنے والی تلواریں، آگ برسانے والی توپوں کی گھن گرج، خون میں لت پت ماؤں کے سپوتوں کی بکھری لاشیں دیکھتا ہے تو اس کے خون میں ابال آجاتا ہے۔ اور وہ بے اختیار ماں کے نغمے گنگنانے لگتا ہے۔ اس خیال سے اسے میدان جنگ میں آگے بڑھنے میں مدد ملتی ہے۔ اس امید کی خوشی میں کل جب میں فتحیاب ہو کر ماں سے ملوں گا تو ماں کا سر فخر سے اونچا ہو جائے گا اور ماں مجھے اپنے سینے سے لگا لے گی۔ سرسید نے انشا پردازی کا ایک نیا طریقہ ایجاد کیا کہ اعلا درجے کے انگریزی مضامین کو اردو زبان کا قالب پہنایا۔ انگریزی خیالات کو اردو میں اردو خصوصیات کے ساتھ ادا کیا۔ 'امید کی خوشی' کے فقرات ایک انگریزی مضمون سے ماخوذ ہیں۔ انھوں نے ایڈیشن اور اسٹیل وغیرہ کے متعدد مضامین کو اپنی زبان میں ادا کیا ہے۔ سرسید نے رینان کے قول کو غلط ثابت کر دیا کہ ''عربی زبان میں یہ صلاحیت نہیں کہ وہ فلسفی کے مسائل کو ادا کر سکے۔'' سرسید نے اُردو جیسی کم مایہ زبان میں وہ مسائل ادا کر دیئے ہیں۔ انھوں نے فلسفۂ الٰہیات پر جو کچھ اپنی مختلف تحریروں میں لکھا ہے، وہ فلسفے کے اعلا درجے کے مسائل ہیں۔

شبلی نعمانی سرسید کے مذہبی مسائل سے سخت اختلاف رکھتے تھے لیکن وہ اس بات کے قائل ضرور تھے کہ سرسید نے جس اسلوب و انداز میں ان مسائل کو اردو زبان میں ادا کیا ہے کسی اور کے بس کی بات نہیں تھی۔ سرسید کی تحریروں میں تہذیب و لطافت کے ساتھ جا بجا شوخی اور ظرافت ہوتی ہے۔ سرسید پر کفر کا فتویٰ جاری کیا گیا لیکن وہ اس سے دل برداشتہ نہیں ہوئے اور اپنے مشن میں لگے رہے اور قوم کو خواب غفلت سے بیدار کرتے رہے۔ شبلی کہتے ہیں کہ سرسید جیسی شخصیت اور ان کے کارناموں کو دو چار صفحے میں

لکھنا نا کافی ہے۔ جنھوں نے اُردو کے بال و پر درست کرنے اور اسے انشا پردازی کے اعلا مقام تک پہونچانے میں اپنی زندگی صرف کردی۔شبلی کہتے ہیں کہ یہ میدان مولانا حالی کا اور اس کام کو وہ یہی بخوبی انجام دے سکتے ہیں اور وہ اب تک لکھ چکے ہوں گے۔اور انھوں نے خوب لکھا ہوگا۔

سوال:4 اُردو نثر کی ترقی میں شبلی نعمانی کے کارناموں سے بحث کیجیے۔ [دسمبر:2015 سوال:3]

جواب:شبلی نعمانی ایک عالم،مفکر اور مورخ کی حیثیت سے جانے جاتے ہیں۔۱۸۵۷ء میں ضلع اعظم گڑھ میں پیدا ہوئے اور ۱۹۱۴ء میں انتقال کر گئے۔سرسید سے ملاقات کے بعد علی گڑھ کے پروفیسر مقرر ہوئے۔انھوں نے تاریخ،سوانح اور تنقید کے علاوہ متعدد علمی مضامین لکھے۔اعظم گڑھ میں دارالمصنفین اور شبلی کالج قائم کیا۔۱۸۹۴ء میں ندوۃ العلماء کے روح رواں بن گئے۔شبلی اپنی نثری تصانیف کی وجہ سے اردو ادیبوں کی صف اول میں جگہ پاتے ہیں۔شبلی کا شمار اردو تنقید کے بنیادگزاروں میں ہوتا ہے۔ان کی شخصیت اردو دنیا میں بطور شاعر،مورخ،سوانح نگار اور سیرت نگار کی حیثیت سے مسلم ہے۔انھیں شعروشاعری کی تنقید سے بے پناہ انسیت تھی۔انھوں نے شعروشاعری سے متعلق اپنے نظریات کو بڑے تفصیل کے ساتھ 'شعرالعجم' میں پیش کیا ہے۔چوتھی اور پانچویں جلد میں شعروشاعری کی حقیقت اور ماہیت،لفظ ومعنی اور لفظوں کی نوعیّتوں پر بھی اپنے خیالات کا اظہار کیا ہے۔شبلی نے ''موازنے'' میں مرثیہ نگاری کے فن پر اصولی بحث کے علاوہ فصاحت،بلاغت،تشبیہ واستعارے اور دیگر صنعتوں کی تعریف وتوضیح کے ساتھ اس کے مختلف پہلوؤں پر بھی روشنی ڈالی ہے جس سے ہمیں ان کے تنقیدی شعور کا پتا چلتا ہے۔ان کی مشہور کتابوں میں سیرت النبی،الفاروق،المامون،شعرالعجم،علم الکلام اور موازنہ انیس ودبیر وغیرہ شامل ہیں۔

شبلی نے اپنے مضامین میں تعلیم وتربیت،ادب،تہذیبی امور،تاریخ اور اپنے سیاسی مسلک پر روشنی ڈالی ہے۔مضامین شبلی سے ان کی نثر کے حسن اور جاذبیت وشگفتگی کا اندازہ ہوتا ہے۔انھوں نے عربی وفارسی کے دقیق الفاظ کو برجستگی سے استعمال کرکے عبارت کے حسن میں چار چاند لگا دیا ہے۔ان کے یہاں استدلال ہے۔وہ تاریخ کے بغیر کوئی لقمہ نہیں توڑتے۔عالمانہ تحقیق وتفتیش شبلی کی تحریروں کا حق ہے۔عبارت میں منطقی ربط ہے۔ان کے اسلوب کی تین بڑی خصوصیات قطعیت،بلاغیت اور صراحت ہیں۔انھوں نے طرز تحریر کو موضوع کے مطابق ڈھالا ہے۔ان کی سوانحوں کا اسلوب سوانح نگاری کے ادبی تقاضوں سے ہم

آہنگ ہے۔تنقید نگار کی حیثیت سے شبلی نے اپنے مخصوص ناقدانہ تصورات کی بنا پر اپنی شناخت بنائی ہے۔شبلی کی یہ وہ خصوصیات ہیں جو انھیں صاحب طرز ادیب بناتی ہے۔

سوال:5 اُردو لٹریچر کے عناصرِ خمسہ پر نوٹ لکھیے۔ [دسمبر:2015 سوال:5 (a)]

یا

مہدی افادی پر ایک نوٹ لکھئے۔ [جون:2016 سوال:5 (b)]

یا

مہدی افادی کے مضمون 'اُردو لٹریچر کے عناصر خمسہ' کا خلاصہ قلمبند کیجئے۔

[دسمبر:2016 سوال:4]

جواب: مہدی افادی ۱۸۷۰ء میں گورکھپور میں پیدا ہوئے۔وہ ایک ذہین اور حاضر دماغ انسان تھے اور بڑے منفرد انداز میں اظہار خیال کرتے تھے۔ان کی تحریروں میں دانشمندی، شگفتگی، شادابی ہے، جو انھیں صاحب طرز ادیب بناتی ہے۔وہ کہتے ہیں کہ تہذیب الاخلاق کے مطالعے نے انھیں انسان بنادیا۔ان کے نظام فکر میں ادب اور سماج کا نیا تصور تھا وہ قدیم سے بیزار اور جدید کے پرستار تھے۔ان کے مزاج میں بلا کی لطافت ونفاست تھی۔وہ زندگی میں ہر چیز عمدہ اور بہتر چاہتے تھے۔تخلیقی نثر میں انھوں نے خوب نام کمایا۔نت نئے خیالات کو نت نئے الفاظ اوران کی تراش خراش سے لوگوں کے سامنے پیش کیا۔افادی کی نگارشات کا قابل لحاظ حصہ اُردو لٹریچر کے عناصر خمسہ کے ادبی کاوشوں سے ذہنی اور فکری وابستگی کا ترجمان ہے۔وہ رومانیت کے دلدادہ ہونے کے باوجود سرسید مساعی سے تحرک حاصل کرتےتھے۔اردو کے عناصر خمسہ کو خراج تحسین پیش کرنے کے ساتھ انھوں نے ناصر علی کے نثری اسلوب کو بھی اپنایا ہے۔تنقید نگار کی حیثیت سے مہدی افادی ایک مخصوص طرز فکر اور اسلوب کے حامل نظر آتے ہیں۔انھیں نئی نئی اصطلاحیں وضع کرنے میں قدرت حاصل تھی۔ انگریزی الفاظ کے مترادفات اور استعاراتی نثر لکھنے میں انھیں مہارت حاصل تھی۔مہدی افادی نے اردو نثر کو رومانی تحریک کی رنگینی ولطافت اور تابناکی سے روشناس کرانے میں اہم کردار ادا کیا ہے۔وہ اپنی انشا پردازی اور فکری رویوں کے اعتبار سے ایک منفرد اور امتیازی شان رکھتے ہیں۔وہ اپنے ایک مضمون میں لکھتے ہیں کہ ''ادب صرف کاغذ پر سیاہی پھیلانے کا نام نہیں اور اگر ہم

تقاضائے وقت سے بے خبر ہوکر اسی عمل میں مصروف رہے تو نہ صرف زبان وادب بلکہ ایک پوری قوم کا غیر تلافی نقصان ہوگا۔ وہ سرسید تحریک کی معنویت سے پوری طرح واقف تھے۔ ان کے مضمون 'برکات علوم جدیدہ' سے اندازہ ہوتا ہے کہ وہ سائنسی انکشافات اور علوم جدیدہ کی مادی فتوحات کو کس نظر سے دیکھتے تھے۔ انھوں نے بہت کم لکھا ہے لیکن جو بھی لکھا ہے اس میں زبان کا چٹخارا، فکر وخیال کی گہرائی اور رومانیت کی تابناکی بدرجہ اتم موجود ہے۔

اُردو لٹریچر کے عناصر خمسہ کا خلاصہ

مہدی افادی نے اپنے مضمون 'اردو کے لٹریچر کے عناصر خمسہ' میں انیسویں صدی کے پچھلے دور کو دورِ جدید سے تعبیر کیا ہے۔ اُردو مغلوں کے ابتدائی عہد میں دلی کے بازاروں میں بولی جاتی تھی۔ لوگ اسے ریختہ (گری پڑی زبان) کے نام سے جانتے تھے۔ وقت اور بدلتے زمانہ کے ساتھ اُردو کا مزاج بھی بدلا اور اُردو کو اس کے صحیح مقام تک پہونچانے کے لئے خدا نے عظیم ہستیاں پیدا کیں۔ جنھوں نے اُردو لٹریچر کے ذریعے اُردو کو نئی شناخت عطا کی اور اس کے پیشانی پر مضمون نویسی کا تاج جڑ دیا۔ عناصر خمسہ سے میری مراد سرسید احمد خاں، محمد حسین آزاؔد، نذیر احمد، علامہ حالؔی اور مولانا شبلی ہیں، جنھوں نے اپنے قلم کے ذریعے اُس کے نوک پلک درست کر کے اس قابل بنایا کہ وہ آج مغربی زبانوں سے بے تکلف آنکھیں ملا سکتی ہے۔ ان میں ہر ایک شخص ایک دبستان کی طرح ہے جو اپنے مخصوص اسلوب وانداز کے ساتھ اپنے اپنے دائرے کا بے تاج بادشاہ ہے۔ جس طرح آج 'ادب القدما' (کلاسیکی ادب) کو واجب التعظیم سمجھا جاتا ہے۔ ایک دن ایسا آئے گا کہ عناصر خمسہ کے ادبیات کو بھی لائق پرستش اور غیر فانی سمجھا جائے گا۔

(۱) سرسید سے قبل اردو زبان علوم وفنون سے نا آشنا تھی۔ اچھی کتابیں آٹے میں نمک کے برابر تھیں۔ جن کی تحریریں تصنع، تعقید اور مبالغہ سے پر تھیں۔ فورٹ ولیم کالج نے اپنے تصنیف وتالیف کے ذریعے سادگی اور سلاست پیدا کرنے کی حتی الامکان کوشش کی۔ اگر سرسید اس جانب متوجہ نہ ہوتے تو شاید منزل مقصود تک پہونچنے میں بہت دیر ہو جاتی۔ ان کا اردو زبان وادب پر بہت بڑا احسان ہے کہ انھوں نے نوجوان لکھنے والوں میں ادبی تنقید کا ذوق پیدا کیا اور اُردو لٹریچر کو صحیح ادبی سمت عطا کی۔ مغربی خیالات کو قبول کرنے میں مسلمان پس وپیش کرتے تھے۔ اگر سرسید نہ ہوتے تو جدید خیالات واسالیب کو اپنانے میں نہ

جانے کب تک انتظار کرنا پڑتا۔سر سید نے نہایت خلوص اور سچائی کے ساتھ معاشرتی خرابیوں پر تبصرہ کرتے ہوئے عزت و وقار اور اعلا تنقید کے عناصر سے اردو ادب کو آشنا کیا۔ یہ ان کے قلم کی آوازِ بازگشت ہے جو ملک میں بڑے سے بڑے مصنف کے لئے دلیلِ راہ بنی۔سر سید کے ادبی کمالات کا عدم اعتراف کرنا ناشکری ہی نہیں ایک بہت بڑی تاریخی غلطی ہے۔علامہ حالؔی نے بہتر سے بہتر سوانح لکھ کر منحرف حضرات کو سخت جواب دے کر ان کی بولتی بند کر دی ہے۔لیکن آج کی نئی نسل سر سید کے حقوق کو بھول چکی ہے۔ ضرورت اس بات کی ہے کہ سر سید کے علمی کارناموں کی ایک مکمل اور جامع سوانح تحریر کی جائے۔سر سید کیعلمی کارناموں پر سجاد حیدر یلدرم ہی قلم اٹھانے کے لئے زیادہ موزوں معلوم ہوتے ہیں۔

(۲) ڈپٹی نذیر احمد کی مفصل سوانح عمری لکھنے کے لئے افتخار عالم سے زیادہ موزوں کوئی شخص نہیں ہے۔نذیر احمد گو ایک حد تک عقلیات سے رسیاں تڑاتے ہیں، لیکن برسوں عرق ریزی کرنے بعد انھوں نے جو مفید ادبیات کا دفتر چھوڑا ہے۔وہ اس قدر اہم ہے کہ اس پر سرسری ریمارک کرنا سمجھ سے پرے ہے۔اعلا درجے کی عربیت، طرز تکلم، الفاظوں کا ذخیرہ، دلی کے روزمرہ محاوروں کا خوبصورت استعمال ان کے ساتھ خاص ہیں اور ان کے لٹریچر کی جان ہیں۔اس دور میں اردو جیسی کم مایہ زبان میں ایسے شریفانہ قالب میں ڈھالنا بہت بڑی بات ہے جس پر کلاسیکی ادب کا دھوکا ہوتا ہے۔بعض لوگ ان کی مشکل پسندی اور پیوند کاری پر سخت تنقید کرتے ہیں کہ اردو زبان جو اپنی سادہ سہل نگاری کی وجہ جانی پہچانی جاتی ہے۔مولانا نے اس میں اس قدر ثقیل اور مشکل الفاظ استعمال کئے ہیں کہ پڑھنے والے کا دم گھٹنے لگتا ہے۔لیکن سچائی یہ ہے کہ یہ سب ان کی جدت، اختراع اور قوت آخذہ کا زور ہے۔وہ آمد کی رو میں اضطراری طور پر بہہ جاتے ہیں۔پھر بھی متانت اور حسن کلام سے کبھی علاحدہ نہیں ہوتے۔یہ ان کا خاص طبعی اسلوب ہے جو انھیں کے ساتھ خاص ہے جو دوسروں سے منفرد کرتی ہے۔مولانا نے ہی انڈین پینل (Indian Penal) کا اردو ترجمہ تعزیراتِ ہند کیا تھا جو آج بھی رائج ہے۔ان کی فطری قابلیت اور اعلا مذاق سخن کی آزمائش کا بہتر سے بہتر پیرایہ کیا ہو سکتا ہے میری سمجھ سے پرے ہے۔ناولوں اور تراجم میں نذیر احمد کی فنکاری کسی دلیل و شواہد کی محتاج نہیں ہے۔البتہ لٹریچر کے وہ موضوعات جن کا موضوع زیادہ اہم اور سنجیدہ ہے مثلاً فلسفہ، تاریخ وغیرہ جس میں وسعت نظر کے ساتھ تحقیق و تنقید ربط وضبط کی ضرورت ہوتی ہے۔ کنارہ کشی اختیار کرتے ہیں۔یہی

حدِّ فاصل ہے جو نذیر احمد کو شبلی کے طرز اسلوب سے جدا کرتی ہے۔ وہ زور بیان اور اظہار فصاحت کے ہاتھوں مجبور ہوتے ہیں جس کی وجہ سے وہ موضوع سخن کے حدود کو قائم نہیں رکھ پاتے۔ اردو ادب میں آج تک ان کا کوئی ثانی پیدا نہیں ہوا اور نہ ہوگا۔ یہ علم کا وہ دریا تھا جس سے آج بھی لوگ سیراب ہوتے ہیں۔ لیکن جس قدیم عربی کو آج ہم تلاش کر رہے ہیں وہ نذیر احمد مرحوم کے ساتھ دفن ہوگئی۔ لیکن ان کی بیش بہا تصنیفات آج بھی زندہ ہیں جنھیں بقائے دوام حاصل ہے۔ جو موجودہ اور آنے والی نسلوں کو ہمیشہ ان کی یاد دلاتی رہیں گی۔

(۳) علامہ حالؔی ایک فطری شاعر ہونے کے ساتھ ایک اعلا درجے کے نثر نگار بھی ہیں جو سرسید کے نقش قدم پر چلتے نظر آتے ہیں۔ انھیں سوانح نگاری، تنقید نگاری کے ساتھ سخن آفرینی کا ایک خاص سلیقہ ہے جس نزاکت کے ساتھ وہ اپنے خیال کے مختلف پہلوؤں کو قارئین کے سامنے پیش کر کے اپنا مطلب نکالتے ہیں۔ یہ سلاست و نفاست، قدرت کلام کی آخری حد ہے جو سرسید کے بعد حالؔی کے حصے میں آئی۔ ایک خاص بات یہ ہے کہ ان کے خیالات و مقالات میں کسی طرح کی پیچیدگی اور تذبذب نہیں ہے۔ خالص یک رنگی ہے جسے اصطلاح میں فلسفیانہ کہا جاتا ہے۔ ان کے خیالات کا معیار اس قدر بلند اور سلجھا ہوا ہے کہ کہیں سے بیگانے اور اجنبی پن کا احساس نہیں ہوتا۔ بعض لوگوں کا خیال ہے کہ فنی لحاظ سے حالؔی کی جدید شاعری کا کوئی معیار نہیں ہے۔ وہ اس لائق نہیں کہ اس پر توجہ کی جائے۔ یہ فتویٰ ان لکیر کے فقیروں کا ہے جو شاعری کی نام سے بھی ناواقف ہیں۔ بھیڑوں کا ایک غول ہے جو صدیوں سے آنکھ بند کئے ایک راستے پر چلا جا رہا ہے۔ ہم تو ان لوگوں سے صرف اتنا ہی کہیں گے کہ برے بھلے حالؔی کو جدید گروہ کے لئے لائق فخر پیشوائی کے چھوڑ دیجئے۔ مہدی کا خیال ہے کہ حالؔی کے کلام پر مولوی عبدالحق ہی کھل کر دادِ سخن دے سکتے ہیں۔ ان میں اختراعی مادہ کافی ہے لیکن قوت فیصلہ کی کمی صحافت سے آگے بڑھنے نہیں دیتی۔ لیکن مجھے امید ہے کہ یہ میری خواہش ضرور پوری کریں گے۔

(۴) شبلی نعمانی پر آج تک بہت کچھ لکھا جا چکا ہے۔ اس لئے ان کے متعلق کوئی نئی بات کہنا مشکل ہے۔ اس لئے مختصراً اتنا کہنا کافی ہوگا کہ شبلی ملک میں پہلے شخص ہیں جنھوں نے تاریخ پر فلسفہ کا رنگ چڑھایا اور حکیمانہ انکشافات و نکتہ آرائیوں سے ایک مستقل فن بنا دیا۔ انھوں نے پہلے علی گڑھ چھوڑا اور بعد میں ندوۃ

العلماء۔ میرا بس چلتا تو شبلی کو ہندوستان سے باہر یورپ کے کسی بیت الحکماء میں بھیج دوں، جہاں ان کو اپنی غیر معمولی قابلیت کی داد اپنے ہم عصر علمائے مستشرقین سے ملے گی۔ انھوں نے عربی و فارسی کے دقیق الفاظ کو برجستگی سے استعمال کر کے عبارت کے حسن میں چار چاند لگا دیا ہے۔ ان کے یہاں استدلال ہے۔ وہ تاریخ کے بغیر کوئی لقمہ نہیں توڑتے۔ عالمانہ تحقیق و تفتیش شبلی کی تحریروں کا حق ہے۔ عبارت میں منطقی ربط ہے۔ ان کے اسلوب کی تین بڑی خصوصیات قطعیت، بلاغیت اور صراحت ہیں جو علانیہ ان کو اپنے ہم عصروں سے ممتاز کرتی ہیں۔ شعرالعجم کے چوتھے حصے میں شاعری کے فلسفہ پر مختلف پہلوؤں سے جس طرح تنقید کا حق ادا کیا گیا ہے۔ ''ادب الاساتذہ'' کا بہتر سے بہتر مرقع جس پر دنیا کی کوئی بھی زبان فخر کر سکتی ہے۔

علامہ شبلی کی بیش بہا خدمات کے صلے میں قوم نے کس حد تک حوصلہ افزائی کی۔ لیکن ایک اتفاقی واقعے پر شبلی پر ملک کے چپے چپے سے تنقید شروع ہوگئی۔ بڑے بڑے سنجیدہ حضرات بھی اپنے نامۂ اعمال کی طرح اپنے اخباروں کے کالم سیاہ کرتے رہے۔ یہ کوئی علمی واقعہ نہیں بلکہ حاسدین کی تنگ نظری تھی جنھوں نے اپنے دلوں میں جمی ہوئی میل کو کھرچ کھرچ بہا دیا۔ لیکن عبدالحلیم شررؔ کی علمی شرافت دیکھئے جو بسا اوقات شبلی پر تنقید کیا کرتے تھے، اس ناگوار موقعے پر شبلی کے حق میں آواز بلند کی۔ ان کی علمی کمالات کی تعریف اور قوم کی ناسمجھی کا رونا رویا۔ انھوں نے صاف صاف لفظوں میں کہا کہ ندوۃ العلمائمیں جو کچھ تھا شبلی کی بدولت تھا۔ اب وہ بے روح جسم ہے۔ 'نقاد' میں 'تاریخ کا معلم اول' کے عنوان سے ایک مضمون شائع ہوا تھا۔ ایک تنگ نظر حاسد نے بڑے اہتمام کے ساتھ 'مشرق' میں اس کی تردید کی جسارت کی۔ جس میں شبلی کو ان اوصاف سے معرّا دکھلایا گیا تھا جو مضمون نگار نے حسن عقیدت نہیں بلکہ خود فلسفے کے ایما سے غیر فانی شبلی کی طرف منسوب کئے تھے۔ میرے خیال میں عبدالماجد جو فلسفہ تاریخ سے اتنی دل چسپی رکھتے ہیں، جس اہتمام سے 'الکلام' پر منحرفانہ نظر ڈالی تھی اگر شبلی پر بھی قلم اٹھاتے تو کفارۂ معصیت کے ساتھ تنقید کا بھی حق ادا ہو جاتا۔

(۵) محمد حسین آزادؔ اس پایہ کے ادیب ہیں ان کے دائرے کے تخلیق کاروں کو ان کے آگے سر جھکانا پڑتا ہے۔ ان کی عبارت رنگین اور فطری ہے۔ وہ عربی و فارسی کے مروجہ الفاظ کو اس خوبی سے استعمال کرتے ہیں کہ انگوٹھی میں نگینہ جڑا ہو۔ مقفّٰی و مسجع عبارت کے رنگ بھی جا بجا جھلکتے ہیں لیکن وہ اس کے پابند بھی نہیں

ہیں۔آب حیات کا ہر مرقع چلتی پھرتی تصویر نظر آتا ہے۔آزاد کی تحریر اپنے ہم عصروں میں منفرد ہے اس لئے انھیں صاحب طرز ادیب کہا جاتا ہے۔جس طرح تاریخ میں فلسفے کا رنگ چمکانے کا سہرا شبلی کے سر ہے۔اسی طرح اردو کو انشا پردازی کے درجے تک پہونچانے کا سہرا صرف آزاد کے سر ہے۔لیکن آزاد کو بطور ادیب سمجھنا دوم درجہ کی خلقت کے لئے آسان نہیں ہے جو فلسفۂ لٹریچر سے قطعاً بے گانہ ہے۔سرسید معقولات کے بغیر کچھ بھی نہیں ہیں۔نذیر احمد بغیر مذہب کے اور شبلی بغیر تاریخ کے لقمہ نہیں توڑتے، جہاں تک حالؔی کے نثر کا تعلق ہے تو سوانح نگاری کے ساتھ چل سکتے ہیں۔لیکن آزاد صرف انشا پرداز ہیں جن کو کسی سہارے کی ضرورت نہیں۔اس لئے ان کے واقعات 'قصص' کی حیثیت رکھتے ہیں جنھیں افسانہ یاران کہن کہہ سکتے ہیں۔

جدید شاعری کے بابا آدم حالؔی سمجھے جاتے ہیں، جبکہ اس کی داغ بیل سب سے پہلے آزاد نے ڈالی تھی۔ مجھے آزاد کے لٹریچر سے غیر معمولی دل چسپی ہے۔ان کا ایک ایک حرف لٹریچر کی جان ہے۔بعض لوگوں کو'اکبری نورتن' کے مقابلے میں ارکان خمسہ کی یہ تجویز پسند نہ آئے۔لیکن مجھے افسوس ہے کہ ''مصنفین کے صف اول میں اس سے زیادہ گنجائش معلوم نہیں ہوتی ہے۔لیکن اگر کوئی صاحب لٹریچر کا صحیح مذاق رکھتے ہیں اور مجھے مشورہ دینا چاہتے ہیں تو میں اس پر غور کرسکتا ہوں۔اس تجویز کو عملی جامہ پہنانے کے لئے ہر مصنف پر کم از کم سو صفحات لکھنے کی ضرورت ہے۔اس طرح پانچ سو پیج کی ایک شاندار کتاب تیار ہوجائے گی۔جس میں مصنفین کے ساتھ متقدمین کی ہاف ٹون عکسی تصویریں شامل کی جائیں گی۔اس کی تکمیل مالی امداد سے قطعاً بے نیاز ہے۔بس ضرورت ہے مضامین کو ترتیب دینے کی۔ایک بار پھر میں ان اصحاب کو متوجہ کرنا چاہوں گا جن کا نام میں نے فرداً فرداً لیا ہے۔

سوال:6 اُردو نثر کے فروغ میں حالؔی کی خدمات پر روشنی ڈالیے۔ [دسمبر:2015 سوال:2]

جواب: حالؔی ۱۸۳۷ء میں پانی پت میں پیدا ہوئے۔اور ۱۹۱۴ء میں وفات پائی۔ حالؔی ایک فطری شاعر ہونے کے ساتھ اعلا درجے کے نثر نگار بھی تھے۔ان کے ابتدائی نثری تصانیف میں مولود شریف، تریاق مسموم، مبادی علم جیولوجی، اصول فارسی، پادری عمادالدین کی ''تاریخ محمدی'' پر منصفانہ رائے، شواہد الالہام، مجالس النساء، تذکرۂ رحمانیہ، انداز فکر اور اسلوب وغیرہ شامل ہیں۔سرسید تحریک سے جڑنے کے بعد وہ سرسید

کے نقش قدم پر چلتے نظر آئے۔انھیں سوانح نگاری، تنقید نگاری اور سخن آفرینی کا ایک خاص سلیقہ ہے جس نزاکت کے ساتھ وہ اپنے خیال کے مختلف پہلوؤں کو قارئین کے سامنے پیش کر کے اپنا مطلب نکالتے ہیں۔ یہ سلاست ونفاست، قدرت کلام کی آخری حد ہے جو سرسید کے بعد حالیؔ کے حصے میں آئی۔ایک خاص بات یہ ہے کہ ان کے خیالات و مقالات میں کسی طرح کی پیچیدگی اور تذبذب نہیں ہے۔خالص یک رنگی ہے جسے اصطلاح میں فلسفیانہ کہا جاتا ہے۔ان کے خیالات کا معیار اس قدر بلند اور سلجھا ہوا ہے کہ کہیں سے بیگانے اور اجنبی پن کا احساس نہیں ہوتا۔سرسید کے بعد حالیؔ نے 'تہذیب الاخلاق وغیرہ میں جو مضامین لکھے وہ مذہب، اخلاقیات، تعلیم کے علاوہ مسلمانوں کی سماجی، سیاسی اور ادبی مسائل سے متعلق تھے۔انھوں نے اپنے مضامین کے ذریعے قوم کی اصلاح کی۔حالیؔ کے یہاں سرسید کے مقابلے سادگی زیادہ ہے۔حالیؔ کے نثری شاہکاروں میں حیاتِ جاوید، حیاتِ سعدی، یادگارِ غالبؔ اور مسدّس حالیؔ کا مقدمہ شعر وشاعری شامل ہے۔

حالیؔ نے نئے طرز کی شاعری کی جس میں قوم کی اخلاقی اور تہذیبی حالت بہتر کرنے پر زور دیا گیا تھا اور حقیقی کیفیات اور دل پر بیتنے والی باتیں بیان ہوتی تھیں۔''مقدمہ شعر وشاعری'' لکھ کر اردو میں باضابطہ تنقید کی بنیاد ڈالی۔مقدمے میں حالی نے یہ رائے دی ہے کہ شاعری محض لطف اندوزی، لہو ولعب اور وقت گزاری کا ذریعہ نہیں بلکہ اس سے زندگی کو سنوارنے اور بہتر بنانے کا کام لیا جاسکتا ہے۔مقدمہ شعر وشاعری ایک غیر معمولی تنقیدی تصنیف ہے جس کی ادبی عظمت کا کوئی جواب نہیں۔شدید مخالفت کے باوجود اسے بے پناہ مقبولیت حاصل ہوئی۔سخت سے سخت معترضین بھی حالیؔ کے معترف ہیں کہ اردو نے آج تک حالی سے بڑھ کر کوئی نقاد پیدا نہیں کیا۔جس وقت اس گراں بہا تصنیف کی تخلیق ہوئی۔ادبی دنیا میں انقلاب آگیا۔پرانے خیال کے شاعروں اور قدامت کے پرستاروں نے ایسا طوفان اٹھایا کہ جس کی مثال ملنا مشکل ہے۔حالیؔ پر عجیب وغریب الزامات عائد کئے گئے۔زیادہ تر اعتراضات غلط فہمی اور کج بحثی پر مبنی تھی۔حالیؔ کا ذہن خالی ہے۔اس پر مغربیت کا بھوت سوار ہے۔لیکن اردوداں طبقے نے اس تصنیف کا خیر مقدم کیا۔شعرا، اساتذہ، طلباء اس سے مستفید ہوئے اور نقادوں کی نگاہوں میں اس نے بصیرت پیدا کی۔

☺☺☺

بلاک 3

اُردو میں انشائیہ نگاری

اس بلاک میں اُردو انشائیہ نگاری کے فن اور اس کی روایت سے بحث کی گئی ہے۔ اردو انشائیہ نگاری کی تعریف کے علاوہ اس کی ابتدا اور ارتقا پر روشنی ڈالی گئی ہے۔ مضمون اور انشائیہ کے درمیان فرق کو بھی سمجھایا گیا ہے۔ اُردو کے مشہور انشائیہ نگاروں کے حالات زندگی اور فکر و فن اور اسالیب کا جائزہ لیا گیا ہے۔ مولانا محمد حسین آزادؔ کے فکر و فن اور اسالیب کا جائزہ 'نیرنگ خیال' کے حوالے سے لیا گیا ہے۔

حسن نظامی کی انشائیوں کی فنی خصوصیات اور اسلوب بیان کے علاوہ ان کے انشائیہ 'ماچس' کا جائزہ لیا گیا ہے۔ مولانا ابوالکلام آزادؔ کے فکر و فن اور اسلوب کی خصوصیات کی بیان کی گئی ہیں۔ نیز 'غبار خاطر' کے اقتباس 'چڑیا چڑے کی کہانی' کے حوالے سے ان کے فکر و فن کا جائزہ لیا گیا ہے۔ مرزا محمود بیگ کے انشائیہ 'آنکھ کی شرم' کے حوالے سے ان کے فکر و فن اور اسالیب کا جائزہ لیا گیا ہے۔ اس بلاک کے تحت آنے والے سوالوں کے جوابات سہل اور آسان انداز میں دیئے گئے ہیں جو آئندہ امتحان میں طلبا اور طالبات کے لئے نہایت ہی معاون اور مفید ثابت ہوں گے۔

سوال:1 انشائیہ سے کیا مراد ہے؟ چند اہم انشائیہ پردازوں کا حوالہ دیتے ہوئے سمجھایئے۔
[جون:2015 سوال:3]

یا

اُردو میں انشاپردازی کی روایت کا تفصیلی جائزہ پیش کیجئے۔ [جون:2016 سوال:3]

یا

اُردو انشائیہ نگاری کی روایت اور فن پر ایک مضمون تحریر کیجئے۔ [دسمبر:2016 سوال:4]

جواب: انشائیہ نثری ادب کی ایک اہم صنف ہے۔ جس کے لغوی معنی عبارت کے ہیں۔ یہ انگریزی کے Light Essay یا Personal Essay کی اردو شکل ہے۔ انشائیہ کا موجد دی مون تین کو مانا جاتا ہے جس نے فرانسیسی زبان میں کچھ ایسی تحریریں چھوڑیں جو غیر رسمی اور شگفتہ تحریر کا اعلانمونہ ہیں۔ جس میں انکشاف ذات، موضوع کی تازہ کاری، تحریر میں شوخی اور رنگا رنگی ہے۔ جسے ایسّے کے نام جانا جاتا ہے۔ فرانسیسی سے یہ صنف انگریزی میں منتقل ہوئی۔ انگریزی میں انشائیہ کا موجد بیکن ہے۔ انگریزی سے اُردو میں مستعار لی گئی۔ انشائیہ وہ تحریر ہے جس میں ادیب اپنے جذبات وخیالات کو بغیر کسی حد بندی کے پر لطف انداز میں پیش کرتا ہے۔ ہلکا پھلکا خیال اور شگفتہ وظرافت آمیز اظہار ہی اسے زیب دیتا ہے۔ اس کا انداز ادبی اور نقطۂ نظر خالص شخصی ہوتا ہے۔ انشائیہ میں حکمت وحماقت اور مقصدیت و بے مقصدیت اس طرح آپس میں خلط ملط ہوجاتے ہیں کہ ان کا علاحدہ کرنا ناممکن ہوجاتا ہے۔ ہاں ایک چیز ہے جو انشائیہ کے آئینے میں صاف نظر آتی ہے وہ ہے انشائیہ نگار کا اپنا عکس۔ وہ اپنی بات بغیر کسی خاص نتیجے کے ختم کرتا ہے، یعنی نتیجہ قاری پر چھوڑتا ہے۔ انشائیہ میں نہ تو قصہ ہوتا ہے نہ ہی کردار۔ انشائیہ نگار کا لہجہ ذاتی اور نجی ہوتا ہے۔ وزیر آغا نے انشائیہ کے بارے میں کہا ہے کہ انشائیہ نگار اس شخص کی طرح ہے جو دفتر کی چھٹی کے بعد اپنے گھر پہونچتا ہے چست وتنگ کپڑے اتار کر ڈھیلے ڈھالے کپڑے پہن لیتا ہے اور ایک آرام دہ مونڈھے پر نیم دراز ہوکر ہاتھ میں حقے لئے انتہائی بشاشت اور مسرت سے اپنے احباب سے محو گفتگو ہوجاتا ہے۔

اردو میں انشائیہ کی ابتدا ۱۹۶۰ء کے لگ بھگ ہوتی ہے۔ انشائیہ اپنے اختصار کی وجہ سے نثر کی دوسری اصناف سے علاحدہ نظر آتا ہے۔ سانیٹ کی طرح انشائیہ نگار کا بھی ایک مختصر سا میدان ہے جس کے

ذریعے وہ آپ کو تصویر کا ایک مخصوص رخ دکھاتا ہے۔ اگر انشائیہ نگار کا ذہن زرخیز ہے اور اس کے پاس کہنے کو بہت کچھ ہے لیکن اس نے انشائیہ کی محدود سی دنیا میں اپنے احساسات و خیالات کو اختصار کے ساتھ پیش کرنے کی کوشش کی ہے تو اس کا یہ مضمون یقیناً ایک قابل قدر چیز ہوگا اور ناظرین کو وہ تمام کیفیات مہیا کرے گا جو انشائیہ کے ساتھ مخصوص ہیں۔ انشائیہ کا ایک نہایت ہی اہم اور امتیازی وصف 'تازگی' ہے۔ تازگی ایک ایسی وصف ہے جس کے بغیر کوئی صنف ادب فن کے اعلیٰ مدارج تک نہیں پہونچ سکتی اور انشائیہ میں تازگی کا سب سے زیادہ مظاہرہ ہوتا ہے۔ ذراسی کمی انشائیہ کو اس کے فنی مقام سے نیچے گرادیتی ہے۔ تازگی سے مراد اظہار وابلاغ مقصود نہیں ہوتا ہے بلکہ موضوع اور نقطہ نظر کا انوکھا پن ہے جو ناظرین کو زندگی کی یکسانیت اور ٹھہراؤ سے اوپر اٹھا کر ماحول کا از سرنو جائزہ لینے پر مائل کرتا ہے۔

اُردو اصناف نثر میں انشائیہ مضمون سے زیادہ قریب ہے۔ یہ قربت دونوں کی شناخت کو مشکل بنادیتی ہے لیکن دونوں کی تعریفوں پر غور کرنے سے یہ پریشانی دور ہوجاتی ہے۔ مضمون کی فضا رسمی ہوتی ہے جہاں ہر بات، ہر جملہ اور ہر پیراگراف مرکزی خیال کی منطقی وضاحت کرتا ہے۔ انشائیہ کی فضا غیر رسمی ہوتی ہے۔ اس میں صرف تاثرات ہوتے ہیں جو ذہنی ترنگ کے تابع ہوتے ہیں۔ انشائیہ میں آپ بیتی اور جگ بیتی دونوں ہوتی ہے۔ وہ قلم کار کی گپ ہے۔ مضمون میں کسی موضوع پر سنجیدگی سے بحث ہوتی ہے اس میں صراحت ووضاحت کی بنیاد دلائل پر ہوتی ہے۔ جب کہ انشائیہ میں حقیقت کا اظہار، شخصی ردعمل، ایجاز واختصار، رمزواشاریت، زبان وبیان میں انوکھا پن ہوتا ہے۔ مضمون کے موضوعات محدود ہوتے ہیں جب کہ انشائیہ میں کسی بھی موضوع پر قلم اٹھایا جاسکتا ہے۔ انشائیہ کی ہیت، موضوع اور فنی محاسن کو لے کر اُردو میں ایک طویل بحث ہوچکی ہے۔ ان بحثوں کو ہم تین حصوں میں بانٹ سکتے ہیں:

(ا) پہلی بحث اُردو انشائیہ کے آغاز سے متعلق ہے۔ اکثریت ماسٹر رام چندر، سرسید احمد خاں، محمد حسین آزاد، میر ناصر علی کے حق میں جاتی ہے جو تقریباً ایک دوسرے کے ہم عصر ہیں۔ جنھوں نے ٹیٹلر، بیکن، اسٹیل، جانسن، اور ایڈیسن وغیرہ کے زیر اثر مختلف اخباروں اور جریدوں میں مضمون نگاری کی شروعات کی۔ بعض محققین ٹیگوریت کے دور کو انشائیہ کی ابتدا کا زمانہ بتاتے ہیں جس کی نمائندگی عبدالحلیم شرر، سجاد حیدر یلدرم، نیاز فتح پوری، مہدی افادی اور حسن نظامی وغیرہ کرتے ہیں۔

(۲) دوسری بحث انشائیہ کے فنی محاسن اوراس کے ارتقائی عمل سے تعلق رکھتی ہے۔اس میں انشائیہ کی اصطلاح، انشائیہ کا فن، انشائیہ کا اسلوب، مغرب میں انشائیہ کی روایت اوراردو انشائیہ کی سمت ورفتار جیسے موضوعات کو لے کر تفصیل سے بحث کی گئی ہے۔

(۳) تیسری بحث تجزیاتی نوعیت کی ہے جس میں ہندو پاک کے متعدد انشائیہ نگاروں کے فن، موضوعات اورزبان واسلوب کا ذکر ملتا ہے۔

ایک خیال ہے کہ اُردو انشائیہ کے اولین نقش ملا وجہی کی 'سب رس' میں دیکھنے کو ملتے ہیں جو دی مون تین کا ہم عصر ہے۔ یہ محض قیاس آرائی ہے۔ کیوں کہ 'سب رس' انشائیوں کا مجموعہ نہیں بلکہ ایک تمثیلی قصہ ہے۔اُردو تحقیق وتفتیش یہ کہتی ہے کہ سرسید اوران کے ہم عصروں کے یہاں اردو انشائیے کے اولین نقش ملنا شروع ہوجاتے ہیں۔سرسید کے مضامین امید کی خوشی، خوشامد، بحث وتکرار وغیرہ۔محمد حسین آزاد کی تصنیف 'نیرنگ خیال' میں انشائیہ کا زبردست شعور ملتا ہے۔ذکاء اللہ نے اخلاقیات کوموضوع بنا کر انشائیہ نما مضامین لکھے، جوانشائیہ کے ارتقا کی اہم کڑی ہے۔نیاز فتح پوری خوب صورت نثر لکھنے پر قادر ہیں۔ہمارے ناقدین نے برسات، عورت، ایک مصور فرشتہ اور ایک رقاصہ کو بہترین انشائیہ قرار دیا ہے۔میر ناصر علی نے انشائیہ کی صنف کو اپنی تحریروں میں باقاعدہ برتا ہے اس لئے غالباً نیاز فتح پوری نے انھیں اردو انشائیہ کا موجد قرار دیا ہے۔ان کے 'خیالات پریشان' (مقالات ناصری) میں خیال کا تنوع ہے۔ جہاں مفہوم فقروں کے سانچوں میں ڈھل کر بلیغ مصرعوں جیسی جامعیت پیدا کرتے ہیں۔آصف علی کی تحریریں 'پرچھائیں' اور ارمغان آصف پر ٹیگوریت کا غلبہ نظر آتا ہے۔ان کی پرتکلف تحریروں میں جمال وکمال دونوں شامل ہیں۔خلیقی دہلوی کے یہاں انشائیہ کا معیاری روپ ملتا ہے۔جن میں انکشاف ذات اورموضوع کی طرف شخصی ردعمل ہوتا ہے۔ان کے یہاں 'ادبستان' کے مضامین درۂ موت، باسی ہار اور مرا سفر وغیرہ میں 'میں' کی لے بہت تیز ہوتی ہے جو اظہارِ ذات کا پتا دیتی ہے۔

جدید دور میں مولانا آزاد کی تصنیف ''غبار خاطر'' کے بعض ٹکڑے انشائیہ سے قریبی تعلق رکھتے ہیں۔ مثلاً 'چڑیا چڑے کی کہانی' اور 'زندگی اور وجود' اُردو انشائیہ کے دو قابل ذکر نام ہیں۔ان ٹکڑوں میں مولانا نے

ایک ایسا ہلکا پھلکا اور شگفتہ اسلوب اختیار کیا ہے جو انشائیہ کے مزاج کے موافق ہے۔ بیشتر لوگ اس بات پر متفق ہیں کہ انشائیہ ادب کی مشکل ترین اور لطیف ترین صنف ہے اور یہ صرف اس وقت نمودار ہوتا ہے جب زبان ارتقا کے بہت سے مراحل طے کر لیتی ہے۔ اردو زبان کی ترقی اور قوت کا اندازہ اسی بات سے پتا چلتا ہے کہ اس میں انشائیہ نے جنم لے لیا ہے۔ اردو ادب میں انشائیہ ایک ''نامیاتی کل'' کی حیثیت میں تازہ تازہ نمودار ہوا ہے۔ جس کے اجزا کسی نہ کسی صورت میں جابجا بکھرے نظر آتے ہیں۔ مثلاً غالبؔ کے خطوط میں اسلوب کی ''شگفتگی'' اور اپنی ذات عریاں کرنے کی روش کا بار بار احساس ہوتا ہے جو ایک انشائیہ کے لئے بے حد ضروری ہے۔ اسی طرح سر سید احمد خاں کے مختلف مضامین میں ان کے اندر چھپے ہوئے ''انشائیہ نگار'' نے سطح پر آنے کی سرتوڑ کوشش کی۔ لیکن یہ اردو کی بدقسمتی ہے کہ سر سید کے اندر چھپے ہوئے ''مصلح'' نے اس کا گلا گھونٹ دیا۔ کچھ عرصے بعد خواجہ حسن نظامی نے اُردو میں انشائیہ کو رائج کرنے کی ایک بلیغ کوشش کی ان کے انشائیوں میں باریک بینی، مشاہدات کی گہرائی اور تجربات کی وسعت ملتی ہے۔ مثلاً جھینگر کا جنازہ، آنسو کی سرگزشت، دیا سلائی، الف خالی، تمبا کو نامہ وغیرہ۔ لیکن ان کی نظر خارجی عوامل پر رہی اور وہ اپنی ذات پر سے دبیز پرتوں کو ہٹا نہ سکے اور اردو انشائیہ سطح پر آتے آتے رہ گیا۔

فرحت اللہ بیگ نے اردو نثری اسلوب میں خوش طبعی کو فروغ دیا۔ 'دلی کا مشاعرہ'، نذیر احمد کی کہانی، کچھ ان کی کچھ میری زبانی' اور 'پھول والوں کی سیر' میں معیاری انشائیے کے عناصر غالب ہیں۔ البتہ سجاد حیدر یلدرمؔ نے اس چیلنج کو قبول کیا اور بعض غیر ملکی انشائیوں کی روح کو اردو کے قالب میں ڈھالنے کی بھرپور کوشش کی۔ ان کے مشہور مضامین ''مجھے میرے دوستوں سے بچاؤ'' اور ''خیالستان'' کا ذکر ضروری ہے۔ لیکن انھوں نے کوئی ایسا طبع زاد انشائیہ پیش نہیں کیا جس سے اردو میں انشائیہ نگاری کی روایت قائم ہو جاتی۔ اس کے بعد بیشتر اردو ادیبوں نے مضامین لکھتے ہوئے طنز و مزاح پر اپنی قوت صرف کر دی ہے۔ اس کا مطلب یہ بالکل نہیں ہے کہ طنز و مزاح انشائیہ میں شجر ممنوعہ کا درجہ رکھتے ہیں۔ طنز و مزاح کی حیثیت ایک ذریعہ کی ہے۔ اور اگر ذریعہ کو مقصدیت کا درجہ دے دیا جائے اور زندگی کے کسی نیم تاریک گوشے کو منور کرنے کا رجحان ناپید ہو جائے تو انشائیہ کی صورت مسخ ہو جاتی ہے۔ نظیر صدیقی ایک ذہین اور بالغ نظر نقاد ہیں لیکن ان کے انشائیوں میں طنز و مزاح کا غلبہ اس قدر زیادہ ہے کہ انشائیہ کی رمق دب کر جاتی ہے۔

مشکور حسین جنھوں نے آٹھ دس برس تک بہت سے انشائیے تحریر کئے لیکن ان کے یہاں طنز و مزاح کے فقدان نے انشائیہ کو بہت نقصان پہونچایا۔ پچھلے چند برسوں میں انشائیہ نگاری کو خاصی مقبولیت حاصل ہوئی ہے اور متعدد قلم کار نظر آتے ہیں۔ پروفیسر غلام احمد جیلانی اصغر کا ''غیر ذمہ داری'' اور مشتاق قمر کا ''چھڑی''، ''لیوتا نہم''، ''بیٹھنا'' اور ''آئس کریم کھانا'' اتنے اچھے ہیں کہ اردو انشائیے کے کڑے سے کڑے انتخاب میں اپنی جگہ پکّی کرلیں۔ اس شعبدہ گری نے انھیں اردو کے اہم انشائیہ نگار کی حیثیت دے دی ہے۔ اس کے علاوہ جمیل آذر نے ''پک نک'' اور ''نمبر پلیٹ'' اور زیتون جیسے عمدہ انشائیے تحریر کئے ہیں۔ اردو انشائیہ کے ارتقا کے سلسلے میں مشتاق قمر اور جمیل آذر کے نام ہمیشہ زندہ رہیں گے۔ انھوں نے نہ صرف خود بہت خوبصورت انشائیے لکھے بلکہ اس سلسلے میں نئی نسل کی تربیت بھی کی ہے۔ چنانچہ اگر آج چمن میں انشائیے کی داستان چاروں طرف بکھری ہوئی نظر آرہی ہے اور آئے دن خوبصورت اور تازہ انشائیے لکھے جارہے ہیں تو اہل نظر کی طرف سے اس بات کی شاباشی ان دونوں کو ملنی چاہیے۔ انشائیہ کا رنگ روپ اور اس کی شکل وصورت کیسی ہونی چاہیے۔ اکبری حمیدی کے انشائیوں کا مجموعہ ''تتلی کے تعاقب میں'' ایک انشائیہ ''لوز تھنکنگ!'' ہے جس میں وہ لکھتا ہے:

> ''میں نے کئی مرتبہ بڑی سنجیدگی سے اپنا جائزہ لیا ہے کہ کہیں میرے دل ودماغ کے کسی گوشے میں تو کوئی بڑا آدمی چھپ کر نہیں بیٹھا ہوا؟ مجھے خوشی ہے کہ ایسا نہیں ہے۔ اور ایسا ہو بھی کیسے سکتا ہے۔ میں کوئی خالی مکان تو نہیں ہوں۔ اپنے مکان میں میں خود رہتا ہوں۔''

یہی وہ انشائیہ کا رویہ اور طرز ہے جو انشائیہ نگار کو دوسرے تخلیق کاروں سے ممتاز کرتا ہے۔ اردو کے اہم انشائیہ نگاروں میں سرسید احمد خاں، محمد حسین آزاد، خواجہ حسن نظامی، وزیر آغا، انور سدید، غلام جیلانی اصغر، داؤد رہبر، جمیل آذر، مشتاق قمر، انجم انصار، ڈاکٹر وجاہت علی سندیلوی، فکر تونسوی وغیرہ قابل ذکر ہیں۔ اردو کے مزاح نگاروں میں فرحت اللہ بیگ، رشید احمد صدیقی، شوکت تھانوی، پطرس بخاری، ملّا رموزی، شفیق الرحمٰن، مشتاق احمد یوسفی اور یوسف ناظم وغیرہ کے انشائیے بھی بڑے ذوق وشوق سے پڑھے جاتے ہیں۔

۲۰ویں صدی کی تیسری دہائی میں ترقی پسند تحریک کے شروع ہونے سے انشائیہ کو زبردست دھکا لگا۔ ترقی پسند تحریک سے وابستہ ادیبوں، شاعروں، دانشوروں نے موجودہ اقتصادی نظام اور سیاسی جبر وستم کے خلاف صدائے احتجاج بلند کیا۔ انھوں نے اپنے تخلیقی افکار واعمال کا رخ سماجی زندگی کو بہتر بنانے کے لئے سامراجی طاقتوں کو کچلنے اور جدوجہد آزادی کی طرف موڑ دیا۔ جس کے نتیجے میں رومانیت، ٹیگوریت اور انشائیے کی رفتار دھیمی پڑ گئی۔ اس کے اسلوب پر طنز ومزاح کا غلبہ ہوگیا۔ اس سلسلے میں رشید احمد صدیقی، پطرس بخاری اور کرشن چندر وغیرہ کے نام قابل ذکر ہیں۔ جن کے انشائیوں میں طنز ومزاح کا اسلوب غالب ہے۔

آزادی کے بعد اردو انشائیہ ترقی کے راستے پر پھر سے گامزن ہے۔ اور اسے قبول عام کی سند ملی ہے۔ اس صنف نے ہندوستان کے مقابلے پاکستان میں زیادہ ترقی کی۔ اس کے مختلف اسباب ہیں:

(۱) پاکستان کا سماجی ڈھانچہ

(۲) اُردو کے اکثر وبیشتر ادیبوں کا پاکستان ہجرت کر جانا

(۳) پاکستان میں اُردو رسالوں اور جریدوں کی افراط

(۴) ترقی پسند تحریک پر پابندی

(۵) حکومت پاکستان کا اردو کو سپورٹ کرنا برخلاف ہندوستان کے یہاں آزادی کے دو دہائی تک اردو نے بڑی کسمپرسی کی زندگی بسر کی اور آج بھی اس کی حالت اتنی اچھی نہیں ہے جس کی وہ حق دار ہے۔

سوال:2 محمد حسین آزاد کی نثری خدمات بیان کیجئے۔ [دسمبر:2015 سوال:3]

جواب: محمد حسین آزاد ۱۸۳۰ء میں دہلی میں پیدا ہوئے۔ ۱۹۱۰ء میں لاہور میں وفات پائی۔ ابتدائی تعلیم اپنے والد محمد باقر اور ذوقؔ سے حاصل کرنے کے بعد دہلی کالج میں ایڈمیشن لیا۔ انھیں مولوی نذیر احمد، ذکاء اللہ اور پیارے لال آشوب وغیرہ سے ہم سبق ہونے کا موقع ملا۔ اپنے والد کے ساتھ ''اردو اخبار'' میں بطور ایڈیٹر شریک ہوگئے۔ آزادؔ نے انجمن پنجاب کے جلسے میں قدیم شاعری کی بعض کوتاہیوں کا تذکرہ کیا اور جدید شاعری سے لوگوں کو روشناس کرایا۔ آزادؔ نے ایک لاثانی مشاعرے کی بنیاد ڈالی جس میں مصرعِ طرح نہیں بلکہ نظمیں لکھنے کے لئے موضوع دیا جاتا تھا۔ 'قصص الہند' ان کا پہلا ادبی اور علمی کارنامہ ہے اور آب

حیات ان کا شاہکار ہے۔ یہ اُردو تخلیق کاروں کے تذکروں پر مبنی ایک ایسی کتاب ہے جس میں زبردست تنقیدی شعور دیکھنے کو ملتا ہے۔ شاعر کے زندگی کے واقعات اور اس کی سرگزشت قلمبند کرنے میں آزاد کے پرلطف اور دل چسپ اسلوب بیان اور ان کی محاکاتی صلاحیتوں نے ان کی اچھی رہبری کی ہے۔ 'آب حیات' اردو ادبی تاریخ کا ایک ایسا اہم باب ہے جس میں ہر تصویر اپنے واضح خدوخال اور اپنی شخصیت کے تمام اہم پہلوؤں کے ساتھ اجاگر ہے۔ 'آب حیات' میں خاکہ نگاری کے ابتدائی نقوش بڑی ذکاوت اور خوش اسلوبی کے ساتھ ابھرتے ہیں۔ تشبیہات و استعارات اور صوری حسن سے عبارت سجی نظر آتی ہے۔ آب حیات کا ہر مرقع چلتی پھرتی تصویر نظر آتا ہے۔ 'سخن دان فارس' ان مختلف مقالات کا مجموعہ ہے جو فارسی زبان وادب سے متعلق ہے۔ اس کتاب میں پہلی بار زبان کو ایک ایسی نامیاتی حقیقت کے طور پر پیش کیا گیا ہے جو گردوپیش کے حالات کے مطابق اپنا رنگ روپ بدلتی رہتی ہے۔ ان میں تمثیلی انشائیوں کا مجموعہ 'نیرنگ خیال' ہے جو انگریزی سے مستعار ہے۔ دراصل تمثیل میں ایک قصہ بیان کیا جاتا ہے جس میں ایک ظاہری معنی ہوتا ہے اور دوسرا ایمائی اور تمثیلی جو اہل نظر کا حصہ ہوتی ہے۔ مولانا آزاد نے دربارِ اکبری میں تاریخ ہند کو موضوع بنایا ہے۔ انھوں نے کم و بیش چالیس کتابیں لکھی ہیں۔ 'دربارِ اکبری' میں انھوں نے تاریخ ہند کے ایک سنہرے عہد کو موضوع بنایا۔ 'آب حیات'، 'نیرنگ خیال' اور 'سخن دان فارس' ان کی قابل ذکر تصانیف ہیں۔ ان کا شمار اردو ادب کے عناصر خمسہ میں ہوتا ہے۔

سوال:3 ''بقائے دوام'' کے حوالے سے محمد حسین آزاد کی انشائیہ نگاری پر تبصرہ کیجئے۔

[جون:2015 سوال:3]

یا

محمد حسین آزاد کی انشائیہ نگاری پر ایک تنقیدی مضمون تحریر کیجیے۔ [جون:2017 سوال:3]

جواب: مولانا محمد حسین آزاد نے دہلی میں پرورش پائی۔ دہلی کالج میں تعلیم حاصل کی جو اس وقت مشرقی اور مغربی علوم وفنون کا گہوارا تھا۔ ایک طرف ان کی نظر پر تکلف انشا پردازی پر پڑتی ہے تو دوسری طرف نثر کے جدید تقاضوں سے بھی وہ پوری طرح واقف ہیں۔ یہی وجہ ہے کہ ان کی تحریروں میں مشرق و مغرب دونوں کی جھلک ملتی ہے۔ آزاد کی مشہور تصانیف میں سخن دان فارس، آب حیات اور نیرنگ خیال شامل ہیں۔ لیکن سب سے زیادہ مقبولیت 'نیرنگ خیال' کو حاصل ہے۔ نیرنگ خیال ۱۳ مضامین پر مشتمل ہے۔ پہلے حصے میں

سات مضامین شامل ہیں اور دوسرے حصے میں چھ مضامین شامل ہیں۔ بقول آزاد'نیرنگ خیال' انگریزی کے مشہور مضمون نگار ایڈیسن اور جانسن کے مضامین کا ترجمہ ہے۔ آزاد نے نیرنگ خیال کی عبارت اس خوبصورتی کے ساتھ پیرویا ہے کہ قارئین کو ترجمے کا گمان نہیں ہوتا بلکہ طبع زاد معلوم ہوتا ہے۔

مولانا محمد حسین آزاؔد نے تمثیل نگاری کا آغاز اس وقت کیا جب ادیب حضرات اس سے اکتا کر سادگی اور حقیقت نگاری کے راستے پر گامزن تھے۔ انسان عقل وفکر اور تحقیق وتنقید کی روشنی میں آ گیا تھا۔ آزاد کی کوئی بھی تصنیف تمثیل نگاری سے خالی نہیں ہے۔ لیکن نیرنگ خیال میں آزاد نے تمثیلی انداز میں ایسا جادو جگایا ہے جس کا اثر تا قیامت باقی رہے گا۔ آزاد نے رمز وتمثیل کی ایک ایسی شکل پسند کی ہے اور ہر جگہ اسی سے کام لیا ہے۔ انھوں نے بے جان اور غیر ذی عقول اشیا کو انسانی شکل میں چلتے پھرتے اور باتیں کرتے دکھایا ہے۔ ہر جگہ دل، عقل، ایمان، نفس، انصاف اور ظلم وستم وغیرہ کردار کی شکل میں چلتے پھرتے نظر آتے ہیں۔ ان باتوں اور افسانوں کے ذریعے انسان کے اخلاق کی اصلاح اور پاکیزگی کا سامان فراہم کیا جاتا ہے۔

مولانا آزاؔد نے تمثیلی پردے میں مذہب واخلاق، علم وفن، شعروادب کے نکات کو بڑی پرکاری اور چابک دستی سے پیش کیا ہے۔ انھیں انسانی خصوصیات آرام ومشقت، حرص وقناعت، سچ وجھوٹ، امید وناامید جوانی، بڑھاپا اور بچپن سے آراستہ کر کے دکھایا ہے جس میں منظر خیالی ہونے کے بجائے حقیقی معلوم ہوتا ہے۔ ان کی تمثیل نگاری کی ایک مثال جس میں منظر خیالی ہونے کے بجائے حقیقی معلوم ہوتا ہے۔

''ملک ملک فراغ تھا اور خسرو آرام رحم دل فرشتہ مقام گویا ان کا بادشاہ تھا۔ وہ نہ رعیت سے خدمت چاہتا تھا نہ کسی سے خراج باج مانگتا تھا۔ اس کی اطاعت وفرمانبرداری اسی میں ادا ہو جاتی تھی۔''

اس لئے یہ کہنا بجا ہوگا کہ آزاد نے اپنے فن اور اسلوب بیان کے ذریعے بہترین مرقع کشی کی ہے کہ قاری خیال اور واقعہ کو بھول کر موقع کے منظر میں گم ہو جاتا ہے۔ نیرنگ خیال میں آزاد کی انشا پردازی سے ایک نئے اور خوشگوار باب کا آغاز ہوتا ہے۔ اسلوب بیان کے معاملے میں آزاد کا نقطۂ نظر بالکل واضح ہے۔ وہ اپنی تحریروں کو دقیق اور مشکل کے بجائے رفیق تفریح بنانے کی کوشش کرتے ہیں۔ چھوٹے چھوٹے فقرے ہیں اور کتری کتری عبارت ہے۔ مگر خدا نے ان کے بیان میں ایسی گھلاوٹ اور زبان میں ایسا لوچ دیا ہے کہ ریشم کے لچھے معلوم ہوتے ہیں۔ آزاد کے متعلق یہ کہنا بڑی حد تک صحیح ہے کہ اگر وہ'نیرنگ خیال'

کے علاوہ کچھ بھی نہ لکھتے تو بھی ان کا شمار اُردو کے غیر فانی انشا پردازوں میں ہوتا۔آزاد کی تنقید، تحقیق ،تشریح اور توضیح سب پر حرف زنی ہوئی ہے۔مگر ان کا جو اسلوب 'نیرنگ خیال' کے مضامین میں ہے وہ اپنی جگہ منفرد اور ممتاز ہے۔

سوال:4 اُردو نثر کے فروغ میں خواجہ حسن نظامی کی خدمات پر روشنی ڈالئے۔

[جون:2016 سوال:3]

جواب: خواجہ حسن نظامی ۱۸۷۸ء میں دہلی میں پیدا ہوئے اور ۱۹۵۵ء میں وفات پائی۔انھیں اردو،عربی اور فارسی پر زبان پر عبور حاصل تھا لیکن انگریزی سے بالکل ناآشنا تھے۔انھیں تصنیف و تالیف کا اس قدر شوق تھا کہ ملک اور بیرون ملک کے مختلف شہروں کا دورہ کیا اور وہاں کے سنتوں اور اہل بصیرت سے تبادلۂ خیال کیا۔ان کی صحافتی زندگی کا آغاز روزنامہ 'رعیت' سے ہوا۔حلقہ نظام المشائخ قائم کیا تو اس کی تشہیر کے لئے ایک رسالہ ملا واحدی کے اشتراک سے نکالا۔رسالہ 'منادی' جاری کیا تو اس میں انھوں نے تعلیم و تربیت، عدالتوں کی اصلاح اور ہندو مسلم اتحاد کو بھی شامل رکھا۔خواجہ صاحب 'اردو کلب' قائم کر کے اردو کی ترویج واشاعت میں ہمیشہ کوشاں رہے۔

۱۹۴۶ء میں حکومت برطانیہ نے انھیں شمس العلما کے خطاب سے نوازا۔ان کی کم و بیش چالیس تصانیف ہیں جن میں سیارہ دل، بیگمات کے آنسو،غدر دلی کے افسانے ،مجموعہ مضامین حسن نظامی وغیرہ مشہور ہیں۔ان کی تصنیف 'فرعون کی تاریخ' ایک قابل قدر تاریخی اور ادبی کارنامہ ہے۔انھوں نے قرآن شریف کی تفسیر بھی لکھی ہے۔ان کے قلمی چہرے اور خاکے بھی بڑے دلچسپ اور پر لطف ہیں۔بقول ان کے انھوں نے کم و بیش پانچ ہزار اشخاص کے خاکے لکھے ہیں۔اکبر الہ آبادی سے متاثر ہو کر انھوں نے مزاحیہ مضامین چٹکیاں اور گدگدیاں لکھیں اور متصوفانہ تحریروں کو ادب کا حصہ بنایا۔خواجہ صاحب کے انشائیوں اور مضامین کا بغور مطالعہ کرنے سے پتا چلتا ہے کہ ان کے مختلف موضوعات میں مقصدیت کا ایک لطیف رشتہ ہے۔انھیں مناظر قدرت اور مظاہر فطرت سے ایک جذباتی لگاؤ تھا۔انتخاب توحید اور سی پارۂ دل کے مضامین میں ایک مخصوص نقطۂ نظر دکھائی دیتا ہے۔امن اور پیار و محبت کا پیغام ان کی تحریروں کی روح ہے۔ان کی مضمون نگاری کا اصل رنگ دیا سلائی ،سگنل کی آنکھ، مٹی کا تیل اور لیمپ میں نظر آتا ہے جس میں

وہ روزمرہ کی کسی مانوس چیز کے ظاہری خدوخال کا جائزہ لیتے ہوئے اس میں گہری معنویت کا کوئی عنصر تلاش کر لیتے ہیں۔ ان کے دو مشہور انشائیوں کے مجموعوں کا نام سی پارۂ دل اور طمانچہ بر رخسار یزید ہیں۔

خواجہ صاحب نے ۱۸۵۷ء کی جنگ آزادی سے متعلق جو کتابیں لکھی ہیں وہ کلاسیکی کا درجہ رکھتی ہیں۔ تاریخ ہند میں ان المناک ایام کی جو لفظی تصویر خواجہ صاحب نے کھینچی ہیں ان کی مثال تاریخی ادب میں کہیں نہیں ملے گی۔ خواجہ صاحب اپنے روزنامچہ میں شاہ وگدا، امیر وغریب سے اپنی درویشانہ ملاقاتوں کا حال شانِ بے نیازی سے بیان کرتے ہیں۔ ان کے مسائل کا تذکرہ بھی لکھتے ہیں۔ آپ کی مذہبی رواداری کا حال یہ تھا جہاں آپ نے اسلام کی فضیلت پر بہت کچھ لکھا۔ وہیں آپ نے 'کرشن بیتی' جیسی مشہور کتاب تصنیف کی۔ اس میں کرشن جی سے متعلق عوام میں رائج غلط روایتوں کی تردید کی گئی ہے۔

سوال:5 خواجہ حسن نظامی کے انشائیہ کا تجزیہ 'دیا سلائی' کی روشنی میں کیجیے۔

جواب: خواجہ صاحب اُردو کے ایسے بلند پایہ انشا پرداز ہیں جن کے اسلوب میں بلا کی شگفتگی اور دل کشی ہے۔ دنیا کا کوئی بھی موضوع ہو وہ اس پر سادگی اور بے تکلفی سے لکھتے چلے جاتے ہیں۔ وہ اپنی بات کو ایک عام انسان کی زبان میں بیان کرتے ہیں۔ انھوں نے 'دیا سلائی' میں اپنے مخصوص اسلوب وانداز میں جاذب نظر اور دلچسپ تصویریں پیش کی ہیں۔ نثری اسلوب سادہ، سلیس، عام فہم، پرلطف، شگفتہ اور اثر انگیز ہے۔ انھوں نے عربی وفارسی کے مشکل الفاظ اور تصوف کی اصطلاحوں سے اپنی نثر کو بوجھل اور ثقیل ہونے سے محفوظ کیا ہے۔ وہ اپنی بات کو چھوٹے چھوٹے سلیس، شستہ اور آسان جملوں میں بیان کرنے پر قادر ہیں۔ ان کی تحریروں میں ڈرامائی لطف ہے۔ وہ ہندی کے عام فہم الفاظ کافی تعداد میں استعمال کرتے ہیں۔ ان کی متصوفانہ تحریروں کا ادب سے گہرا رشتہ ہے۔ ان کے اسلوب میں دہلی کے روزمرہ کی بول چال کی زبان ہے جس کی کڑیاں میرامن، غالبؔ، سرسید سے جا کر ملتی ہیں۔

ایک صاحب طرز انشا پرداز کی خصوصیت یہ ہوتی ہے کہ موضوع گڑھا ہوا معلوم نہ ہو۔ بعض لوگ انفرادیت پیدا کرنے کے لئے اپنے اسلوب کو ایک خاص انداز میں پیش کرنے کی کوشش کرتے ہیں۔ یا کسی ادیب سے متاثر ہوکر اس جیسا بننے کی کوشش کرتے ہیں مگر کامیاب نہیں ہوتے۔ مثلاً کچھ لوگوں نے غالبؔ کے اسلوب سے متاثر ہوکر اسی طرح اپنا اسلوب بنانے کی کوشش کی لیکن کامیاب نہیں ہوئے۔ خواجہ صاحب

نے 'دیا سلائی' میں ایسا بے ساختہ اسلوب برقرار رکھا ہے کہ کہیں سے بھی احساس نہیں ہوتا ہے کہ وہ کسی کی کوشش یا کاوش سے متاثر ہیں۔ مثال کے طور پر ان کے مضمون 'دیا سلائی' کا یہ اقتباس ملاحظہ ہو:

> آپ کون ہیں؟ ناچیز تنکہ۔ اسم شریف؟ دیا سلائی کہتے ہیں۔ دولت خانہ؟ جناب دولت ہے نہ خانہ۔ اصلی گھر جنگل ویرانہ تھا۔ مگر چند روز سے احمد آباد میں بستی بسائی ہے اور سچ پوچھئے تو یہ ننھا سا کاغذی ہوٹل جس کو آپ بکس کہتے ہیں اور جو آپ کی انگلیوں میں دبا ہوا ہے۔ میرا موجودہ ٹھکانا ہے.......... میرے مذہب میں دیسی بدیسی گورے کالے کا فرق بھی جائز نہیں۔ مندر میں میرے دم سے روشنی ہے اور مسجد میں بھی۔ راجہ اور محل کے نواب کی تاریکی بھی دور کرتی ہوں اور غریب کے جھونپڑے میں بھی میرے سبب سے اجالا ہوتا ہے۔

مذکورہ اقتباسات کی روشنی میں خواجہ صاحب کے یہاں ایک نظام فکر ہے۔ تصوف ان کا اوڑھنا بچھونا ہے۔ ان کے اندر ایک دردمند دل ہے جس میں پوری انسانیت کا درد ہے۔ وہ کسی کو پریشان اور بھوکا نہیں دیکھ سکتے۔ وہ زمانہ کے بدلتے حالات سے پوری طرح واقف ہیں۔ مذہب کے معاملے میں وہ وسیع النظر ہیں۔ ان کی نگاہ میں سارے انسان برابر اور سارے مذاہب کے ماننے والے کسی نہ کسی شکل میں رضائے الٰہی کے لئے کوشاں ہیں۔ وہ ہندو مسلم اتحاد کے علمبردار ہیں۔ انھیں زبان پر ایسی زبردست قدرت حاصل ہے کہ جب چاہتے ہیں موضوع کو چند سطروں میں سمیٹ لیتے ہیں اور جب طول دینا چاہتے ہیں تو ایسی بات میں بات پیدا کرتے ہیں کہ قارئین دنگ رہ جاتے ہیں۔ خواجہ صاحب کے اسلوب کی ایک خوبی یہ ہے کہ وہ سنجیدہ سے سنجیدہ موضوع میں طنز و مزاح کا پہلو نکال لیتے ہیں۔ اسی طرح غیر ادبی موضوعات میں بھی گداز کا پہلو پیدا کرنے کی قدرت رکھتے ہیں۔ یہ وہ خصوصیات ہیں جن سے پتا چلتا ہے کہ خواجہ صاحب کی زبان پر مکمل گرفت تھی اور وہ مخاطب کی نفسیات سے پوری طرح واقف تھے۔ ان کی تحریروں میں خلوص و محبت کی چاشنی، انسان دوستی کی مثال، زبان کی فصاحت و روانی اور خیال کی ندرت و جدت نے انھیں ایسا اسلوب دیا ہے جو آج بھی قابل تقلید ہے۔ اور زبان کی بقا اور مقبولیت کے لئے ہمیشہ قابل تقلید رہے گا۔

سوال 6: ابوالکلام آزاد پر ایک نوٹ لکھئے۔ [دسمبر: 2015 سوال: (d) 5]

یا

ابوالکلام آزاد کے مضمون 'چڑیا اور چڑے کی کہانی' کی روشنی میں ان کی انشائیہ نگاری کی خصوصیات بیان کیجیے۔ [جون: 2017 سوال: 4]

جواب: مولانا ابوالکلام آزاد ۱۸۸۸ء میں پیدا ہوئے اور ۱۹۵۸ء میں وفات پائی۔ ان کا اصلی نام احمد اور تاریخی نام فیروز بخت، لقب ابوالکلام اور تخلص آزاد تھا۔ وہ اُردو، عربی، فارسی اور ترکی زبان کے جید عالم تھے۔ سرسید احمد خاں سے متاثر ہوکر انگریزی کتابوں کا مطالعہ کیا۔ عراق، مصر اور شام وغیرہ کا سفر کیا۔ انھوں نے قرآن شریف کا ترجمہ کیا اور تفسیر لکھی۔ انھوں نے 'الہلال' اخبار جاری کیا جو حق وصداقت کا علمبردار تھا۔ ۱۹۱۵ء میں البلاغ نکالا۔ انگریزی حکومت میں انھیں قید و بند کی صعوبتیں برداشت کرنی پڑیں۔ ان کی زندگی کا ایک بڑا حصہ جد وجہد آزادی میں گزرا۔ ان کا شمار ملک کی چوٹی کے قائدین میں ہوتا ہے۔ وہ کانگریس کے صدر بھی رہے۔ مہاتما گاندھی اور پنڈت نہرو سے ان کے قریبی تعلقات تھے۔ آزاد ہندوستان کے وہ پہلے وزیر تعلیم مقرر ہوئے۔ انجمن حمایت الاسلام کے سالانہ اجلاس میں حالؔی، اقبالؔ اور نذیر احمد سے ملاقات ہوئی۔ الہلال، البلاغ، ترجمان القرآن، غبار خاطر اور کاروان خیال آزادؔ کی ناقابل فراموش یادگاریں ہیں۔ انھوں نے مضمون نگاری کے فن کو ترقی دی اور صاحب طرز ادیب کہلائے۔

اُردو نثر کے دو اسالیب سادہ اور رنگین ہیں۔ رنگین اور پر تکلف اسلوب سے ابوالکلام آزاد کا رشتہ تھا جس کی کڑیاں رجب علی بیگ اور محمد حسین آزاد کے طرز تحریر سے جا کر ملتی ہیں۔ لیکن ابوالکلام آزاد کی نثر میں فصاحت وبلاغت ہیچو ان کی تحریروں میں دیکھا جاسکتا ہے۔ وہ اپنی تحریروں میں تکرار لفظی کے ساتھ رعایت لفظی ومعنوی کا بھی خیال رکھتے ہیں جس سے تحریروں میں ڈرامائی کیفیت پیدا ہوجاتی ہے۔ وہ اپنی تحریوں میں اقوال وامثال اور تلمیحات واشعار کا بلا تکلف استعمال خطیبانہ انداز میں کرتے ہیں۔ وہ ہندوستان کے تعلیمی نظام کے بانیوں میں سے تھے اور آزاد ہندوستان کے پہلے وزیر تعلیم بھی تھے۔ لوگ انھیں ایک صحافی، مدبر، مترجم، سیاست داں، ماہر تعلیم، ایڈمنسٹریٹر، صاحب طرز ادیب، مفکر، ماہر لسان اور مجاہد آزادی کی حیثیت سے جانتے ہیں۔

'غبار خاطر' مولانا آزاد کے انشائیوں کا مجموعہ ہے۔ جو مولانا نے قلعہ احمد نگر میں اسیری کے دوران نواب صدر یار جنگ مولانا حبیب الرحمٰن خاں شروانی رئیس بھیکم پور ضلع علی گڑھ کے نام لکھے تھے۔ قلعہ احمد نگر کی اسیری ہر بار سے اس بار زیادہ سخت تھی۔ کیونکہ اس بار کسی سے ملاقات کی اجازت نہ تھی۔ مولانا نے اپنے دل کا غبار نکالنے کے لئے ایک راستہ نکالا اور خطوط لکھ لکھ کر محفوظ کرنا شروع کر دیا اور اسی کی مناسبت سے اس کا نام 'غبار خاطر' رکھا۔ اس کے مجموعہ میں 'چڑیا چڑے کی کہانی' جیسے ہلکے پھلکے موضوعات کو بھی جگہ ملی۔ مثال کے طور پر 'چڑیا اور چڑے کی کہانی' کا یہ اقتباس ملاحظہ ہو:

> یہاں کمرے میں جو ہمیں رہنے کو ملے ہیں، پچھلی صدی کی تعمیرات کا نمونہ ہیں۔ چھت لکڑی کے شہتیروں کی ہے اور شہتیروں کے سہارے کے لئے محرابیں ڈال دی ہیں۔ نتیجہ یہ ہے کہ جا بجا گھونسلا بنانے کے قدرتی گوشے نکل آئے اور گوریاؤں کی بستیاں آباد ہو گئیں۔ دن بھر ان کا ہنگامۂ تگ و دو گرم رہتا ہے۔ کلکتہ میں بالی گنج کا علاقہ چونکہ کھلا اور درختوں سے بھرا ہے۔ اس لیے وہاں بھی مکانوں کے برآمدوں اور کانسو پر چڑیوں کے غول ہمیشہ حملہ کرتے رہتے ہیں، یہاں کی ویرانی دیکھ کر گھر کی ویرانی یاد آ گئی!

اُگ رہا ہے در و دیوار سے سبزہ غالبؔ!
ہم بیاباں میں ہیں اور گھر میں بہار آئی ہے

مولانا نے اس کہانی میں یہ بتانے کی کوشش کی ہے کہ کس طرح خدا کی ایک چھوٹی سی مخلوق اپنا آشیانہ بنانے کے لئے جدوجہد کرتی ہے اور تنکا تنکا جوڑ کر اپنا گھر بناتی ہے۔ اور ایک بنی آدم ہے جس کو خدا نے اشرف المخلوقات بنایا ہے۔ وہ چمتکاروں، دعاؤں اور مہدی موعود کے انتظار میں ہاتھ پر ہاتھ رکھے اپنا وقت ضائع کر رہا ہے۔ اس کہانی میں چڑیوں کا ایک غول ہے جو مولانا کے آس پاس پڑے چاول کے دانوں کو چگنے میں پس و پیش اور تذبذب کر رہا ہے۔ لیکن ان میں سے ایک ہمت کر کے آگے بڑھتا ہے اور اس کی دیکھا دیکھی سبھی دانوں پر ٹوٹ پڑتے ہیں۔ انسان کی فطرت بھی بالکل اسی طرح ہے وہ ایک رہنما اور رہبر کے انتظار میں رہتا ہے۔ جیسے ہی کوئی قدم آگے بڑھاتا ہے لوگ اس کے پیچھے جوق در جوق چلے آتے ہیں۔

اس کہانی میں جہاں ایک طرف زبان و بیان پر بے مثال قدرت کا اظہار نظر آتا ہے۔ تو دوسری طرف مجاز کا وہ پردہ بھی ہے جس کے پیچھے ایک بہت بڑی حقیقت جلوہ گر ہے۔ مولانا نے انسانوں کی اس بستی میں چڑیوں کی کہانی میں ماحول اور ظاہری حسن وصورت کی مطابق کسی کا نام قلندر، کسی کا مونی، کسی کا صوفی اور کسی کا ملا رکھا ہے۔ مولانا نے اپنے زور بیان، مشاہدے اور تجربے کی بنیاد پر ایک سچی تصویر پیش کی ہے۔

چڑیا کا بچہ ابھی گھونسلے سے نکلا ہے۔ بہت لاچار و بے بس ہے، اڑنا نہیں جانتا ہے۔ ماں اسے اکساتی ہے لیکن وہ زمین سے بالشت بھر بھی اونچا نہیں اڑ پاتا۔ لیکن یکا یک ایک دن وہ اڑتا ہے اور فضا میں بہت دور جا کر نظروں سے اوجھل ہو جاتا ہے۔ مولانا نے اس کہانی سے لوگوں کو یہ سمجھانے کی کوشش کی ہے کہ انسانی زندگی کی مثال بھی اسی پرندے کی مانند ہے۔ جوں ہی چڑیا کے بچے کو یہ احساس ہوا کہ میں اڑنے والا پرندہ ہوں اس کے جسم میں ایک نئی طاقت پیدا ہوگئی۔ انسان کا بھی یہی حال ہے جب اس کے اندر خود شناسی بیدار ہوتی ہے اور اس کے اندر کا عرفان جاگ اٹھتا ہے۔ اس کے لئے فیصلہ کن ثابت ہوتا ہے اور وہ پلک جھپکتے ہی آسمان کی بلندیوں کو چھو لیتا ہے۔ مولانا کے خطوط کا مجموعہ 'غبار خاطر' کا جائزہ لینے سے پتا چلتا ہے کہ ان کے قلم سے جو نقش و نگار بنتے ہیں وہ ایک آرٹسٹ کی روح ہیں۔ ان کے علمی انداز بیاں اور اسلوب سے معلوم ہوتا ہے کہ ان کے افکار و خیالات کا بہاؤ ایک صحرائی چشمہ کی طرح بالکل آزاد ہے جب وہ بہتا ہے تو اس کے راستے میں کوئی چیز حائل نہیں ہوتی۔ وہ ایک خاموش وادی میں اپنے رو میں بہتا چلا جاتا ہے۔

سوال:7 مرزا محمود بیگ کی مختصر حالات زندگی بیان کیجئے۔

مرزا محمود بیگ کے انشائیہ 'آنکھ کی شرم' کے جملہ پہلوؤں کا تجزیہ کیجئے۔

مرزا محمود بیگ کے انشائیہ کی خصوصیات بیان کیجئے۔

جواب: مرزا محمود بیگ کی ولادت ۲۰/اگست ۱۹۰۸ء میں ہوئی۔ بیگ صاحب کا شمار پرانی دہلی کی سرکردہ شخصیات میں ہوتا ہے۔ ان کے آباواجداد مغل تھے جو اورنگزیب کے زمانے میں مرکزی ایشیا سے ہندوستان آ کر بس گئے تھے۔ ان کے والد مرزا شہباز بیگ نے سرسید تحریک اسکول میں علامہ حالؔی سے تعلیم حاصل کی۔ پھر مدرسہ غازی الدین اجمیری گیٹ، دہلی میں دسویں جماعت تک تعلیم حاصل کی۔ شہباز بیگ کی دوسری بیوی سے چودہ اولادیں ہوئیں جن میں محمود بیگ کا نمبر تیسرا تھا۔ محمود بیگ نے اینگلو عربک اسکول سے میٹرک کا امتحان پاس

کیا۔ پھر انھوں نے اسٹیفن کالج سے بی۔اے۔(انگریزی) اور ایم۔اے۔ (فلسفہ) کی ڈگری حاصل کی ۱۹۳۲ء میں اینگلو عربک کالج میں فلاسفی کے لیکچرر مقرر ہوئے۔ ۱۹۴۷ء میں جب اینگلو عربک کالج بند ہو گیا تو بیگ صاحب نے اسے دوبارہ کھلوانے میں کامیابی حاصل کی اور اس کا نام 'دلی کالج' رکھا گیا۔ دہلی کالج کا آپ کو پرنسپل بنایا گیا۔ ۱۹۶۴ء میں انھوں نے کشمیر میں مشیر تعلیم کا عہدہ سنبھالا۔ لیکن وہاں انھیں دہلی کی یاد ستاتی رہی اور ۱۹۶۸ء میں دہلی یونیورسٹی کے اسکول آف کارسپانڈنس کے پرنسپل مقرر ہوئے اور ۱۹۷۳ء میں ریٹائر ہو گئے۔ بیگ صاحب کی وفات ۱۵/ دسمبر ۱۹۷۵ء میں ہوئی۔ انھیں جامعہ ملیہ اسلامیہ کے قبرستان میں سپرد خاک کیا گیا۔

مرزا صاحب دلی والے تھے اور انھیں دلی کی روزمرّہ زبان پر قدرت حاصل تھی۔ ان کی نثر میں محاوروں، کہاوتوں اور مصنوعی زبان کا بالکل استعمال نہیں ہے۔ وہ ایک اچھے صاف ستھرے ڈرائنگ روم میں اپنے چاہنے والوں سے جس زبان میں گفتگو کرتے تھے۔ اسی زبان میں لکھتے بھی تھے۔ آل انڈیا ریڈیو میں لکھی گئیں ان کی تقریریں دو طرح کی ہیں۔ ایک تو تاریخی موضوعات پر مبنی ہیں جو ۱۹۵۷ء میں لکھوائی گئیں جب ہندوستان میں ۱۸۵۷ء کی ناکام انقلاب کی سو سالہ یادگار منائی گئی تھی۔ بیگ صاحب نے ۱۸۵۷ء اور دلی کے موضوع پر ریڈیائی تقریریں لکھیں۔ دوسری طرح کی تقریریں عام طور سے انشائیے ہیں جو زندگی کے عام موضوعات پر لکھے گئے ہیں۔ ان انشائیوں میں طنز ومزاح کی ہلکی سی چاشنی اور ایک لطیف ہلکی سی مسکراہٹ ہے جو بیگ صاحب کے ہونٹوں پر ہمیشہ سجی رہتی تھی۔ بیگ صاحب کے انشائیوں کے دو مجموعے 'بڑی حویلی' اور 'دلی ۱۸۵۷ء کی' بہت نادر و نایاب ہیں۔ ان کا شمار صف اول کے انشائیہ نگاروں میں ہوتا ہے۔ ان کے انشائیوں کی بنیادی خصوصیات درج ذیل ہیں:

(۱) ان کے انشائیوں میں ذات کا انکشاف ہوتا ہے۔

(۲) ان کے انشائیوں کی بنیادی شرط اختصار ہے۔

(۳) وہ اپنے انشائیوں میں شوخی و ظرافت کے ساتھ واقعات یا آپ بیتی بیان کرتے ہیں۔

(۴) وہ مرکزی باتوں سے ضمنی باتوں کا ذکر کرنا جانتے ہیں۔ انشائیوں کے موضوعات معمولی سے معمولی باتیں ہوتی ہیں۔ انھیں چھوٹے چھوٹے بامعنی جملے لکھنے کا فن بخوبی آتا ہے۔ دہلی کی بامحاورہ زبان کے

استعمال میں ان کے یہاں برجستگی ہے۔ مثال کے طور پر ان کے انشائیہ 'آنکھ کی شرم' کا یہ اقتباس ملاحظہ ہو:

> ایک صاحب اور ہیں اچھے خاصے کھاتے پیتے آدمی ہیں ان سے کچھ ایسی دوستی بھی نہیں بس یوں ہی علیک سلیک ہے اس کے باوجود ہفتہ اتوار کو ضرور تشریف لاتے ہیں اور کبھی اس تکلف میں نہیں پڑتے کہ مجھے پہلے سے اطلاع کر دیں۔ خیر سے تنہا ہی نہیں آتے ایک بیوی دو بچے ساتھ ہوتے ہیں۔ عام طور پر چائے کے وقت تشریف لاتے ہیں۔ ان کے مرتبہ کا خیال کر کے میں نے شروع شروع میں کئی دفعہ چائے کے ساتھ کیک پیسٹری رس گلے پیٹھا پستے کی لوز، کیسر پاک سموسے دال بیجی غرض کافی چیزیں میز پر لگوائیں۔ عام طور پر اتنی چیزیں پندرہ بیس آدمیوں کے لئے کافی ہو جاتی ہیں مگر خدا بھلا کرے ان کی بیوی اور بچوں کا کہ پورا دو پونڈ کا کیک، دو درجن پیسٹری، ڈیڑھ درجن رس گلے، آدھا سیر پیٹھا، پاؤ بھر پستے کی لوز، پندرہ سموسے، پاؤ بھر دال بیجی اور گھر کے بنے ہوئے پکوڑے سب صاف تھے۔ حیران ضرور ہوا مگر اپنی طبیعت سے مجبور جب میز کو خالی دیکھا اور ساتھ ہی یہ بھی پتا چلا کہ ان کا ابھی جانے کا ارادہ نہیں ہے تو میز پر بادام کی گری، پستے، نمکین، کاجو، کشمکش، چلغوزے یہ سب رکھوا دیئے۔ پیٹ بھر چکے تھے اس لئے خیریت ہوئی۔ مگر ان کی بیوی کا دیدہ دیکھئے کہ چلتے ہوئے سب کا سب میوہ اپنے شوہر اور بچوں کی جیبوں میں ٹھونس ٹھونس کر بھر دیا۔

مذکورہ انشائیہ 'آنکھ کی شرم' کا مرکزی خیال ایک ایسے شخص کے ارد گرد گھومتا ہے جو خوش اخلاق با مروت اور مہمان نواز ہے اور دوسروں سے پیار و محبت سے پیش آنا اور ان کی اچھی طرح خاطر مدارت کرنا اپنا اخلاقی فرض سمجھتا ہے۔ وہ بہت کوشش کرتا ہے کہ خود کو خود غرض لوگوں سے محفوظ رکھے۔ لیکن وہ اپنی فطرت سے مجبور ہے۔ وہ لوگوں کی نازیبا حرکتوں کو نظر انداز کرتا رہتا ہے۔ لوگ اس کی فطرت سے واقف ہیں اس لئے ناجائز فائدہ اٹھاتے ہیں۔ وہ ہے کہ شرم و حیا کی وجہ سے کچھ کہہ نہیں پاتا۔ جبکہ دوسرے اتنے بے حیا و بے شرم ہیں کہ بن بلائے مہمان بن جاتے ہیں اور فری کا مال سمجھ کر خوب عیش کرتے ہیں لیکن جب

اپنی باری آتی ہے تو بڑی بے حیائی اور بے رخی سے پلہ جھاڑ لیتے ہیں۔ ایک بار تو بیگ صاحب نے فیصلہ کرلیا کہ اب وہ لوگوں سے اس طرح مروت سے پیش نہیں آئیں گے۔ پھر انھوں نے کچھ دیر تک اپنی فطرت کے برخلاف منہ بنانے کی کوشش کی۔ دوستوں نے انھیں اس حالت میں دیکھا تو وہ موقع کی نزاکت کو دیکھتے ہوئے وہاں سے ٹل گئے۔ لیکن تھوڑی ہی دیر میں انھیں گھٹن محسوس ہونے لگی۔ پھر دل ہی دل میں بات کرنے لگے جو ہو سو ہو میں اس طرح خاموش نہیں رہ سکتا۔

مرزا محمود بیگ صاحب اس انشائیہ میں اپنے اسلوب بیان سے قارئین پر یہ واضح کر دیتے ہیں کہ خود غرضی اور بے حیائی بری بلا ہے۔ جس شخصکے اندر سے شرم وحیا ختم ہو جائے تو وہ دوسروں کی نظروں میں گر جاتا ہے۔ شرم وحیا خدا کی عطا کی ہوئی ایک ایسی صفت ہے جو اسے دیگر مخلوق سے اعلا اور اشرف بناتی ہے۔ خدا نے انسان کو حواس جیسی صفت عطا کر کے اسے دوسرے مخلوق سے اعلا وافضل بنادیا ہے۔ وہ ایک دوسرے کا پاس ولحاظ اور اس کی پسند ونا پسند کا خیال رکھتا ہے۔ اپنی غلطیوں پر شرمندہ ہو کر معافی مانگتا ہے۔ اگر اس کے اندر سے بھی شرم وحیا ختم ہو جائے تو پھر ان میں اور جانوروں میں کیا فرق رہ جائے گا۔ بیگ صاحب نے 'آنکھ کی شرم' میں اسی چیز کو بتانے کی کوشش کی ہے۔

☺☺☺

بلاک 4

اُردو میں سوانح نگاری

یہ بلاک سوانح نگاری سے متعلق ہے جس میں سوانح کے فن اور اس کی روایت سے بحث کی گئی ہے۔اُردو سوانح نگاری کی تاریخ میں دو بڑے مشہور نام شبلی نعمانی، الطاف حسین حالؔی کے لئے جاتے ہیں جنھوں نے اس کو اپنے خون جگر سے سینچ کر پروان چڑھایا۔شبلی کے فن ’الفاروق‘ کے حوالے سے بحث کی گئی ہے جو تاریخ کے بغیر کوئی لقمہ نہیں توڑتے۔اور حالؔی کے فن ’یادگارِ غالب‘ کے حوالے سے بحث کی گئی ہے۔جوشؔ ملیح آبادی کی خودنوشت ’یادوں کی بارات‘ کی روشنی میں ان کے فکروفن کا جائزہ لیا گیا ہے۔

حالؔی، شبلی اور جوش کی مختصر حالات زندگی اور ان کی تحریروں کے اقتباسات بھی نقل کئے گئے ہیں تاکہ ان کے مطالعے سے ان کے فکروفن اور اسلوب کا بخوبی اندازہ لگایا جاسکے۔اس بلاک کے تحت آنے والے سوالوں کے جوابات سہل اور آسان انداز میں دیئے گئے ہیں جو آئندہ امتحان میں طلبا اور طالبات کے لئے نہایت ہی معاون اور مفید ثابت ہوں گے۔

سوال: 1 شبلی نعمانی کی سوانح نگاری کا تجزیہ 'الفاروق' کی روشنی میں کیجئے۔

جواب: شبلی نعمانی ایک عالم، مفکر اور مورخ کی حیثیت سے جانے جاتے ہیں۔ ۱۸۵۷ء میں بندول ضلع اعظم گڑھ میں پیدا ہوئے اور ۱۹۱۴ء میں انتقال کر گئے۔ سرسید سے ملاقات کے بعد علی گڑھ کے پروفیسر مقرر ہوئے۔ اعظم گڑھ میں دارالمصنفین اور شبلی کالج قائم کیا۔ ۱۸۹۴ء میں ندوۃ العلماء کے روح رواں بن گئے۔ شبلی اپنی نثری تصانیف کی وجہ سے اردو ادیبوں کی صف اول میں جگہ پاتے ہیں۔ ان کی مشہور کتابوں میں سیرت النبی، الفاروق، المامون، شعرالعجم، علم الکلام اور موازنہ انیس و دبیر وغیرہ شامل ہیں۔ انھوں نے اپنے مضامین میں تعلیم و تربیت، ادب، تہذیبی امور، تاریخ اور اپنے سیاسی مسلک پر روشنی ڈالی ہے۔ مضامین شبلی سے ان کی نثر کے حسن اور جاذبیت و شگفتگی کا اندازہ ہوتا ہے۔ انھوں نے عربی و فارسی کے دقیق الفاظ کو برجستگی سے استعمال کر کے عبارت کے حسن میں چار چاند لگا دیا ہے۔ ان کے یہاں استدلال ہے۔ وہ تاریخ کے بغیر کوئی لقمہ نہیں توڑتے۔ عالمانہ تحقیق و تفتیش شبلی کی تحریروں کا حق ہے۔ عبارت میں منطقی ربط ہے۔ ان کے اسلوب کی تین بڑی خصوصیات قطعیت، بلاغیت اور صراحت ہیں۔ ان کی سوانحوں کا اسلوب سوانح نگاری کے ادبی تقاضوں سے ہم آہنگ ہے۔

اُردو میں سوانح نگاری کا باقاعدہ آغاز سرسید سے ہوتا ہے۔ اُردو میں یہ فن مغرب سے مستعار ہے۔ اُردو میں پہلے بھی سوانح لکھی جاتی تھی لیکن ایک فن کے طور پر اسے حالؔی اور شبلؔی نے برتا اور اس کی روایت قائم کی۔ سرسید اور شبلی دونوں کا مقصد بڑی حد تک مشترک تھا لیکن منزل تک پہونچنے کے راستے الگ تھے۔ شبلی قدیم راوایات کے پاسدار اور محافظ تھے۔ سرسید کی طرح علم الکلام کی اہمیت سے واقف تھے۔ سرسید نے اسلام کا مطالعہ عصری مغربی فکری معیارات کے نقطۂ نظر سے کیا اور شبلی نعمانی نے مغربی اقدار کو اسلامی نقطۂ نظر سے جانچنے کی کوشش کی۔ 'الفاروق' میں حضرت عمر رضی اللہ تعالیٰ عنہ کی مکمل سوانح ہے جس میں ان کے نام و نسب اور ولادت سے لے کر وفات تک کے حالات اور فتوحات کی تفصیل دلائل کے ساتھ درج ہیں۔ الفاروق کا کوئی پیراگراف ایسا نہیں ہے جو تاریخی دلائل و شواہد سے خالی ہو۔ الفاروق منظر عام پر آتے ہی آپ کی تاریخ دانی کا سکہ پوری دنیا پر قائم ہوگیا۔ الفاروق میں زبردست تاریخی شعور کا پتا چلتا ہے۔ وہ غیر افسانوی نثر کے اُردو کے پہلے نثر نگار ہیں جن کی تحریروں میں استدلال اور منطقی ربط کی فراوانی

ہے۔شبلی کی شخصیت ایک محقق، مورخ، سوانح نگار، دانشور اور تنقید نگار کی حیثیت سے مسلم ہے۔ الفاروق ہی وہ قابل قدر تصنیف ہے جس کے مواد کے لئے شبلی نے بلاد اسلامیہ کا سفر کیا۔ شبلی نے 'الفاروق' کو دو حصوں میں تقسیم کیا ہے دیباچہ میں تاریخ کی تعریف، تاریخ اور انشا پردازی کے فرق کو واضح کیا ہے۔ اس کے بعد یہ بتایا کہ ایک سوانح نگار یا مورخ کے کیا فرائض ہوتے ہیں۔ الفاروق کے پہلے حصے میں شبلی نے ہیرو کے حالات اور سیاسی رجحانات اس عہد کی تاریخ اور تہذیب وتمدن کو پس منظر کے طور پر پیش کیا ہے۔ حضرت عمرؓ کے زندگی کے حالات، ہجرت کے بعد اللہ کے رسول کی وفات، غزوات کا ذکر، واقعات ومسائل کی تفصیل بیان کی ہے۔ ان مسائل پر بھی بحث وگفتگو کی ہے جن مسائل کو مولانا کے معاصرین نے نظر انداز کیا ہے۔ حضرت عمرؓ پر شیعہ مصنفین کے اعتراضات کے مدنظر سقیفہ بنی ساعدہ اور حضرت ابوبکرؓ کی خلافت پر طویل بحث کے بعد مستند حوالوں سے اس غلط فہمی کا ازالہ کیا ہے۔

ایک کامیاب سوانح نگار کی حیثیت سے شبلی کی نظر ہمیشہ کردار کی ان خصوصیات پر جاتی ہے جن سے شخصیت کی تعمیر میں مدد ملتی ہے۔ حضرت عمرؓ میں بھی ایسے بہت سے اوصاف تھے جو انھیں منفرد شخصیت عطا کرتے تھے۔ ان کے نزدیک غلام وامیر میں کوئی فرق نہ تھا۔ ہر اچھی بات خواہ غیر مذاہب سے کیوں نہ تعلق رکھتی ہو قبول کر لیتے تھے۔ سلاطین شام کی تقلید میں انھوں نے اپنے یہاں بیت المال کی بنیاد ڈالی۔

'الفاروق' کے دوسرے حصے میں حضرت عمرؓ کے تمام ملکی، مالی، فوجی کی انتظامی تفصیل ہے۔ فاروق اعظم کی فتوحات کی وسعت کا دیگر مشہور فاتحین چنگیز وسکندر سے موازنہ، نظام حکومت کے دوران شخصی اور جمہوری حکومت کے موازنے، ذمیوں اور غلاموں کے حقوق وغیرہ سے تفصیلی بحث کی گئی ہے۔ اخلاق وعادات اور خاص طور مذہبی اجتہاد کا بڑی تفصیل سے ذکر کیا گیا ہے۔ شبلی کے فنی شعور کی پختگی الفاروق میں زیادہ واضح ہوتی ہے۔ اس سے پہلے کی تصانیف میں مورخ اور سوانح نگار کے درمیان جو فرق ہونا چاہئے اکثر نہیں ہوتا ہے۔ اس لئے وہ ہیرو کی شخصیت کے بجائے اس کے ماحول کے دل فریب وادیوں میں گم ہو جاتے ہیں۔ انھیں فطری طور پر اشخاص سے نہیں بلکہ افراد کی تاریخ سے لگاؤ ہے۔ لیکن الفاروق کی خصوصیت یہ ہے کہ یہاں شبلی مورخ نہیں بلکہ ایک اچھے سوانح نگار کے روپ میں نظر آتے ہیں۔ سوانح عمری میں ہر مقام پر وہ اپنے ہیرو کے ساتھ گھومتے نظر آتے ہیں۔ الفاروق کے ابتدائی حالات میں نبی اکرمؐ اور

حضرابوبکر صدیقؓ کے حالات کا ذکر ضروری تھا۔شبلی کو محسوس ہوا کہ کہیں ان شخصیتوں کے سامنے ان کے ہیرو کا عکس پھیکا نہ پڑ جائے اس لئے بڑی ہوشیاری سے وہ اپنا دامن بچا گئے۔اسی طرح حضرت خالد بن ولید کی شخصیت کچھ کم جاذب توجہ نہ تھی مگر اس نازک موڑ پر بھی شبلی کی فنی کاریگری نے ساتھ دیا اور ہر قدم پر ان کا مرکز نظر ہیرو ہی رہا۔

شبلی نے 'الفاروق' میں واقعات کے انتخاب کا ایک خاص سلیقہ اپنایا ہے۔بعض موقعوں پر واقعات کی تکرار ہے لیکن موقع ومحل کے اعتبار سے کوئی بھی واقعہ بے جوڑ و بے ربط معلوم نہیں پڑتا۔جزئیات نگاری ہر سوانح نگار کے بس کی بات نہیں ہے۔شبلی اپنے ہیرو کی شخصیت کی تکمیل کے لئے جزئیات نگاری سے کام لینا بخوبی جانتے ہیں۔ان کے اکثر و بیشتر مضامین میں ان کا اسلوب بیان شگفتہ، دلکش اور رواں ہے۔ان کی تحریریں اتنی جاذب نظر اور رنگین بن گئی ہیں کہ انھیں صاحب طرز ادیب بناتی ہیں۔سوانح نگاری میں جو مقام ومرتبہ شبلی کو حاصل ہے حاؔلی کو نہیں۔اس کی کئی وجہیں ہیں:

(۱) حالی کے مقابلے شبلی کے یہاں استدلال زیادہ ہے۔

(۲) حالی کے مقابلے شبلی کے یہاں تاریخی شعور بہتر ہے۔

(۳) حالی کے مقابلے شبلی نے بہتر طور پر سوانح نگاری کے فن کو برتا ہے۔

(۴) شبلی نے زیادہ تر مذہبی رہنماؤں کی سوانح لکھی ہیں۔لیکن کہیں بھی عقیدت کو حقیقت پر حاوی ہونے نہیں دیا ہے۔جبکہ حاؔلی نے دوسری سوانح عمریوں کے علاوہ سرسید کی حیات پر 'حیات جاوید' لکھی ہے جس میں صاف پتا چلتا ہے کہ وہ سرسید کی شخصیت سے کافی متاثر ہیں۔اچھی سوانح وہ ہوتی ہیں جس میں سوانح نگار شخص کی اچھائیوں اور برائیوں دونوں کو لکھے۔اس میدان میں حاؔلی کے مقابلے شبلی زیادہ کامیاب نظر آتے ہیں۔

سوال:2 سوانح نگاری کے فن کے اعتبار سے 'الفاروق' کے اقتباس میں کیا باتیں اہم ہیں؟

جواب: سوانح نگاری کے فن کے اعتبار سے 'الفاروق' کے اقتباس میں چند اہم باتیں بیان کی گئی ہیں۔بنی آدم کا رشتہ تاریخ وتذکرہ کے ساتھ بہت قدیم ہے۔استدلال واثبات مدعا کے طریقے ہر زمانے میں موجود

رہے ہیں۔ عام وخاص ہر کوئی ان سے کام لیتا تھا۔ لوگ بڑے فخر سے اپنے باپ دادا کے کارناموں کو بیان کرتے تھے۔ قدیم رسم ورواج کو بطور یادگار قائم رکھا جاتا تھا۔ یہی چیزیں تاریخ وتذکرہ کا سرمایہ ہیں۔ لیکن عربوں میں ایک خاص بات ہے جو دیگر قوموں سے انھیں ممتاز کرتی ہے۔ مثال کے طور پر وہاں کے بچے بچے کو اپنے آبا واجداد کے دس بارہ پشتوں کا نام زبانی یاد تھا۔ یہی وجہ تھی جب عرب میں تمدن کا آغاز ہوا تو وہاں سب سے پہلے تاریخی تصنیفات وجود میں آئیں۔ اسلام سے قبل بادشاہان حیرہ نے تاریخی واقعات قلم بند کروائے جو مدت تک محفوظ رہے۔ اسلامی عہد میں زبانی روایتوں کا سلسلہ ابتدا ہی میں ہو چکا تھا۔ لیکن تصنیف وتالیف کا سلسلہ ایک مدت کے بعد قائم ہوا تو سب سے پہلی کتاب فن تاریخ پر لکھی گئی۔

حضرت امیر معاویہؓ کے زمانہ ایک شخص عبید بن شربہ متوفی ۶۰ھ تھا جس نے جاہلیت کا زمانہ دیکھا تھا اور اس کو عرب وعجم کے اکثر معرکے یاد تھے۔ امیر معاویہؓ نے اسے صنعا سے بلایا اور کاتب اور محرر کے ذریعہ قلم بند کروایا۔ علامہ ابن الندیم نے کتاب الفہرست میں اس کی متعدد کتابوں کا ذکر کیا ہے جن میں ایک کتاب کا نام 'کتاب الملوک والاخبار الماضیین' لکھا ہے۔ غالباً یہی وہ کتاب ہے جسے امیر معاویہؓ نے لکھوایا تھا۔ عبیدہ کے بعد عوانۃ بن الحکم متوفی ۱۴۷ھ کا نام قابل ذکر ہے جو اخبار وانساب کا بڑا ماہر تھا۔ اس سے عام تاریخ کے علاوہ بنوامیہ اور امیر معاویہ کے حالات میں ایک کتاب لکھی۔ ۱۱۷ھ میں ہشام بن عبدالملک کے حکم سے عجم کی نہایت مفصل تاریخ کا ترجمہ پہلوی سے عربی زبان میں کیا گیا۔ ۱۴۳ھ میں جب تفسیر، حدیث اور فقہ کی تدوین شروع ہوئی تو تاریخ ورجال میں بھی مستقل کتابیں لکھی گئیں۔

چنانچہ محمد ابن اسحاق متوفی ۱۵۱ھ نے عباسی خلیفہ منصور کے لئے سیرت نبوی پر ایک کتاب لکھی جو آج بھی موجود ہے۔ مورخین کا دعویٰ ہے کہ یہ فن تاریخ کی پہلی کتاب ہے۔ لیکن صحیح یہ ہے کہ اس سے پہلے موسیٰ بن عقبہ متوفی ۱۴۱ھ نے نبی اکرم ﷺ کے غزوات قلم بند کئے تھے۔ موسیٰ نہایت ثقہ اور محتاط شخص تھے۔ صحابہ کا زمانہ پایا تھا۔ اس لئے ان کی کتاب محدثین کے یہاں بڑی عزت کی نگاہ سے دیکھی جاتی ہے۔ اس کے بعد فن تاریخ میں بڑے نامور مورخ ابو مخنف، کلبی اور واقدی وغیرہ پیدا ہوئے۔ جنھوں نے نہایت عمدہ اور جدید موضوعات پر کتابیں لکھیں۔ مثال کے طور پر کلبی نے افواج اسلام، قریش کے پیشے، قبائل عرب کے مناظرات، جاہلیت اور اسلام کے احکام کا تواردلکھے۔ رفتہ رفتہ اس فن میں اتنی وسعت ہوگئی کہ چوتھی صدی

تک فن تاریخ کا ایک بہت بڑا ذخیرہ جمع ہوگیا۔جس میں ہر صاحب قلم کا موضوع اور عنوان جدا تھا۔اس دور میں بے شمار مورخوں نے نبی اکرم ﷺ اور صحابہ کے حالات زندگی کے بارے میں کتابیں لکھیں جن کا احاطہ کرنا یہاں بہت مشکل ہے۔

فن تاریخ کی تعریف، ماہیت اور حقیقت

ایک بڑے مصنف نے تاریخ کی تعریف کی ہے کہ فطرت کے واقعات نے انسان کے حالات میں جو تغیرات پیدا کئے ہیں اور انسان نے عالم فطرت پر جو اثر ڈالا ہے ان دونوں کے مجموعے کا نام تاریخ ہے۔ایک حکیم صاحب نے یہ تعریف کی ہے کہ ''ان واقعات وحالات کا پتا لگانا جس سے یہ دریافت ہو کہ موجودہ زمانہ گذشتہ زمانہ سے کیوں کر بطور نتیجہ پیدا ہوگیا ہے۔'' چوں کہ ایک بات تو مسلم ہے کہ آج دنیا میں جو بھی تمدن، معاشرت، خیالات اور مذاہب موجود ہیں، سب گذشتہ واقعات کے نتائج ہیں۔ یہ نتائج کس طرح پیدا ہوئے اور کیوں پیدا ہوئے اسی کو پتا لگانے کا نام تاریخ ہے۔ان تعریفات کی روشنی دو باتیں لازم آتی ہیں:

(۱) جس عہد کا حال لکھا جائے اس زمانے کے ہر قسم کے واقعات لکھے جائیں۔یعنی تمدن، معاشرت، اخلاق و عادات، مذاہب وغیرہ۔غرضیکہ ہر چیز سے متعلق معلومات کا سرمایہ اکٹھا کیا جائے۔

(۲) تمام واقعات کے سبب اور مسبب کا سلسلہ تلاش کیا جائے کہ واقعات وحالات کیسے پیدا ہوئے اور کس وجہ سے پیدا ہوئے جس کی وجہ سے اتنا بڑا بدلاؤ آیا۔

قدیم تاریخوں میں یہ دونوں چیزیں مفقود ہیں۔رعایا کے اخلاق و عادات اور تہذیب وتمدن کا تو سرے سے ذکر ہی نہیں آتا۔ان میں صرف بادشاہ وقت کے حالات ہوتے ہیں جن میں صرف فتوحات اور خانہ جنگیوں کے سوا کچھ نہیں ہوتا۔یہ نقص صرف اسلامی تاریخوں تک محدود نہیں بلکہ کل ایشیائی تاریخوں میں بھی پائی جاتی ہے۔واقعات کی تحقیق وتنقید کے لئے فن درایت کے اصولوں سے بھی بڑی مدد مل سکتی ہے۔آج فن درایت ایک مستقل فن بن گیا ہے۔جس کے چند کارآمد اصول ہیں۔

(۱) مذکورہ واقعہ اصول عادت کے موافق ممکن ہے یا نہیں؟

(۲) اس زمانے میں عوام کا رجحان عام واقعہ کے مخالف تھا یا موافق؟

(۳) واقعہ اگر غیر معمولی ہے تو اس کی نسبت سے دلیل وشواہد قوی ہیں یا نہیں؟

(۴) اس امر کی تحقیق و تفتیش کہ راوی نے جو واقعہ بیان کیا ہے اس میں قیاس وحدیث کا کتنا حصہ شامل ہے۔

(۵) راوی نے واقعہ کو جس صورت میں ظاہر کیا ہے وہ واقعہ کی پوری تصویر ہے یا اس امر کا احتمال ہے کہ روای واقعہ کے ہر پہلو پر پوری طرح روشنی نہیں ڈال سکا ہے۔

(۶) اس بات کا اندازہ لگانا کہ امتداد زمانہ اور راویوں کے طریقہ ادا نے روایت میں کیا کیا اور کس قسم کے تغیرات پیدا کر دیئے ہیں۔

شبلی نعمانی نے 'الفاروق' کے اقتباس میں عربوں کے تاریخی شعور پر روشنی ڈالی ہے۔عربوں کی تاریخ نویسی کے معیاروں کا ذکر ہے جو انھوں نے تاریخ نویسی میں اختیار کئے ہیں اور ان غلط بیانیوں کا حوالہ دیا ہے جو حضرت عمرؓ کے جانب منسوب کر دیئے گئے ہیں۔ مثلاً آج جس قدر تاریخیں متداول ہیں ان میں غیر قوموں کے بارے میں حضرت عمرؓ کے نہایت سخت احکام منقول ہیں، لیکن جب اس بات کا لحاظ کیا جائے کہ یہ اس زمانہ کی تصنیفیں ہیں جب اسلامی گروہ میں تعصب کا مذاق پیدا ہو گیا تھا۔قدیم تصنیفات میں اس قسم کے واقعات بالکل نہیں ہیں۔ یا ہیں تو بہت کم ہیں۔جس قدر لوگوں میں تعصب آتا گیا اسی قدر روایتیں تعصب کے سانچے میں ڈھلتی چلی گئیں۔تاریخی کتابوں میں مذکور ہے کہ حضرت عمرؓ نے حکم دیا تھا کہ عیسائی کسی وقت اور کبھی ناقوس نہ بجانے پائیں، لیکن قدیم کتابوں (کتاب الخراج، تاریخ طبری وغیرہ) میں یہ روایت اس قید کے ساتھ منقول ہے کہ جس وقت مسلمان نماز پڑھتے ہوں اس وقت عیسائی ناقوس نہ بجائیں۔

سوال:3 الطاف حسین حالؔی کی سوانح نگاری کا تجزیہ 'یادگارِ غالب' کی روشنی میں کیجیے۔

[دسمبر:2016 سوال:5]

جواب: حالؔی ۱۸۳۷ء میں پانی پت میں پیدا ہوئے۔اور ۱۹۱۴ء میں وفات پائی۔حالؔی مرزا غالب کے شاگرد تھے۔یہی وجہ ہے کہ حالؔی کو غالبؔ سے بڑی عقیدت تھی۔غالبؔ کی وفات کے بعد انھوں نے یادگارِ غالب لکھی۔اس سوانح میں غالبؔ کے حالات زندگی اور ان کی سیرت پر بڑی تحقیق و تفتیش کے بعد نہایت شگفتہ

انداز میں روشنی ڈالی ہے۔یادگارِ غالب ہندوستان کے عظیم شاعر پر پہلی کتاب ہے اگر چہ اس کے بعد غالب پر بہت سی کتابیں لکھی گئیں۔لیکن 'یادگارِ غالب' پڑھنے کے بعد غالب کے عادات واطوار اور اخلاق وخصائل اوران کی سیرت اور شخصیت کا جو نقشہ ہماری آنکھوں کے سامنے ابھر کر آتا ہے۔اس سے دوسری کتابیں قاصر نظر آتی ہیں۔حالی دہلی کی زندگی اور یہاں کے اخلاقی معیار سے پوری طرح واقف تھے اور وہ غالب کے رہن سہن اوران کی محفلوں اور مجلسوں کے رنگ وآہنگ سے بھی اچھی طرح واقف تھے۔غالب کی سوانح حیات کے لئے جن مواد کی ضرورت تھی وہ حالی کی دسترس میں تھا۔وہ لکھتے ہیں کہ میرا اصلی مقصد غالب کے شاعری کے ملکہ کو ظاہر کرنا تھا۔یادگارِ غالب کے دیباچہ میں لکھتے ہیں کہ ''اصلی مقصود اس کتاب کے لکھنے سے شاعری کے اس عجیب وغریب ملکے کا لوگوں پر ظاہر کرنا ہے جو خدا تعالیٰ نے مرزا کیفطرت میں ودیعت کیا تھا اور جو کبھی نظم ونثر کے پیرایہ میں، کبھی ظرافت وبذلہ سنجی کے روپ میں، کبھی عشق بازی اور رند مشربی کے لباس میں، کبھی تصوف اور حب اہل بیت کی صورت میں ظہور کرتا تھا۔پس جو ذکر ان چاروں باتوں سے علاقہ نہیں رکھتا اس کو کتاب کے موضوع سے خارج سمجھنا چاہئے۔''

حالی کا خیال یہ تھا کہ ابھی تنقیدی سوانح عمری لکھنے کا وقت نہیں آیا ہے۔اس لئے بزرگوں کی خامیاں بیان کرنا ان کے یہاں نا قابل معافی جرم تھا۔اس لئے انھوں نے حیاتِ سعدی اور یادگارِ غالب کے کمزور پہلوؤں پر قلم اٹھانے سے پرہیز کیا ہے۔شیخ محمد اکرام نے اسے ایک جامع سوانح حیات قرار دیا ہے۔اس کی ایک وجہ یہ ہے کہ حالی نے غالب کو بہت قریب سے دیکھا تھا اوران کی شخصیت،تہذیب وادب اور افکار وخیالات کو سمجھنے کی کوشش کی تھی۔ وہ حیاتِ سعدی کے مقابلے میں یادگارِ غالب میں زیادہ غیر جانب دار اور بے لاگ نظر آتے ہیں۔حالی چاہتے تو غالب سے عقیدت ومحبت کے باوجود زیادہ سے زیادہ معلومات جمع کرتے اوران کی شخصیت کے تقریباً ہر پہلو پر روشنی ڈالتے۔لیکن حالی کی ذاتی شرافت اور خوش صفاتی نے غالب کی شخصیت کے بعض پہلوؤں پر شک وشبہ کی چادر ڈال دی۔مثلاً مرزا غالب کے خانگی حالات میں حالی کی رائے سے اتفاق نہیں کیا جاسکتا۔غالب کے واقعات میں جگہ جگہ اپنی بیوی سے بیزاری کا اظہار ملتا ہے۔اسی طرح حالی نے غالب کے قید ہونے کی تفصیل تو بیان کی ہے لیکن اسے بہت غیر اہم بنا کر پیش کیا ہے۔تاکہ غالب کی کمزوریوں کا احساس نہ ہو۔سوانح عمری میں کئی مقام پر حالی کی انصاف پسندی اور

رواداری کی مثالیں بھی ملتی ہیں۔مثال کے طور پر مرزا کی شخصیت میں حق پسندی کا عنصر تھا۔اگر ان کے کلام پر کوئی ٹھیک اعتراض یا عمدہ تصرف کرتا تھا تو فوراً تسلیم کر لیتے تھے۔

حالؔی نے غالبؔ کے جا بجا بکھرے حالات جمع کرنے میں بڑی محنت کی۔جب بھی کوئی سوانح نگار اپنے ہم عصر کی سوانح لکھتا ہے تو اس کو ہیرو کے مخالفین اور موافقین کا سامنا کرنا پڑتا ہے۔شاید اسی لئے حالؔی نے غالبؔ کی صرف شاعرانہ شخصیت پر روشنی ڈالی ہے۔یہاں تک ان کے لطائف وظرائف کے بیان کرنے میں بھی فراخ دلی کا ثبوت نہیں دیا۔جب کہ وہ خود کہتے ہیں کہ اگر کوئی شخص غالبؔ کے تمام ملفوظات جمع کر لے تو ایک ضخیم کتاب تیار ہو جائے۔یادگارِ غالب اپنی بعض کمزوریوں کے باوجود بھی بہت بہترین سوانح عمری ہے۔ کیوں کہ اس کا تمام تر مواد مستند اور عینی شہادتوں پر مبنی ہے۔یادگارِ غالب کے بعد بہت سی کتابیں لکھی گئیں لیکن جو مقام ومرتبہ یادگارِ غالب کو حاصل ہے کسی کو نہیں۔اس کے چند اسباب درج ذیل ہیں:

(۱) غالبؔ کی دل کش اور سحر انگیز شخصیت ہے۔

(۲) غالبیات کی اکثر کتابوں کا مواد 'یادگارِ غالب' سے لیا گیا ہے۔

(۳) غالبؔ کے مقام ومرتبہ کا صحیح تعین اور ان کے کلام کے لفظی ومعنوی خوبیوں کی وضاحت اور دوسرے نکات کو اس انداز سے بیان کیا ہے کہ غالبؔ کی شخصیت اس مقام کو پہونچ گئی جس کے وہ مستحق تھے۔

سوال:4 فن سوانح نگاری کے اعتبار سے 'یادگارِ غالب' کے اقتباس میں کیا باتیں اہم ہیں، لکھیے۔

جواب: سوانح نگاری کے فن کے اعتبار سے 'یادگارِ غالب' کے اقتباس میں ان کی زندگی کی جڑی تمام اہم باتیں شاملہیں۔مثلاً ۱۷۹۷ء میں آگرہ میں پیدا ہوئے اور ۱۸۶۹ء میں دہلی میں وفات پائی۔ان کے خاندان اور حسب ونسب کا بیان۔ابتدائی تعلیم آگرے کے نامی معلم شیخ معظم سے حاصل کی اور فارسی زبان ایک پارسی نژاد عبدالصمد (ہرمزد) سے سیکھی تھی۔محض ۱۳رسال کی عمر میں ان کی شادی الٰہی بخش خاں معروف کی بیٹی امراء بیگم سے ہوگئی تھی۔شادی کے بعد دہلی میں مستقل سکونت اختیار کر لی۔مرزا صاحب کو کتب کے مطالعے کا بڑا شوق تھا۔ہمیشہ کرایے پر کتابیں منگواتے اور مطالعے کے بعد واپس کر دیتے۔اسلوب بیان میں شوخی اور ظرافت تھی جس سے قاری لطف اندوز ہوتا تھا۔دہلی میں رتھ کو بعض لوگ مذکر اور بعض مؤنث

بولتے ہیں۔ کسی نے مرزا سے پوچھا کہ حضرت ! رتھ مؤنث ہے یا مذکر؟ آپ نے کہا: بھیا! جب رتھ میں عورتیں بیٹھی ہوں تو مؤنث اور مرد بیٹھے ہوں تو مذکر سمجھو۔ انھوں نے اپنی زندگی میں کلکتہ کے علاوہ کوئی لمبا سفر طے نہیں کیا تھا۔ اس سفر کے دوران وہ چند ماہ لکھنؤ اور بنارس میں بھی ٹھہرے۔ لکھنؤ والوں نے مرزا صاحب کی خوب خاطر داری کی۔ کلکتہ سے واپس آنے کے بعد انھوں نے لکھنؤ کے فرمانروا نصیر الدین حیدر کی شان میں ایک قصیدہ لکھا۔ شیخ امام بخش ناسخ نے مرزا کو لکھا کہ بادشاہ نے آپ کو پانچ ہزار روپیہ دینے کا حکم دیا تھا۔ جس میں تین ہزار روشن الدولہ نائب السلطنت کھا گئے۔ بقیہ دو ہزار متوسط کو دے کر کہا کہ اس میں سے جو مناسب سمجھو مرزا کو بھیج دو۔ واجد علی شاہ کے زمانے میں پانچ سو روپیہ سالانہ ہمیشہ کے لئے مقرر ہوا لیکن صرف دو برس گزرے تھے کہ ریاست ضبط ہوگئی۔

مرزا صاحب نے گورنمٹ ہند سے پانچ درخواستیں کی تھیں۔ پہلی درخواست جو مقدار پنشن کی گورنمنٹ نے مقرر کی ہے وہ آئندہ پوری ملا کرے۔ دوسری درخواست جس قدر پنشن میں کٹوتی ہوتی رہی ہے ابتدا سے آج تک ریاست فیروز پور سے دلوائی جائے۔ تیسری درخواست کل پنشن میں جو میرا حصہ نکلے وہ دیگر شرکاء سے علاحدہ کر دیا جائے۔ چوتھی درخواست میری پنشن فیروز پور سے سرکاری خزانے میں منتقل ہوجائے تاکہ رئیس فیروز پور سے مانگنی نہ پڑے۔ (یہ دونوں درخواستیں منظور ہوگئیں)۔ پانچویں درخواست خطاب اور خلعت کی تھی۔ گورنمنٹ سے انھیں کوئی خطاب نہیں ملا۔ البتہ لوکل گورنمنٹ کی طرف سے ان کو ''خاں صاحب بسیار مہربانِ دوستان'' لکھا جاتا تھا۔ اور جب کبھی دہلی میں وائسرائے یا لیفٹینینٹ گورنر کا دربار ہوتا تھا تو ان کو بھی دیگر روسا اور عمائدین شہر کے ساتھ بلایا جاتا تھا۔

آب حیات میں لکھا ہے کہ ۱۸۴۲ء میں جب دہلی کالج نئے اصولوں پر قائم کیا گیا۔ مسٹر ٹامسن سکریٹری گورنمنٹ ہند جو آخر کو شمال و مغرب اضلاع کے لفٹیننٹ گورنر ہو گئے تھے۔ مدرسین کے امتحان کے لئے دہلی آئے اور انھوں نے چاہا کہ جس طرح سو روپئے ماہوار ایک عربی کا ٹیچر مقرر ہے اسی طرح فارسی کا بھی ایک ٹیچر مقرر ہو جائے۔ لوگوں نے مرزا غالب، مومن خاں اور مولوی امام بخش کا ذکر کیا۔ مرزا صاحب پالکی میں سوار ہو کر سکریٹری کے ڈیرے پر پہونچے۔ پالکی سے اتر کر اس انتظار میں کھڑے رہے کہ دستور کے مطابق سکریٹری صاحب ان کو لینے آئیں گے۔ جب بہت دیر ہوگئی تو سکریٹری صاحب کو معلوم ہوا کہ مرزا صاحب

اس لئے نہیں آئے۔ وہ خود باہر چلے آئے اور مرزا سے کہا جب آپ دربار گورنری میں تشریف لائیں گے تو آپ کا اسی طرح استقبال کیا جائے گا لیکن اس وقت آپ نوکری کے لئے آئے ہیں، اس موقع پر وہ برتاؤ نہیں ہوسکتا۔ مرزا صاحب نے کہا کہ گورنمنٹ کی ملازمت کا ارادہ اس لئے کیا ہے کہ اعزاز کچھ زیادہ ہو اس لئے نہیں کہ موجودہ اعزاز میں بھی کمی آجائے۔ سکریٹری صاحب نے کہا کہ ہم قاعدے سے مجبور ہیں۔ مرزا صاحب نے کہا مجھ کو اس خدمت سے معاف رکھا جائے اور یہ کہہ کر واپس چلے آئے۔

سوال:5 جوشؔ ملیح آبادی کی خودنوشت 'یادوں کی بارات' پر تبصرہ کیجئے۔ [جون:2015 سوال:4]

یا

جوشؔ ملیح آبادی کی نثری خدمات بیان کیجئے۔ [دسمبر:2015 سوال:4]

یا

جوش ملیح آبادی کی خودنوشت 'یادوں کی برات' کو مدنظر رکھ کر ان کی سوانح نگاری پر مضمون تحریر کیجیے۔ [جون:2017 سوال:4]

جواب: نام شبیر حسین خاں جوش ملیح آبادی تھا۔ ۱۸۹۶ء میں ملیح آباد کے ایک علمی اور متمول خاندان میں پیدا ہوئے۔ فارسی اور دینیات کی ابتدائی تعلیم گھر پر حاصل کی۔ نو سال کی عمر سے ہی شعر کہنا شروع کر دیا۔ مزید تعلیم حاصل کرنے کے لئے وہ سیتاپور، لکھنؤ، علی گڑھ اور آگرہ گئے۔ وہ جامعہ عثمانیہ حیدرآباد کے دارالترجمہ میں دس سال ملازم رہے۔ جہاں وہ ناظر ادب یا مشیر ادب کی حیثیت سے کام کرتے رہے۔ اسی زمانے میں حیات بیکن اور شیکسپیر کا ترجمہ کیا۔ حیدرآباد کی خوش حال زندگی ان کے دل و دماغ میں بسی ہوئی تھی۔ وہ اپنی خودنوشت 'یادوں کی برات' میں لکھتے ہیں:

''ہائے کیوں کر بیان کروں کہ اس وقت میرا حیدرآباد کیا چیز تھا۔ ارزانی اور اس پر دولت کی فراوانی۔ ہر طرف ایک چہل پہل، امراء کے دروازوں پر صبح شام نوبت بجا کرتی تھی۔ آئے دن جلسے، مجرے، دعوتیں اور مشاعرے ہوتے تھے۔''

جوش ۱۹۳۴ء میں کسی گستاخی کی وجہ سے حیدرآباد سے نکال دیئے گئے۔ وہاں نکلنے کے بعد دہلی سے رسالہ ''کلیم'' جاری کیا۔ فلموں کے لئے نغمے لکھے۔ سرکاری رسالہ ''آجکل'' میں مدیرِ اعلیٰ کی حیثیت سے کام

کرنے لگے۔ تقسیم ہند کے کچھ عرصہ بعد یکم جنوری ۱۹۵۷ء کو وہ پاکستان چلے گئے اور ترقی اردو بورڈ، کراچی میں اردو لغت سازی کے کام میں ایک مدیر کی حیثیت سے مصروف ہو گئے۔ ۲۲رفروری ۱۹۸۲ء میں ان کا انتقال اسلام آباد میں ہوا۔ جوشؔ اپنی مادری زبان اردو کے علاوہ عربی، فارسی، ہندی اور انگریزی پر بھی عبور رکھتے تھے۔

شعری مجموعے: روح ادب، نقش ونگار، شعلہ وشبنم، آیات ونغمات، فکرونشاط، جنون وحکمت، فرش وعرش، سیف وسبو، الہام وافکار، رامش ورنگ، آیات ونغمات، سرور وخروش، سموم وصبا وغیرہ قابل ذکر مجموعے ہیں جن میں انھوں نے بے تکان شاعری کی ہے۔

نثری مجموعے: مقالات زریں، اوراق سحر، مقالات جوش، جذبات فطرت، اشارات، یادوں کی برات (خودنوشت سوانح)، حسین اور انقلاب اور موجد ومفکران کے مخصوص نقطہ نظر کے ترجمان ہیں۔

جوشؔ ایک ترقی پسند شاعر ہونے کے ساتھ ساتھ ایک بلند پایہ نثر نگار بھی تھے۔ 'رسالہ کلیم' اور روح ادب میں ان کے انشائیے شامل ہیں۔ جس میں انھوں نے مناظر فطرت، حسن وعشق اور اخلاقیات کو موضوع بنایا ہے۔ ان کی تحریریں ادب لطیف کا بہترین نمونہ ہیں۔ 'مقالات زریں' اور 'اوراق سحر' بھی جوش کی نثری یادگاریں ہیں۔ انھوں نے اپنے مضامین کے مجموعے کو 'اشارات' کے نام سے شائع کیا ہے جن میں حسن تحریر کے علاوہ رومانیت بھی جلوہ گر ہے۔

جوشؔ کو بعض تنقید نگاروں نے تضاد کا شاعر کہا ہے۔ کیوں کہ ان کی شاعری ایک طویل عرصے کا احاطہ کرتی ہے۔ اس دوران شاعری میں مختلف رجحانات کلاسیکیت، رومانیت اور ترقی پسندی وغیرہ پیدا ہوئے۔ ان رجحانات کا عکس جوشؔ کے یہاں دیکھا جا سکتا ہے۔ دراصل جوشؔ کو نظم کی وجہ سے شہرت ملی۔ نظم میں اقبالؔ کے بعد جوشؔ ہی کا نام لیا جاتا ہے۔ وہ اپنی نظموں کی وجہ سے شاعر فطرت، شاعر شباب کے علاوہ شاعر رومان، شاعر انقلاب کہلائے۔ انھیں ایک طرف الفاظ کا شہنشاہ کہا جاتا ہے تو دوسری طرف الفاظ کا جادوگر اور بازی گر جیسے خطاب سے نوازا جاتا ہے۔ انھیں زبان وبیان پر غیر معمولی قدرت حاصل تھی۔ وہ الفاظ واصوات کی صوتی قدر وقیمت کا گہرا شعور رکھتے تھے۔ ان کی نظموں کا ہیجان اور ابال ہندوستان کی

سیاسی زندگی کے ایک خاص دور کے مدو جزر کا آئینہ دار ہے۔ان کی نظموں میں تحریک آزادی کا جوش اور انگریزوں کے خلاف بغاوت کے سُر بلند ہیں۔ان کی نظموں میں آزادیٔ وطن کا جذبہ لبریز نظر آتا ہے۔اس طرح کی نظموں میں ایک خاص طرح کے لفظ قسم، اٹھو، بڑھو، دیکھو، بیدار ہو کی گونج سنائی دیتی ہے۔ وہ ترقی پسند شاعری کے میر کارواں کی حیثیت سے ابھرے اورانہی کی ادبی روایت کے سائے میں پوری نسل پروان چڑھی۔

''یادوں کی برات'' پر تبصرہ کرنے سے پہلے ہم جان لیں کہ خودنوشت سوانح کسے کہتے ہیں؟ خود نوشت سوانح عمری اسے کہتے ہیں جس میں کوئی شخص اپنی زندگی کے تمام پہلوؤں پر روشنی ڈالتا ہے اور اپنی اچھائیوں اور برائیوں دونوں کو اجاگر کرتا ہے۔اس طرح اپنی زندگی کی کہانی کو الفاظ کا جامہ پہنا کر پیش کرتا ہے۔خودنوشت ایک ایسا فن ہے جس میں موضوع فنکار کی ذات ہوتی ہے۔سوانح عمری میں بچپن سے جوانی اور جوانی سے پیری تک کا بیان ہوتا ہے۔جوش ملیح آبادی کی زندگی کا ایک بڑا کارنامہ 'یادوں کی برات' ہے۔یہ ان کی خودنوشت سوانح ہے جو اپنے اسلوب بیان کے اعتبار سے ایک لاثانی کتاب ہے۔جس میں انھوں نے اپنی زندگی کے مختلف پہلوؤں کو بڑے پرلطف انداز میں پیش کیا ہے۔کہیں کہیں مصنف کی شوخی اتنی بڑھ گئی ہے کہ غلو کا احساس ہوتا ہے۔لیکن اپنے عہد کی سماجی، سیاسی، معاشی، تہذیبی اور ثقافتی زندگی کی ایک مخصوص جھلک بڑے دل کش انداز میں پیش کرتی ہے۔اور اُردو کی سوانحی ادب میں ایک سنگ میل کی حیثیت رکھتی ہے۔'یادوں کی برات' پڑھتے وقت ایسا احساس ہوتا ہے کہ ہم جوشؔ کے ساتھ اس عہد کی تہذیبی وثقافتی زندگی کی سیر کر رہے ہیں۔موسموں اور تہواروں کا نقشہ اس قدر دل کش ہے کہ منظرکشی دیکھ کر بار بار من للچا جاتا ہے۔

جوشؔ نے اپنی خودنوشت کا ڈھانچہ اس طرح تیار کیا ہے کہ سب سے پہلے 'چند ابتدائی باتیں' کا عنوان دے کر اپنی زندگی کے اہم واقعات، اپنی پیدائش تقریب وبسم اللہ، بچپن کی یادیں، گھر کا ماحول اور اس زمانے کی توہم پرستی، لکھنؤ کا سفر، تعلیم کا شوق، لکھنؤ اور آگرہ کی تعلیمی زندگی وغیرہ کو بڑے پرلطف انداز میں بیان کیا ہے۔اس زمانے کی ہندوستانی سیاست کی جھلک، ترقی پسند تحریک سے وابستگی، حیدرآباد میں ملازمت واخراج، رسالہ کلیم کی ادارت، ہندوستانی کی تقسیم، پاکستان کی شہریت اور آخر میں ان حالات کا

تذکرہ جن حالات سے پاکستان میں دوچار ہونا پڑا۔ان مقامات عمارات ،موسم ، تیوہاروں ،میلوں ٹھیلوں کا بھی بیان ہے جس کا مصنف کو بچپن میں مشاہدہ اور تجربہ ہوا تھا۔مثلاً گاؤں کا نظارہ،صبح کا دیدار،موسموں کے بارے میں اپنے تاثرات اور مختلف تیوہاروں سے متعلق اپنی یادیں اور رسم ورواج وغیرہ۔

مصنف نے کتاب کے دوسرے باب میں اپنے آباواجداد اور اہل وعیال کا تعارف کرایا ہے۔لیکن اس تعارف کا اصل محور خود مصنف کی ذات ہے جس میں ان کے ۱۸؍معاشقوں کی تفصیل درج ہے۔جوش نے اپنی خودنوشت میں 'خودکشائی' کے عنوان کے تحت اپنی شخصیت کے چار بنیادی رجحانات بیان کئے ہیں:

(۱) شعر گوئی کے متعلق انھوں نے لکھا کہ ''میں نے نوسال کی عمر سے ہی شعر لکھنا شروع کردیا تھا۔میری کیا مجال کہ میں شعر کہتا شعر مجھ سے اپنے کو کہلواتا ہے۔'' شعر گوئی کے متعلق وہ لکھتے ہیں:

''شاعری میری حاکم ہے میں محکوم،وہ جابر ہے میں مجبور،
وہ قاہر ہے میں مقہور،وہ آمر ہے میں معمور۔''

(۲)عشق بازی کے متعلق لکھتے ہیں کہ ''عشق کے بغیر میں آدمی نہیں بن سکتا تھا۔میرا تمام کلام بالخصوص جمالیاتی شاعری کی کج کلاہی انھیں متوالیوں اور مدھاتیوں کی جوتیوں کا تصدق ہے۔''

(۳)علم طلبی کے متعلق لکھتے ہیں کہ ''چوں کہ تعلیم کا شوق بچپن سے ہی تھا۔اس لئے اپنے کھیلوں میں اکثر درس دینے کا کھیل کھیلا کرتے تھے۔جوش کو تعلیم سے اتنی محبت تھی کہ انھوں نے دور دراز شہروں میں جاکر تعلیم حاصل کی۔وہ ہر چیز کو بہت بار یکی سے دیکھتے تھے۔''

(۴)انسان دوستی کے متعلق لکھتے ہیں کہ ''جب کسی مفلس کے گھر کے چولھے میں آگ روشن نہیں ہوتی میرے سینے سے دھواں اٹھنے لگتا ہے جب کسی یتیم کی پسلیاں نکلی نظر آتی ہیں میرے بدن میں خود میری ہڈیاں چبھنے لگتی ہیں جب کسی گوشے سے رونے کی آواز آتی ہے میری کمبخت آنکھیں آنسو برسانے لگتی ہیں اور جب کسی گھر سے جنازہ نکلتا ہے تو ایسا محسوس ہونے لگتا ہے کہ وہ جنازہ خود میرے گھر سے نکل رہا ہے۔''

'یادوں کی برات' میں جوش نے الفاظ کا بھرپور استعمال کیا ہے۔انھوں نے اپنے انداز بیان سے عبارت کو دلچسپ بنادیا ہے اور یہ ایک مشکل فن ہے جس پر بہت کم لوگوں نے طبع آزمائی کی ہے۔اپنی ہی

بات کو اپنے قلم سے لکھنا بہت مشکل کام ہے لیکن جوش نے اس کام کو بخوبی انجام دیا ہے۔ ممکن ہے کہ خودنوشت کی تاریخی حیثیت کمزور ہو۔ لیکن انھوں نے اپنی زندگی کے تمام ادنا و اعلا واقعات کو الفاظ کا جامہ پہنا کر بڑی خوبصورتی اور بے باکی کے ساتھ پیش کیا ہے۔ ان کے پاس الفاظ کا غیر معمولی ذخیرہ ہے جس کی مدد سے وہ اپنے بیانات میں ایسی جان ڈالتے ہیں کہ واقعات پر افسانے کا گمان ہوتا ہے۔ جوش کی سب سے بڑی خاصیت یہ ہے کہ وہ اپنی خامیوں پر شرمندہ نہیں ہوتے۔ بلکہ اسے دلنشیں انداز میں بیان کرنے کی صلاحیت رکھتے ہیں۔ بہت کم لوگ ہیں جو اپنی خامیوں کو بیان کرتے ہیں۔ یہی وجہ ہے کہ ان کی خودنوشت سوانح عمری لازوال ہے جس میں انھوں نے اپنی زندگی کے ہر پہلو پر روشنی ڈالی ہے۔

☺☺☺

Must Read   अवश्य पढ़ें

GULLYBABA PUBLISHING HOUSE PVT. LTD.

New Syllabus Based

100% Guidance for IGNOU EXAM

IGNOU HELP BOOKS

BAG, BCOMG, BSCG, BA (Hons.) M.A., M.COM, BCA, B.ED., M.ED, AND OTHER SUBJECTS

IAS, PCS, UGC & All University Examinations

Chapterwise Researched

QUESTIONS & ANSWERS

Solved papers & very helpful for your assignments preparation

Hindi & English Medium

GULLYBABA PUBLISHING HOUSE PVT. LTD.
2525/193, 1st Floor, Onkar Nagar-A, Tri Nagar, Delhi-110035,
(From Kanhaiya Nagar Metro Station Towards Old Bus Stand)
Email : Hello@gullybaba.com
Web : www.gullybaba.com

Join us on Facebook at Gph Book
For any Guidance & Assistance Call:
9350849407

بلاک 5

اُردو میں دیگر نثری اصناف کا ارتقا

اس بلاک میں اُردو کی دیگر نثری اصناف کے ارتقا کا جائزہ لیا گیا ہے۔ان اصناف میں خطوط نگاری، سفر نامہ، رپورتاژ نگاری اور خاکہ نگاری وغیرہ شامل ہیں جن کے فن پر بحث کرتے ہوئے اردو میں ان کی سمت ورفتار کا جائزہ لیا گیا ہے۔اُردو کے غیر افسانوی نثر نگاروں میں مشہور ادیب مرزا غالبؔ کے فن خطوط نگاری پر بحث کی گئی ہے۔صالحہ عابد حسین کے مشہور سفر نامہ ''سفر زندگی کے لئے سوز وساز'' کی روشنی میں ان کے فکر وفن پر اظہار خیال کیا گیا ہے۔

اُردو میں رپورتاژ نگاری کے فن اور روایت سے بحث کرتے ہوئے مشہور فکشن نگار عصمت چغتائی کے رپورتاژ ''بمبئی سے بھوپال تک'' کا جائزہ لیا گیا ہے۔اُردو میں خاکہ نگاری کے فن اور روایت پر تفصیل سے روشنی ڈالی گئی ہے۔شاہد احمد دہلوی کی خاکہ نگاری کے اسلوب وانداز کا جائزہ لیا گیا ہے۔اس بلاک کے تحت آنے والے سوالوں کے جوابات سہل اور آسان انداز میں دیئے گئے ہیں جو آئندہ امتحان میں طلبا اور طالبات کے لئے نہایت ہی معاون اور مفید ثابت ہوں گے۔

سوال:1 اُردو نثر میں خطوطِ غالب کی اہمیت پر روشنی ڈالئے۔ [دسمبر:2015 سوال:1]

یا

'اُردو خطوط نگاری اور غالبؔ کی خطوط نگاری' کے موضوع پر ایک مفصل مضمون لکھیے۔

[جون:2017 سوال:5]

جواب: خط یہ عربی زبان کا لفظ ہے جس کے معنی سطر یا تحریر کے ہیں لیکن عربی میں یہ لفظ اصطلاحی طور پر ''تحریر'' کے معنی میں بھی اور مکتوب یا مراسلہ کے معنی میں بھی استعمال ہوا ہے۔ دو اشخاص کے درمیان باہمی گفتگو ایک سماجی ضرورت ہے اور جب یہ عمل آمنے سامنے ممکن نہ ہو تو ہم اپنے خیالات کا اظہار تحریر کے ذریعے کرتے ہیں۔ خطوط نگاری تحریری شکل میں باتیں کرنا ہے۔ اس لئے خط کو عرفِ عام میں ''آدھی ملاقات'' بھی کہا جاتا ہے۔ خط میں مکتوب نگار اپنے خیالات وجذبات کو قلم بند کر کے مکتوب الیہ کو بھیجتا ہے۔ خطوط نگاری ادب کی وہ صنف ہے جس سے فنکار کی شخصیت بے نقاب ہو جاتی ہے۔ کسی اور صنف میں یہ چیز ممکن نہیں۔ خطوط اس کی شخصیت کا آئینہ ہوتے ہیں اور خطوط کے ذریعہ ہم مصنف کی حالاتِ زندگی کا پتا بھی لگا سکتے ہیں۔ خطوط کی ادبی اہمیت کسی تخلیقی کارنامے سے کم نہیں ہوتی۔ ایک اعلا درجے کے خطوط کی اہمیت یہ ہوتی ہے کہ وہ خواہ کتنے ہی نجی کیوں نہ ہوں اور موضوع کے اعتبار سے کتنے ہی محدود کیوں نہ ہوں ان میں مکتوب نگار نے ایسی گل افشانیاں کی ہوں کہ اس کی داستان عام لوگوں کی داستان بن گئی ہو۔ جس کی مثالیں ہمیں مرزا غالبؔ کے خطوط میں ملتی ہیں۔ غالبؔ کے خطوط سے ان کے عہد کی ادبی فضا کا پتا چلتا ہے۔ اُردو نثر کے ارتقا میں غالبؔ کے خطوط کی بڑی اہمیت ہے۔ ان کے خطوط کا مطالعہ ان کی زندگی ہی میں شروع ہو گیا تھا۔ انھوں نے نہ صرف خطوط نگاری کو صحیح طور پر برتا بلکہ اردو میں اس فن کی روایت بھی قائم کی اور صاحب طرز نثر نگار بھی کہلائے۔ ابتدا میں غالبؔ کو یہ خیال ضرور تھا کہ ان کی عبارتیں اور فقرہ تراشی اور جملے کی آراستگی کا وہ انداز نہیں ہے جو فارسی اور اردو کی تحریروں میں عام طور سے پسند کیا جاتا ہے۔ مگر جب وہ خطوط اردوئے معلی میں چھپ کر کتابی صورت میں سامنے آئے تو پنجاب کے علاقے میں خاص طور پر ان کی مقبولیت اور مانگ بڑھی۔ اس طرح خود غالبؔ کو اندازہ ہو گیا کہ وہ ایک خاص طرز تحریر کے موجد ہیں۔ اس لئے ان کی زبان قلم پر بے ساختہ یہ فقرہ آیا: ''مرزا صاحب میں نے وہ انداز تحریر ایجاد کیا ہے کہ مراسلے کو مکالمہ بنا دیا ہے۔'' جس کے یہ معنی ہیں کہ ان کے

یہ خطوط بول چال کے انداز اور بے تکلف گفتگو کی زبان میں تحریر ہوئے ہیں۔ الطاف حسین حالؔی نے مرزا غالبؔ کے متعلق اپنی تعارفی تنقید میں تحسین و آفرین کے انداز میں ذکر کیا ہے۔ ''اس میں کوئی شک نہیں کہ مرزا اس معنی میں اس طرز خاص کے موجد ہیں کہ اس کے بہترین نمونے ان کے خطوط میں ملتے ہیں۔''

غالبؔ نے جو خطوط مختلف اشخاص اور اپنے دوستوں کو لکھے ہیں۔ ان خطوط سے ہم کو ان کی کردار شناسی میں بھی مدد ملتی ہے۔ غالبؔ نے اپنے خطوط کے ذریعے دوستوں، شاگردوں کے کلام کی اصلاح کی۔ جنگ آزادی کے حالات و واقعات بیان کئے ہیں جن کی مدد سے اس عہد کی تاریخ مرتب کی جاسکتی ہے۔ غالبؔ خط میں اپنے دوست و احباب سے باتیں کرتے تھے تو ایسا محسوس ہوتا تھا کہ دو آدمی آمنے سامنے بیٹھے آپس میں باتیں کر رہے ہیں۔ اپنے ایک خط میں غالبؔ ہرگوپال تفتہؔ کو لکھتے ہیں۔ یہ خط کچھ اس طرح شروع ہوتا ہے:

> ''روٹھے ہی رہو گے یا منو گے بھی اور اگر کسی طرح نہیں منتے تو روٹھنے کی وجہ لکھو۔ میں اس عالم تنہائی میں صرف خطوں کے سہارے ہی زندہ ہوں۔ بس جیسے ہی کسی کا خط آتا ہے۔ تو مجھے لگتا ہے کہ جیسے وہ خود تشریف لے آیا ہے۔ صبح و شام میرا خط پڑھنے اور جواب لکھنے کا ہی شغل رہتا ہے۔ ادھر دس بارہ دن سے تمہارا آنا نہیں ہوا یعنی تمہارا خط نہیں آیا۔ جلد لکھو، کنجوسی نہ کرو۔ اگر ایسا ہی ہے تو بیرنگ خط بھیجو، میں پیسے ادا کر دوں گا، مگر تمہارا جواب آنا چاہیے۔ تاکہ ناراضگی کی وجہ معلوم ہو سکے۔''

اس طرح کے خط پڑھ کر ایسا محسوس ہوتا ہے کہ جیسے دو آدمیوں کے درمیان عام بات چیت ہو رہی ہے اور کوئی تکلف، کوئی تصنع، کوئی بناوٹ نہیں ہے۔ ایک طرح سے اردو انشا کی خوش قسمتی تھی کہ یہ کام وقت نے غالبؔ کے سپرد کیا اور انھوں نے اس کام کو بحسن خوبی انجام دیا جس کے لئے آنے والا وقت ہمیشہ ان کا احسان مند رہے گا۔ مرزا غالبؔ ۱۷۹۷ء میں پیدا ہوئے اور ۱۸۶۹ء میں دہلی میں وفات پائی۔ غالبؔ کے خطوط اگرچہ ۱۸۴۹ انکے بعد سامنے آئے۔ لیکن ان کی نگارشات کا سلسلہ ۱۸۶۹ء تک جاری رہا۔ جو غالبؔ کا سال وفات بھی ہے۔ اردوئے معلی اور عود ہندی کے نام سے ان خطوط کے دو بڑے مجموعے شائع

ہوئے۔ غالبؔ کے یہ خطوط ایک طرح سے اپنے زمانے کی ایک اہم ادبی، تہذیبی اور تاریخی دستاویز بھی ہیں۔ غالبؔ سے پہلے بھی یہ ذوق عام تھا لیکن خواص کی ادبی زبان فارسی تھی چنانچہ واقعات عالمگیری کے علاوہ جو خطوط شمالی ہند کے بزرگوں نے لکھے ہیں وہ فارسی میں ہیں۔ ان میں لمبے لمبے آداب والقاب اور اشارے کنایے بھرے پڑے تھے۔ خط وکتابت بہت ہی رسمی، پر تکلف اور پر تصنع تھی۔ غلام احمد شہید، غلام غوث بے خبر اور قتیل وغیرہ کے جو مکاتیب کتابی صورت میں موجود ہیں، مکاتیب نہیں مہمات ہیں۔ اس دور میں یہی انداز تحریر تھا۔ لیکن غالبؔ نے اس طرز تحریر کے خلاف اپنا ایک طرز ایجاد کیا جو بالکل سادہ پر لطف اور پر شوخ ہے۔ اردو شاعری میں غالبؔ کی حیثیت لافانی ہے۔ لیکن اگر وہ شاعر نہ ہوتے صرف خطوط ہی چھوڑے ہوتے تو بھی ان کا مقام ومرتبہ وہی ہوتا جو آج ہے۔ اس معنی میں غالبؔ کے خطوط ان کی وضع داری اور بے تکلف انداز بیان کو بھی پیش کرتے ہیں۔ غالبؔ اپنے دوستوں، شاگردوں اور عزیزوں سے خط میں باتیں کرتے تھے تو ایسا محسوس ہوتا تھا کہ دو آدمی آمنے سامنے بیٹھے آپس میں باتیں کر رہے ہیں۔ خطوط غالب کے بارے میں کہا جاتا ہے کہ انھوں نے مراسلے کو مکالمہ بنا دیا ہے۔ یہی غالبؔ کا اسلوب ہے جو انھیں صاحب طرز ادیب بناتا ہے۔

سوال:2 اُردو میں خطوط نگاری کی فن اور روایت پر روشنی ڈالئے۔

جواب: دراصل خطوط نگاری ایک فن ہے جسے نہ اصول وضوابط کی ضرورت ہوتی ہے اور نہ ہی خیال کی۔ اس میں باتوں سے باتیں پیدا کی جاتی ہیں۔ اس کی نہ کوئی ابتدا ہوتی ہے اور نہ ہی انتہا۔ آپ جہاں سے چاہیں شروع کر سکتے ہیں اور جب چاہیں ختم کر سکتے ہیں۔ خط میں صرف دو انسانوں کی دنیا آباد ہوتی ہے باقی دنیا غنودگی کے عالم میں سوتی ہے۔ خطوط ہمیں روحانی سفر کراتے ہیں جن کے ذریعے انسان پل جھپکتے اپنے دوست واحباب سے ملاقات کرتا ہے۔ نجی خطوط میں رنگا رنگی، دل چسپی، تنوع اور عمومیت پیدا کرنا اچھے مکتوب نگار کا کام ہے۔ مرزا غالبؔ، مولانا شبلی نعمانی، مولانا ابوالکلام آزاد اور مہدی افادی کے یہاں اچھے خطوط کی عمدہ مثالیں ہیں۔ جنھوں نے اپنے خطوط میں غیر رسمی اور بے تکلف فضا قائم کی، القاب وآداب کے رواج کو ختم کیا، مراسلے کو مکالمہ بنا دیا۔

مکتوب نگاری کی ابتدا سلطنت روما کے سایے میں ہوئی۔ لیکن تعجب کی بات ہے کہ یہ شغل عوام

وخواص دونوں میں رواج نہ پاسکا۔شاید اس لئے ان کی چھوٹی چھوٹی ریاستوں میں عیش وآرام کی ساری چیزیں مہیا تھیں۔ ہر ریاست کی ایک محدود دنیا تھی۔جبکہ خطوط نگاری کے نشو ونما کے لئے ضروری ہے کہ باقاعدہ ایک وسیع حکومت ہو جہاں مختلف ریاستیں ہوں جن کی ایسی زبان ہو جو دور اور نزدیک بولی جاتی ہو، ان کی ضرورتیں ہوں، لوگ روزی روٹی کے تلاش میں ایک شہر سے دوسرے شہر کا سفر کرتے ہوں۔روم کی عملی زندگی کی جھلکیاں اور اس کی معاشرت کی پرچھائیاں ہمیں سسؔرو کے مکاتیب میں نظر آتی ہیں۔

''دی ورلڈ آف انسائیکلوپیڈیا'' میں لکھا ہے کہ قدیم یونانیوں میں خط نگاری کی روایت موجود تھی۔وہ خط نگاری کے فن سے بخوبی واقف تھے۔عیسیٰ علیہ السلام کے دور میں خط نگاری کا رواج عام تھا۔جب اسلام عرب میں آیا تو اس وقت عرب میں خط نگاری کا فن غیر ترقی یافتہ صورت میں موجود تھا۔خط وکتابت کو لوگوں نے ایک پیشے کے طور پر اختیار کر رکھا تھا۔لوگ انھیں 'کاتب' کے نام سے بلاتے تھے۔اللہ کے رسول ﷺ کے زمانے میں اس فن نے خوب ترقی کی۔خود اللہ کے نبی ﷺ نے سمرقند کے فتح کے بعد شاہ فارس نجاشی، خسرو پرویز، قیصر روم ہرقل خطوط کے ذریعے اسلام کی دعوت دی۔مکاتیب رسول ایک چمڑے پر بہت ہی سادہ، سلیس اور عام فہم زبان میں لکھے گئے تھے۔حضرت عمرؓ نے خط وکتابت کی اہمیت کو دیکھتے ہوئے پہلی بار ''دارالانشا'' قائم کیا۔بنوامیہ اور بنو عباسیہ کے دور میں اس فن نے مزید ترقی کی۔

اُردو میں خطوط نگاری کی ابتدا انیسویں صدی کے شروع میں ہوئی۔اردو ادیبوں نے جس طرح شاعری اور نثر میں فارسی زبان وادب کا تتبع کیا اسی طرح خطوط نگاری میں فارسی خطوط کی تقلید کی۔مشکل پسندی جو فارسی خطوط کی امتیازی شان تھی اردو خطوط کا حصہ بن گئی۔اردو خطوط کے ابتدائی مجموعے اسی انداز میں دستیاب ہیں۔مرزا غالبؔ سے پہلے اردو خطوط نگاری کا آغاز کس نے کیا اس کے بارے میں سخت اختلاف ہے۔چند لوگوں کے اقوال درج ذیل ہیں:

مالک رام اپنے مقالے ''اردو کے منفرد مکتوب نگار'' میں رقم طراز ہیں۔''غالبؔ سے پہلے 'فسانہ آزاد' والے رجب علی بیگ سرورؔ نے خطوط لکھے اور شائع کیے۔''

حامد حسن قادری اپنی کتاب 'داستان تاریخ اُردو' میں رقم طراز ہیں۔''بے خبر نے اُردو میں نثر نویسی اور خطوط نویسی کی طرف ۱۸۴۶ء میں توجہ کی یعنی غالبؔ سے بھی کچھ پہلے۔''

اویس احمد ادیب کا خیال ہے کہ غالب سے پہلے بے خبر نے قدیم روایت سے بغاوت کی۔وہ لکھتے ہیں۔''فارسی خطوط نویسی کے خلاف جہاد کرنے والا اور اردو میں لکھنے والا یہی (بے خبر) تھا۔مرزا غالب میں اتنی جرأت نہ تھی کہ وہ اپنے زمانے کے رجحانات کے خلاف علم بغاوت بلند کرتے۔''

ڈاکٹر خلیق انجم نے اپنی کتاب 'غالب اور شاہان تیموریہ' میں خواجہ احمد فاروقی کے حوالے سے اردو کے اولین خطوط نگار کے بارے میں لکھتے ہیں کہ جان طپش (متوفی ۱۸۱۴ء) اور راسخ عظیم آبادی (متوفی ۱۸۲۲ء) اردو کے پہلے خطوط نگار ہیں۔خواجہ صاحب کا کہنا ہے کہ گارساں دتاسی اردو میں خط وکتابت کرتا تھا۔اس کے خطوط پیرس کے لائبریری میں محفوظ ہیں۔جبکہ پروفیسر ثریا حسین کے تحقیقی مطالعے سے یہ پتا چلتا ہے کہ اردو کا اولین خط جنوری ۱۸۱۰ء میں لکھا گیا۔جس کو افتخار الدین علی خاں شہرت نے لکھا جو فورٹ ولیم کالج کے ملازمین میں سے تھے۔

سوال:3 صالحہ عابد حسین پر ایک نوٹ لکھئے۔ [جون:2016 سوال:5 (d)]

جواب: صالحہ عابد حسین کی ۱۸/اگست ۱۹۱۳ء کو پانی پت میں پیدا ہوئیں۔اور ۱۸/جنوری ۱۹۸۸ء میں انتقال کر گئیں۔والد کا نام خواجہ غلام الثقلین تھا۔نانا کا نام احمد سجاد حسین تھا جو حالی کے فرزند تھے۔ابتدائی تعلیم گھر سے حاصل کی۔علی گڑھ گرلز اسکول سے مڈل پاس کیا۔اور پنجاب سے آنرس اُردو کی ڈگری حاصل کی۔۱۹۴۰ء میں ان کی شادی اردو کے مشہور ومعروف ادیب ڈاکٹر عابد حسین سے ہوئی۔ان کی شخصیت میں قدیم وجدید تہذیب کا توازن اور دلکش امتزاج نظر آتا ہے۔انھوں نے مختلف اصناف سخن ناول،افسانے اور ڈرامے وغیرہ میں طبع آزمائی کی۔

ناول: عذرا، آتش خاموش، قطرے سے گہر ہونے تک، راہ عمل، یادوں کے چراغ، اپنی اپنی صلیب، الجھی دوڑ اور گوری سوئے سیج پر وغیرہ قابل ذکر ہیں۔ان کے ناولوں میں گھریلوں زندگی کی عکاسی ہوتی ہے۔ان کے ناولوں میں متوسط طبقے کا آنگن صاف نظر آتا ہے۔قوم اور وطن سے بے پناہ محبت انھیں ورثے میں ملی تھی۔ان کے ناولوں کے پلاسٹ سیدھے سادھے اور اکھرے ہوتے ہیں۔وہ اپنے کرداروں کی وجہ سے آئیڈیل پرست کہلاتی ہیں۔یادگار حالی، سوانح اور ادبی جھلکیاں ان کے تنقیدی مضامین کے مجموعے ہیں۔

اردو میں دیگر نثری اصناف کا ارتقا ‏103

افسانے: پیسہ، محبت کی فتح، شیشے کے گھر، خان بہادر اور خواب آرزو، نراس میں آس، پانی پت وغیرہ قابل ذکر ہیں۔ وہ قصہ گوئی کے فن سے بخوبی واقف ہیں۔ 'پیسہ' افسانے کا پلاٹ انگریزی سے ماخوذ ہے جو افسانے سے زیادہ طنزیہ خاکہ لگتا ہے۔ مجموعہ 'نراس میں آس' کے اکثر افسانے فسادات پر مبنی ہیں۔ افسانہ 'پانی پت' پڑھنے سے مضمون کا احساس ہوتا ہے۔

ڈرامے: ان کے ڈراموں میں حقیقی زندگی کا عکس نظر آتا ہے۔ جن میں گھریلو زندگی کی چلتی پھرتی تصویریں دیکھنے کو ملتی ہیں۔ 'حالی کی ایک جھلک' ایک ایسا ڈراما ہے جس کی حیثیت سوانحی اور تاریخی ہے۔

سفرنامے: ان کے سفرناموں کا مجموعہ 'سفر زندگی کے لئے سوز و ساز' ہے جس میں انھوں نے اپنی زندگی کے اسفار کو قلمبند کیا ہے۔ اس میں ہندوستان کے مختلف شہروں کے علاوہ ایران، پاکستان، بنگلہ دیش، انگلستان، پیرس، سوئز رلینڈ، اٹلی اور جرمنی وغیرہ کے اسفار کو بڑی خوبصورتی کے ساتھ پیش کیا ہے۔ ان کا آخری سفر حج بیت اللہ کا سفر ہے جس میں انھوں نے عراق وغیرہ کا سفر کیا اور اپنے سیر و سفر کو الگ الگ نام دے کر ان کی تفصیل اپنے سفرناموں میں بیان کی ہے۔ ان کے سفرناموں میں احساسات و جذبات اور مشاہدات کی بھر مار ہے جس سے قارئین پر اچھا اثر پڑتا ہے۔

سوال 4: سفرنامے کے فن اور اس کی روایت پر روشنی ڈالئے۔

جواب: دور دراز شہروں اور ملکوں کا سفر کرنا روز اوّل سے انسان کی فطرت میں ہے۔ نئی نئی چیزوں کی تلاش و جستجو، دوسری قوموں کی تاریخ و تہذیب اور ثقافت کے بارے میں معلومات حاصل کرنے کا رجحان انسان کی فطرت میں شامل ہے جس سے تہذیب و تمدن کا ارتقائی سفر جاری رہتا ہے۔ سفر زندگی کا استعارہ (Metaphor of Life) ہے۔ انسان کی کامیابی و کامرانی کا انحصار سفر پر ہے۔ سفر سے انسانی قدر و منزلت میں اضافہ ہوتا ہے۔ دنیا کی تاریخ کا مطالعہ کرنے سے پتا چلتا ہے کہ دنیا میں جتنی بھی عظیم شخصیات آئیں تمام لوگوں نے سفر کیا اور ان اسفار کی وجہ سے آج دنیا میں ان کا نام زندہ ہے۔ سفرنامہ ایک بیانیہ صنف ہے جس میں سیاح یا مسافر دوران سفر یا اختتام سفر پر کسی شہر یا ملک کے بارے میں اپنے تجربات و مشاہدات اور تاثرات قلمبند کرتا ہے۔ سفر کی اہمیت ہر دور میں رہی ہے۔ لوگ زندگی کی ضروریات کے لئے ایک جگہ سے دوسری جگہ سفر کرتے اور اس عمل کے دوران وہ جن تجربات و مشاہدات سے دوچار ہوتے اور

جو مناظر ان کے سامنے ہوتے اس کی روداد بیان کرتے۔ آہستہ آہستہ یہ روایت تحریری شکل اختیار کر گئی اور پھر یہیں سے سفرنامے کا آغاز ہوا۔ سفرنامے کے لئے کوئی خاص تیکنیک استعمال نہیں ہوتی ہے۔ سفرنامہ نگار واحد متکلم میں اپنی روداد سفر بیان کرتا ہے۔

سفرنامہ کس زمانے میں وجود میں آیا اس کی تہہ تک پہونچنا ذرا مشکل کام ہے لیکن دنیا کا سب سے پہلا دریافت شدہ سفرنامہ یونانی سیاح میکس تھینز کا سفرنامہ ہے۔ اس کے علاوہ ہندوستان سے متعلق جن سیاحوں نے سفرنامے لکھے ہیں ان میں ہیون سانگ، سلیمان، البیرونی اور ابن بطوطہ وغیرہ کے سفرنامے قابل ذکر ہیں۔ اردو میں سفرنامے کا آغاز ۱۸۳۷ء میں ہوا۔ یوسف حسین خاں کمبل پوش نے انگلستان کا سفر کیا اور یہ سفرنامہ اسی کا روداد ہے۔ اردو کے قدیم سفرناموں میں نواب کریم خاں کا 'سیاحت نامہ' اور مولوی مسیح الدین کے سفرنامے کافی اہم ہیں۔ خود سرسید کا سفرنامہ 'مسافران لندن' ہے جس میں انھوں نے ولایت کے ترقی یافتہ معاشرہ سے متعلق اہم معلومات اپنے ہم وطنوں کو پہونچائی ہے۔ مرزا نثار علی بیگ کا 'سفرنامہ یوروپ' اور شبلی نعمانی کا سفرنامہ 'روم ومصر وشام' بھی اردو کے غیر افسانوی ادب میں نمایاں مقام رکھتے ہیں۔ شبلی نے اپنے سفرنامے میں اسلامی ممالک کی تہذیب ومعاشرت کا ذکر بہت مؤثر انداز میں کیا ہے۔

محمد حسین آزاد کے سفرناموں کو نظر انداز نہیں کیا جا سکتا۔ خواجہ غلام الثقلین کا سفرنامہ 'سیاحت نامہ' جو روس، قسطنطنیہ، ایران، عراق، مکہ اور مدینہ کی سفر روداد پر مشتمل ہے۔ قاضی عبدالغفار کا 'نقش فرہنگ' ڈاکٹر عابد حسین کا 'رہ نوروش بھی' صالحہ عابد حسین کا 'سفر زندگی کے لئے سوز وساز' اردو سفرناموں کی روایت میں بڑی اہمیت کے حامل ہیں۔ بیگم حسرت موہانی نے بھی دو سفرنامے لکھے۔ ان کے علاوہ جمیل الدین عالی، قدرت اللہ شہاب اور قرۃ العین حیدر وغیرہ کے نام بھی اردو سفرناموں میں قابل ذکر ہیں۔ آزادی کے بعد جس طرح اردو ادب کا پورا منظر نامہ تبدیل ہوا۔ اردو سفرنامہ بھی اس سے اچھوتا نہیں رہا۔ اس دور میں اردو سفرناموں کے موضوع، ہیئت، تیکنیک اور اسلوب میں تبدیلی آئی ہے۔ اس عہد میں اردو سفرنامے میں تہذیب وثقافت اور مناظر فطرت پر ہی صرف اکتفا نہیں کیا گیا بلکہ مصنف نے سفرنامے میں خود اپنی ذات کو بھی شامل کر لیا۔ وہ حال کا موازنہ ماضی سے کرتا ہے اور بسا اوقات ماضی کے تصورات میں گم ہو جاتا ہے۔ آزادی کے بعد کے سفرناموں میں فکری اور فنی دونوں اعتبار سے رنگا رنگی نظر آتی ہے۔ سفر کی اہمیت

وافادیت کا اندازہ اردو کے مشہور ادیب اور عظیم سیاسی رہنما مولانا ابوالکلام آزاد کے اس اقتباس سے لگایا جاسکتا ہے۔

> ''میں نے آدھا علم سفر سے حاصل کیا ہے۔ مطالعہ کی تنہائیوں نے مجھے ذہنی بالیدگی بخشی لیکن سفر کے مشاہدوں نے میری نگاہ کو وسعت دی۔ جو لوگ سفر نہیں کرتے وہ بسم اللہ کے گنبد میں رہتے ہیں۔ سفر انسان کو قوموں کی سرگزشت اور ملکوں کی تاریخ کا بالواسطہ علم بخشتا ہے۔ جس طرح سائنس کے معلموں میں حقائق اشیا کا ادراک ہوتا ہے اسی طرح سفر سے صفات انسانی کی حقیقتوں کا علم ہوتا ہے۔ اور مختلف اقوام کے امزجہ وطبائع کا پتا چلتا ہے۔''

ایک اچھے سفر نامے کے لئے درج ذیل خصوصیات کا پایا جانا بہت ضروری ہے:

(۱) سفر نامہ نگار شعوری طور پر اپنے تجربات ومشاہدات کو تحریر کر کے دوسروں تک پہونچائے۔

(۲) سفر نامہ نگار متعلقہ علاقے کے حالات اور زندگی اور وہاں کے تہذیب وتمدن کے بارے میں مکمل معلومات فراہم کرے اور اپنے آس پاس کے مختلف شہروں کا تقابل پیش کر کے متعلقہ علاقے کے امتیازی وصف کو ظاہر کرے۔

(۳) سفر نامہ نگار کا امتیازی وصف حقیقت نگاری ہے۔ وہ شہروں اور ملکوں کے حقائق سے لوگوں کو روشناس کراتا ہے۔ کیوں کہ سفر نامہ نگار کا نصب العین حقائق پر مبنی ہوتا ہے۔

(۴) سفر نامے میں سب سے خاص بات یہ ہوتی ہے کہ اس کا ظرف اتنا وسیع ہوتا ہے کہ تمام ادبی اصناف کے اجزا کو اپنے اندر سمو لیتا ہے۔ اس کے اندر تمام علمی مضامین تاریخ، جغرافیہ، سماجیات، معدنیات، ارضیات، علم حیوانات، نجوم، طب، آرٹ وغیرہ بیک وقت پائے جاتے ہیں۔

(۵) سفر نامے کی شناخت اس کے بیانیہ سے ہوتی ہے۔ سفر نامہ کی بنیاد بیانات پر قائم ہوتی ہے۔ کیوں کہ سیاح اور مسافر اپنے اسفار کے دوران جو کچھ دیکھتے ہیں وہ صفحۂ قرطاس پر بکھیر دیتے ہیں۔ اس لئے سفر نامہ میں مشاہدے کو اہمیت حاصل ہے۔

(۶) لسانی اعتبار سے سفرنامے کی سب سے بڑی خوبی یہ ہے کہ دیگر شہروں اور ملکوں کے بارے میں قارئین کو جانکاری ملتی ہے۔ وہاں کے تہذیب وتمدن اور اشیا کے بارے میں واقفیت ہوتی ہے۔

(۷) سفرنامے میں جغرافیہ کی بڑی اہمیت ہوتی ہے۔ ملکوں کا جغرافیہ بدلتا رہتا ہے۔ اگر کسی ملک کا سو سال پہلے جغرافیہ کچھ اور تھا تو سو سال بعد کچھ اور ہوگا۔ سفرنامہ پڑھنے سے قاری کو قدیم وجدید جغرافیہ کا پتا آسانی سے چل جاتا ہے۔

سوال:5 صالحہ عابد حسین کا سفرنامہ ''سفر ہے شرط مسافر نواز بہتیرے'' کا تجزیہ کیجئے۔

جواب: صالحہ عابد حسین کی تصنیف 'سفر زندگی کے لئے سوز وساز' ہے جس میں انھوں نے اپنی زندگی کے اسفار کو قلمبند کیا ہے۔ انھوں نے اس سفرنامے میں ہندوستان کے مختلف شہروں کے علاوہ ایران، پاکستان، بنگلہ دیش، انگلستان، پیرس، سوئزرلینڈ، اٹلی اور جرمنی وغیرہ کے اسفار کو بڑی خوبصورتی کے ساتھ پیش کیا ہے۔ ان کا آخری سفر حج بیت اللہ کا سفر ہے جس میں انھوں نے عراق وغیرہ کا سفر کیا اور اپنے سیر وسفر کو الگ الگ نام دے کر ان کو تفصیل کے ساتھ بیان کیا ہے۔ ان کے سفرناموں میں احساسات وجذبات اور مشاہدات کی بھرمار ہے جس سے قارئین پر اچھا اثر پڑتا ہے۔

اس سفرنامہ میں صالحہ عابد حسین نے سیدھے سادے لفظوں میں اپنی بات قارئین تک پہونچانے کی ایک کامیاب کوشش کی ہے۔ ان کا طرز کوئی نیا اور انوکھا نہیں ہے۔ لیکن قارئین کو ان کی تحریر بہت ہی دلکشمعلوم ہوتی ہے اور ان میں واضح رنگ کا اثر صاف نظر آتا ہے۔ وہ سیدھے سادے لفظوں میں اتنی بہترین تصویر کشی کرتی ہیں کہ قاری بھی ان کا ہم سفر بن جاتا ہے۔ ان کے سفرنامے کا امتیازی وصف حقیقت نگاری ہے۔ یہ سفرنامہ ان کی خودنوشت سوانح کا ایک اہم حصہ ہے۔ ۱۹۵۳ء میں انھوں نے اپنے شوہر کے ساتھ دیار مغرب کا سفر کیا۔ اور اپنے سفرنامے کو 'سفر ہے شرط مسافر نوازے بہتیرے'' کے عنوان سے لکھا۔ جس میں انگلستان، پیرس، سوئٹز لینڈ اور اٹلی کے سفر کا مختصر حال اور جرمنی کا قدرے تفصیل سے بیان درج ہے۔

سوال: 6 عصمت چغتائی کی حیات و خدمات پر مختصر روشنی ڈالیے۔

جواب: عصمت چغتائی کی پیدائش ۱۲؍ اگست ۱۹۱۵ء میں یو پی کے قصبہ بدایوں میں ایک متوسط گھرانے میں ہوئی۔ ان کے والد کا نام مرزا تسلیم بیگ اور والدہ کا نام نصرت خانم عرف لچھو تھا، دادا کا نام مرزا کریم بیگ چغتائی تھا۔ وہ دس بھائی بہنوں میں نویں نمبر پر تھیں۔ انھوں نے ابتدائی تعلیم گھر سے حاصل کی اور پھر آگرہ کے دھن کوٹ اسکول میں ان کا داخلہ چوتھی جماعت میں ہو گیا۔ کچھ عرصہ بعد ان کا خاندان علی گڑھ منتقل ہو گیا۔ یہاں سے انھوں نے مڈل اور ایف۔ اے کا امتحان پاس کیا۔ اس کے بعد لکھنؤ کے آئی۔ ٹی کالج سے بی۔ اے کی ڈگری حاصل کی۔ تعلیم سے فارغ ہو کر اسلامیہ گرلز ہائی اسکول بریلی کی ہیڈ مسٹریس مقرر ہوگئیں۔ یہاں سال بھر کام کیا۔ علی گڑھ میں بی ٹی کی تعلیم کے دوران ان کی ملاقات شاہد لطیف سے ہوئی جو وہیں پر ایم۔ اے کی تعلیم حاصل کر رہے تھے۔ دھیرے دھیرے یہ ملاقاتیں شادی میں تبدیل ہوگئیں۔ علی گڑھ سے بی ٹی کرنے کے بعد اپنے والد کے پاس جودھپور چلی گئیں۔ وہاں راج محل گرلز اسکول میں پرنسپل کی حیثیت سے اپنی خدمات انجام دینے لگیں۔ ۱۹۴۱ء میں انسپکٹریس میونسپل اردو اسکولز بن کر ممبئی چلی گئیں۔ پھر وہیں پر انھیں سپرنٹنڈنٹ آف میونسپل اسکولز کے عہدے پر ترقی مل گئی۔ اپنے شوہر شاہد لطیف کی وجہ فلمی دنیا سے جڑ گئیں۔ انھوں نے کئی فلموں کے لئے کہانیاں اور مکالمے لکھے اور فلموں میں اداکاری بھی کی۔ ان کی فلمی کہانیوں میں ''گرم ہوا'' کو سب سے زیادہ مقبولیت ملی۔ وہ ایک من موجی اور آزاد خیال خاتون تھیں۔ وہ جس بات کو ٹھان لیتی تھیں تو اس کو کر کے ہی چھوڑتی تھیں چاہے ان کے راستے میں کتنی بڑی دیوار کیوں نہ حائل ہو جائے۔ ۱۹۷۵ء میں انھیں پدم شری کے اعزاز سے سرفراز کیا گیا اور اسی سال غالب ایوارڈ سے بھی نوازا گیا۔ ۲۴؍ اکتوبر ۱۹۹۱ء کو 76 سال کی عمر میں برصغیر کی یہ عظیم افسانہ نگار اپنے خالق حقیقی سے جا ملی۔

عصمت چغتائی اردو ادب کی وہ باغی آواز ہے جس نے مردوں کے ایوان میں نہ صرف ہلچل مچا دی بلکہ مردوں کو بھی یہ یقین دلا دیا کہ عورت کسی معاملے میں مردوں سے کم تر نہیں ہے بلکہ اگر وہ اپنی پر آجائے تو مردوں سے چار قدم آگے ہے۔ اسے موقع ملے تو مردوں سے زیادہ بہتر اور سچائی کے ساتھ معلومات کا اظہار کر سکتی ہے۔ عورت کے جذبات اور عورت کی فطرت کی عکاسی عصمت سے پہلے اردو ادب میں مفقود تھی۔

لیکن جب عصمت نے نڈر اور دلچسپ انداز میں لحاف کے اندر کی حقیقت اور ٹیڑھی لکیر کی پرتیں کھولیں تو بڑے بڑوں کے کس بل نکال دیئے۔ عصمت پر طرح طرح کے کیچڑ اچھالے گئے لیکن ادب کی اس بہادر خاتون نے کبھی بھی صداقت پسندی کا دامن نہیں چھوڑا۔ وہ ہمیشہ ایک بلند اور باہمت چٹان کی طرح ثابت قدم رہیں۔ ان کی متعدد تخلیقات درج ذیل ہیں:

(۱) چوٹیں: ان کا پہلا افسانوی مجموعہ ۱۹۴۲ء میں ساقی بکڈپو سے شائع ہوا۔ اس مجموعے میں کل تیرہ افسانے بھول بھلیاں، پنکچر، ساس، سفر میں، اس کے خواب، جنازے، لحاف، بیمار، میرا بچہ، تل، چھوٹی آپا، جھری میں سے اور ایک شوہر کی خاطر شامل ہیں۔

(۲) کلیاں: اس مجموعے میں گیارہ افسانے پردے کے پیچھے، گیندا، شادی، جوانی، ڈائن، خدمتگار، بچپن، تاریکی، کافر، نیرا، اُف یہ بچے اور پانچ ڈرامے، انتخاب، سانپ، شادی، ڈھیٹ اور بنتّے شامل ہے۔

(۳) ایک بات: اس مجموعے میں آٹھ مختصر افسانے، ننھی سی جان، نفرت، ہیرو، جال، ہیروئن، بیڑیاں، پیشہ اور باورچی شامل ہیں۔

(۴) چھوئی موئی: اس مجموعے میں مضامین اور افسانے شامل ہیں۔ افسانے میں بہو بیٹیاں، کیڈل کورٹ، جڑیں، سونے کا انڈا، کچے دھاگے، یہ بچے، چھوئی موئی، مضامین میں کہانی، فسادات اور ادب، بمبئی سے بھوپال تک اور پوم پوم ڈارلنگ شامل ہیں۔

(۵) دو ہاتھ: اس مجموعے میں بارہ افسانے بیکار، یار، بچھو پھوپھی، کلو، نیند، زہر کا پیالہ، جانی دشمن، کنواری، چوتھی کا جوڑا، چٹان، عشق پر زور نہیں اور دو ہاتھ شامل ہیں۔

(۶) دوزخ: اس افسانے میں ڈرامے، افسانے اور مضامین شامل ہیں۔ افسانوں میں سوری ممی، زہر، مٹھی مالش، امربیل اور بہو بیٹیاں ہیں، مضامین میں میرا دوست میرا دشمن اور ایک ڈراما دوزخ شامل ہیں۔

(۷) شیطان: یہ ڈراموں کا مجموعہ ہے۔

(۸) دھانی بانکپن: اس مجموعے میں ڈرامے ہیں۔

(۹) ہم لوگ: اس میں خاکے اور افسانے شامل ہیں۔

عصمت چغتائی نے افسانے، ڈرامے اور مضامین کے علاوہ کئی ناول ضدی، ٹیڑھی لکیر، معصومہ، سودائی، جنگلی کبوتر اور ناولٹ میں دل کی دنیا، عجیب آدمی (بہروپ نگر)، باندی اور بچوں کے ناولٹ تین اناڑی، نقلی کبوتر کے علاوہ واقعہ کربلا پر مبنی ناول 'ایک قطرۂ خون' جیسی قابل ذکر تصنیفیں کیں۔ اس کے علاوہ عصمت چغتائی نے رپورتاژ بھی لکھے ہیں۔ چند قابل ذکر رپورتاژ یہ ہیں ہیں: مثلاً بمبئی سے بھوپال تک اور یہاں سے وہاں تک اور مضامین میں پوم پوم ڈارلنگ، بنے بھائی اور لال چیونٹے وغیرہ قابل ذکر ہیں۔ انھوں نے اپنے افسانوں میں شمالی ہند کے متوسط طبقے کے مسلمان گھرانوں کی نہایت کامیاب عکاسی کی ہے۔ ان کی تحریروں کی سب سے بڑی خوبی یہ ہے کہ وہ تصنع اور بناوٹ سے خالی ہیں۔

سوال: 7 رپورتاژ نگاری میں عصمت چغتائی کی خدمات بیان کیجیے۔ **(جون: 2016 سوال: 4)**

جواب: عصمت چغتائی کی پیدائش ۱۲ راگست ۱۹۱۵ء میں یوپی کے قصبہ بدایوں میں ایک متوسط گھرانے میں ہوئی۔ ان کے والد کا نام مرزا التسلیم بیگ اور والدہ کا نام نصرت خانم عرف چھوتھا، دادا کا نام مرزا کریم بیگ چغتائی تھا۔ وہ دس بھائی بہنوں میں نویں نمبر پر تھیں۔ وہ ایک من موجی اور آزاد خیال خاتون تھیں۔ وہ جس بات کو ٹھان لیتی تھیں تو اسے کر کے ہی چھوڑتی تھیں، چاہے ان کے راستے میں کتنی بڑی دیوار کیوں نہ حائل ہو جائے۔ عصمت چغتائی اردو ادب کی وہ باغی آواز ہے جس نے مردوں کے ایوان میں نہ صرف ہلچل مچا دی بلکہ مردوں کو بھی یہ یقین دلا دیا کہ عورت کسی معاملے میں ان سے کم تر نہیں ہے۔ عصمت پر طرح طرح کے کیچڑ اچھالے گئے لیکن ادب کی اس بہادر خاتون نے کبھی بھی صداقت پسندی کا دامن نہیں چھوڑا۔ وہ ہمیشہ ایک بلند اور باہمت چٹان کی طرح ثابت قدم رہیں۔

عصمت چغتائی خود کہتی ہیں کہ ان کی تحریریں بناوٹی نہیں بے ساختہ اور فطری ہیں اگر کہیں لفظ میں بے ہودگی آجاتی ہے تو میں اس کی ذمہ دار نہیں...... میں مصور نہیں فوٹو گرافر ہوں۔ عصمت نے جیسے دیکھا، جو ان کے برتاؤ میں آیا، وہی اپنے مخصوص انداز میں لکھا۔ یہی ان کی عظمت ہے اور ان کی شہرت اور مقبولیت کی وجہ بھی۔ وہ ایک بڑی ناول نگار اور افسانہ نویس کے علاوہ رپورتاژ نگار بھی ہیں۔ ''بمبئی سے بھوپال تک'' ایک بہترین رپورتاژ ہے جس میں عصمت نے ترقی پسند مصنفین کی کانفرنس کا آنکھوں دیکھا حال بیان کیا ہے۔ رپورتاژ میں اردو کے معروف ادیبوں اور شاعروں کی شرکت، مشاعرے کا انعقاد، بھوپال میں

قیام وغیرہ کا حال بڑے دل چسپ انداز میں بیان کیا گیا ہے۔عصمت نے اپنے بے باک اور موثر انداز بیان میں اس طرح بیان کیا ہے کہ ان کی شخصیت جلوہ گر ہوگئی ہے۔اس میں ذاتی تاثرات اور احساسات کا غلبہ نظر آتا ہے۔لیکن ان تمام خوبیوں سے بڑھ کر عصمت کی زبان ہے جو یو پی کے اردو داں طبقے میں بولی جاتی ہے۔عصمت نے روزمرہ کی زبان میں بڑے ہی دل چسپ انداز میں بیان کیا ہے کہ اس کے تمام کردار چلتی پھرتی تصویریں ہیں۔رپورتاژ میں ایک دنیا بسی ہے جس میں قاری ان کے ساتھ سیر کرتا نظر آتا ہے۔ عصمت چغتائی کے رپورتاژ ''بمبئی سے بھوپال تک'' کے درج ذیل متن سے ان کے اسلوب و انداز کا اندازہ لگایا جاسکتا ہے کہ وہ کس پایہ کی رپورتاژ نگار تھیں:

> ''بھوپال جانا ہے اور اب تو ضرور ہی جانا پڑے گا سالا راعلا نے الٹی میٹم دے دیا اور تو اور شاہد لطیف جو عرصہ ہوا ادب کا دامن چھوڑ کر فلم سے وابستہ ہو چکے ہیں۔جوش میں آگئے اور کہا ''ہماری انتہائی بزدلی ہے کہ اگر ہمارا ایک ممبر پکڑا جائے تو سب کے سب دبک کر رہ جائیں۔ایک سردار کی گرفتاری نے ہم سب کی گردنوں میں کم ہمتی کا طوق ڈال دیا۔بس جناب آ گیا جوش اور میں نے راتوں رات سیما کے پاجامے سی ڈالے اور یہ مختصر سا لشکر چھ بڑے اور دو چھوٹے افراد پر مشتمل بھوپال روانہ ہوگیا۔کرشن چندر، مہندر ناتھ، شاہد لطیف، مجروح، عادل رشید اور میں ایک بچی اور ایک عادل رشید کی۔باقی کی رونق صندوقوں ناشتہ دانوں اور بستروں نے مہیا کردی۔''

مذکورہ متن سے پتا چلتا ہے کہ عصمت چغتائی کا اسلوب و انداز بناوٹی نہیں بلکہ بے ساختہ اور فطری ہے۔انھوں ایک فوٹو گرافر کی طرح جہاں جیسا دیکھا ہو بہو اس کی تصویر کھینچ لی۔وہ اپنی بات کو لکھنؤ کی ٹکسالی زبان میں بڑے ہی دل چسپ انداز میں ماحول اور فضا کے مطابق اس طرح ڈھالتی ہیں کہ قاری ان کی منظر نگاری میں گم ہو کر ان کے ساتھ سیر کرنے لگتا ہے۔یہی وجہ ہے کہ عوام و خواص سبھی ان کی تحریروں سے لطف اندوز ہوتے ہیں۔وہ واقعات کی ایسی ہو بہو عکاسی کرتی ہیں کہ قاری کو حقیقت کا گماں ہوتا ہے۔یہی وہ خصوصیات ہیں جو انھیں دوسرے ادیبوں سے ممتاز کرتی ہیں۔

سوال:8 شاہد احمد دہلوی کی مختصر حالاتِ زندگی قلمبند کیجیے۔

یا

خاکہ نگاری کی حیثیت سے شاہد احمد دہلوی کے امتیازات پر روشنی ڈالیے۔

[دسمبر:2015 سوال:5]

یا

خاکہ نگاری کی حیثیت سے شاہد احمد دہلوی کا مرتبہ متعین کیجیے۔ [جون:2016 سوال:4]

جواب: شاہد احمد دہلوی ۲۲رمئی ۱۹۰۶ء میں دہلی میں پیدا ہوئے اور ۲۷رمئی ۱۹۶۷ء کو کراچی میں وفات پائی۔ شاہد احمد اردو کے اولین ناول نگار ڈپٹی نذیر احمد کے پوتے اور مولوی بشیر احمد کے بیٹے تھے ۱۹۱۶ء میں دو بھائی بہنوں کے ساتھ علی گڑھ ایم۔اے۔او اسکول میں داخلہ لیا۔ لیکن وہاں کی فضا انھیں راس نہیں آئی اور میٹرک پاس کرنے کے بعد لاہور جاکر ایف۔ایس۔سی کالج میں داخلہ لیا۔ ایف۔ایس۔سی (میڈیکل) پاس کرنے کے بعد میڈیکل کالج میں داخلہ لیا۔ لیکن سڑی لاشوں پر کام کرنے سے طبیعت اس قدر مکدر اور بیزار ہوئی کہ ایک سال میں ہی وہاں سے راہِ فرار اختیار کرلیا۔ دہلی واپس آکر انگریزی ادبیات میں بی۔اے آنرز کی ڈگری حاصل کی اور پھر فارسی ادبیات میں ایم۔اے کیا۔ ۱۹۳۰ء میں انھوں نے دہلی سے ایک باوقار جریدہ 'ساقی' جاری کیا۔ اور ۱۹۳۶ء میں ترقی پسند تحریک سے جڑ گئے ۱۹۴۷ء میں ملک تقسیم ہوا تو چاروں طرف فساد پھوٹ پڑے۔ شاہد دہلوی اپنے اہل وعیال کے ساتھ پاکستان ہجرت کر گئے اور دس مہینے بعد کراچی سے دوبارہ 'ساقی' جاری کیا۔ اسی دوران انھیں ریڈیو پاکستان نے میوزک سپروائزری کی پیشکش کی جس کو انھوں نے شکریہ کے ساتھ قبول کرلیا۔ اور ایس۔ احمد کے نام سے کلاسیکی موسیقی نشر کرنی شروع کردی۔ شاہد احمد نے کم عمری میں ہی موسیقی سیکھی تھی اور استاد چاند خاں سے ہارمونیم اور راگ راگنیوں کی تربیت حاصل کی تھی۔

شاہد دہلوی کی ادبی زندگی کا باقاعدہ آغاز افسانہ نگاری سے ہوا۔ ان کا پہلا افسانہ 'مالی کی لڑکی' زمانۂ طالب علمی میں لاہور کے رسالہ ''شباب اُردو'' سے شائع ہوا تھا۔ ''ساقی'' کے ادارت کے دوران وہ ترجموں کی طرف مائل ہوئے اور انھوں نے سہل اور آسان زبان میں مغربی اور روسی ادیبوں کے شاہکار اردو میں

منتقل کیئے۔نرگس جمال، پروین وثریا،فاؤسٹ، سرگزشت عروس، پھانسی، دھان کا کھیت،عثمان وغیرہ ستائش کے قابل ہیں۔ان کے خاکوں کے مجموعے گنجینۂ گوہر، بزم خوش نفساں اور طاق نسیاں میں ایسی نادر تحریریں ہیں جو اردو ادب میں ان کے مقام و مرتبہ کو بتانے کے لئے کافی ہیں۔ان کی انشا پردازی کا رنگ سب سے جداگانہ ہے۔انھوں نے دہلوی تہذیب ومعاشرت کے بارے میں سینکڑوں مضامین لکھے۔انھوں نے ''اجڑے دیار'' میں دہلوی تہذیب کا ایسا طلسم خانہ مرتب کیا جس میں غدر کے بعد عوامی دلّی کا سارا حسن اور نور سمٹ آیا۔کراچی میں وہ موسیقی کی کئی انجمنوں سے وابستہ رہے۔ایک زمانے میں جب جوشؔ سے ان کے اختلاف ہوئے تو انھوں نے ''ساقی'' کا جوش نمبر نکالا۔'دِلی کی بپتا' میں انھوں نے دلّی کی بربادی کا آنکھوں دیکھا حال بیان کیا۔اور چند ادبی شخصیتوں پر خاکہ نگاری کا جوہر دکھایا۔بچوں کے لئے کتابیں اور کئی ناول بھی لکھے۔۱۹۴۷ء میں جب دہلی اجڑ گئی تو شاہد احمد دہلوی کی روح کو اس کا شدید احساس ہوا۔انھوں نے ان ہستیوں کا تذکرہ لکھنا شروع کیا جن کے دم سے دہلی صحیح معنوں میں آباد تھی۔

دلّی کے چٹخارے، دلی کے دل والے، دلی کی گرمی، باغ کی سیر، قطب صاحب کی سیر، پھول والوں کی سیر، چوک کی بہار، شام کی چہل پہل، چٹورپن، دلی کے حوصلہ مند غریب، دلی والوں کے شوق، رہن سہن کی ایک جھلک، بھانڈ اور طوائفیں، دلی کا ایک شریف گھرانہ، دلی کی ایک پرانی حویلی، دلی کے چند گیت، روزہ کشائی، میٹھی عید، سلونی عید، بسنت کی بہار، راگ رنگ کی ایک رات، دلی کا آخری تاجدار اور شاہجہانی دیگ کی کھرچن جیسے معرکۃ الآرا مضامین میں اس دلّی کی سرگزشت بیان کی گئی ہے۔جس کو شاہد احمد دہلوی نے اپنی آنکھوں سے روح میں اتار کر دل میں سجایا تھا۔دہلوی تہذیب ومعاشرت کو بیان کرنے کے لئے دفاتر کی ضرورت تھی لیکن یہ ان کے فن کی خوبی تھی کہ دریا کو کوزے میں بند کر دیا۔بلاشبہ وہ اپنے اس عظیم کارنامے کے لئے لائق صد تحسین ہیں۔

شاہد احمد دہلوی کے فن کی خصوصیات درج ذیل ہیں:

(۱) ان کی تحریروں میں دہلی کی بامحاورہ زبان کا چٹخارا ہے۔

(۲) وہ کم سے کم الفاظ میں تمام جزئیات کو متحرک کرنے کا ہنر جانتے ہیں۔

(۳) انھیں چہرا نویسی میں مہارت حاصل ہے۔

شاہد احمد دہلوی کے خاکہ ''میر ناصر علی'' کے متن سے ان کی خاکہ نگاری کے اسلوب و انداز سے اندازہ لگایا جاسکتا ہے:

''اللہ بخشے میر ناصر علی دلّی کے ان وضع دار شرفا میں سے تھے۔ جن پر دلی کو فخر تھا۔ عجب شان کے بزرگ تھے۔ ''بزرگ'' میں نے انھیں اس لیے کہا کہ میں نے جب سے ہوش سنبھالا انھیں بزرگ ہی دیکھا۔ سوکھ کر چمرخ ہو گئے تھے۔ خش خشی ڈاڑھی، پہلے تل چاولی تھی، پھر سفید ہوگئی تھی۔ کتری ہوئی لبیں۔ پوپلا منہ، دہانہ پھیلا ہوا۔ بے قرار آنکھیں۔ ماتھا کھلا ہوا، بلکہ گدی تک ماتھا ہی ماتھا چلا گیا تھا۔ جوانی میں سروقد ہوں گے، بڑھاپے میں کمان کی طرح جھک گئے تھے۔ چلتے تھے تو پیچھے دونوں ہاتھ باندھ لیتے تھے۔ مستانہ وار جھوم کے چلتے تھے۔ مزاج شاہانہ، وضع قلندرانہ۔ ٹخنوں تک لمبا کرتا گرمیوں میں موٹی ململ یا گاڑھے کا، اور جاڑوں میں فلالین یا وائلہ کا۔ اس میں چار جیبیں لگی ہوئی تھیں جنھیں میر صاحب کہتے تھے۔ ''یہ میرے چار نوکر ہیں۔'' گلے میں ٹپکا یا گلوبند، سر پر کبھی کپڑے کی پیچ گول ٹوپی اور کبھی صافہ، گھر میں روئی کا کنٹوپ بھی پہنتے تھے اور اس کے پاکھے الٹ کر کھڑے کر لیتے، جب چُغہ پہنتے تو عمامہ سر پر ہوتا۔ ایک بَرا پاجامہ، ازار بند میں کنجیوں کا گچھا، پاؤں میں نری کی سلیم شاہی، کسی صاحب بہادر سے ملنے جاتے تو انگریزی جوتا پاؤں میں اڑا لیتے۔''

شاہد احمد کا شمار اچھے اور کامیاب خاکہ نگاروں میں ہوتا ہے۔ ان کے نثر کے بارے میں ایک طرح کی خوشبو کا احساس ہوتا ہے۔ ان کی نثر نہ صرف شگفتہ ہے بلکہ واقعات کے موتیوں کو بھی دل کے تار میں پروتی جاتی ہے۔ ان کی عبارت میں نہ تو انگریزی کے الفاظ آتے ہیں اور نہ ہی فارسی اور عربی کے الفاظ گھن، گرج پیدا کرنے کے لئے استعمال کئے جاتے ہیں۔ محاوروں کا برمحل استعمال روزمرہ کا صحیح تصرف اس طرح کیا جاتا ہے کہ ہر لفظ جیتا اور جاگتا محسوس ہوتا ہے۔ زبان کے برمحل استعمال اور محاوروں کے برتنے کا سلیقہ انھیں باپ دادا سے وراثت میں ملا تھا۔ ان کا اسلوب نہ محمد حسین آزاد سے ملتا ہے اور نہ ڈپٹی نذیر احمد

سے۔ بلکہ وہ دونوں کے مزاجوں کو اپنے مزاج کے خمیر میں گوندھ کر ایک نیا معجون مرکب تیار کرتے ہیں۔ ان کی نثر میں دونوں کی گونج سنائی دیتی ہے لیکن ساتھ ہی یہ احساس بھی ہوتا ہے کہ ان کا اسلوب دونوں سے مختلف ہے۔ خواجہ حسن نظامی، عظیم بیگ چغتائی، بے خود دہلوی، میر ناصر علی، جوش، جگر مراد آبادی اور استاد بندوخاں ایسے خاکے ہیں جو زمانے کی سرد اور گرم ہواؤں سے بے نیاز ہو کر ہمیشہ دلچسپی سے پڑھے جاتے ہیں اور آئندہ بھی پڑھے جائیں گے۔ ان کی زبان ٹکسالی اور بامحاورہ ہے۔ وہ واقعات کو اس ترتیب سے بیان کرتے ہیں کہ قاری کے دل و دماغ میں بات بیٹھ جاتی ہے۔ انھوں نے کئی ادبی شخصیات پر اپنی خاکہ نگاری کا جوہر دکھایا ہے۔ ایسا ہی ایک خاکہ انھوں نے میر ناصر علی پر لکھا ہے جو خاکہ نگاری کے فن پر پوری طرح کھرا اترتا ہے۔ خاکہ کو بیانیہ انداز میں اتنا مختصر اور عمدہ خاکہ لکھا ہے کہ میر ناصر علی کی پوری زندگی کا عکس سمٹ آیا ہے۔

☺☺☺

بلاک 6

اُردو میں طنز و مزاح

اس بلاک میں اُردو طنز و مزاح کی روایت اور فن پر تفصیل سے بحث کی گئی ہے۔ 'اودھ پنچ' کے ایڈیٹر منشی سجاد حسین کی سوانح حیات اور ان کے فکر و فن کا جائزہ لیا گیا ہے۔ نیز ان کی مشہور ناول ''حاجی بغلول'' کے ایک اقتباس کی روشنی میں ان کے فکر و فن پر تبصرہ کیا گیا ہے۔ اُردو کے مشہور طنز و مزاح نگار اور اسکالر رشید احمد صدیقی کے حالاتِ زندگی اور فکر و فن کا جائزہ لیا گیا ہے۔ یہاں ان کے مشہور مضمون 'چارپائی' کو بھی نقل کیا گیا ہے جس کے مطالعے سے ان کے فکر و فن پر روشنی پڑتی ہے۔

پطرس بخاری کے حالات زندگی اور ان کی آرٹ پر تنقیدی نظر ڈالی گئی ہے۔ ان کے مضمون ''مرحوم کی یاد میں'' سے ان کے فکر و فن اور اسلوب کو سمجھنے میں بڑی مدد ملتی ہے۔ اُردو کے ایک اہم طنز و مزاح نگار شوکت تھانوی کے مشہور مضمون 'سودیشی ریل' کی روشنی میں ان کے فکر و فن پر روشنی ڈالی گئی ہے۔ اور ان کے اسلوب کی قدر و قیمت کا اندازہ لگایا گیا ہے۔ اس بلاک کے تحت آنے والے سوالوں کے جوابات سہل اور آسان انداز میں دیئے گئے ہیں جو آئندہ امتحان میں طلبا اور طالبات کے لئے نہایت ہی معاون اور مفید ثابت ہوں گے۔

سوال:1 اُردو میں طنز و مزاح نگاری کی روایت پر تفصیل سے اظہارِ خیال کیجیے۔
[جون:2016 سوال:5]

یا

اُردو میں طنز و مزاح کی روایت اور فن پر اظہارِ خیال کیجیے۔ [دسمبر:2016 سوال:5]

یا

اُردو میں طنز و مزاح کی روایت اور فن پر اپنی رائے بیان کیجیے۔ [جون:2017 سوال:5]

جواب: طنز و مزاح یہ غیر افسانوی نثر کی ایک اہم صنف ہے۔ یہ ہماری زندگی کا ایک لازمی حصہ ہے جو ہر انسان میں تھوڑا بہت پایا جاتا ہے۔ ہم لوگ اکثر بہت سی ناپسندیدہ باتوں کا مذاق اڑاتے ہیں۔ کبھی صرف مذاق نہیں کرتے بلکہ ہنسی ہنسی میں اور ذرا تیکھے انداز میں کوئی ایسا جملہ بھی کہہ جاتے ہیں جس سے کسی خامی کی طرف اشارہ کرنا مقصود ہوتا ہے۔ یہ دونوں انداز دراصل زندگی کے مسائل کو دیکھنے کے دو زاویے ہیں پہلا انداز مزاح کا ہے اور دوسرا طنز کا۔ مزاح کا مقصد محض لطف اندوزی ہے تو طنز میں اصلاح کا جذبہ کارفرما ہوتا ہے۔ خالص مزاح سے قاری لطف و انبساط حاصل کرتا ہے لیکن خالص طنز جس میں مزاح کی آمیزش نہ ہو محض دشنام بن کے رہ جاتا ہے۔ آج کل ایک ہی واقعہ کو الگ الگ ڈھنگ سے مضمون، کارٹون یا مزاحیہ کلام کی شکل میں پیش کیا جاتا ہے۔ یہ طنز و مزاح کا معاملہ دیکھنے میں تو بڑا ہلکا پھلکا لگتا ہے لیکن غور کیجئے تو اس کے پیچھے بہت بڑا مقصد چھپا ہوتا ہے۔ اور لکھنے والا کبھی طنز اور کبھی مزاح کے ذریعے ہمیں وہ سب کچھ دکھا دیتا ہے جو ہم عام طور سے یا تو دیکھتے ہی نہیں ہیں یا پھر نظریں چرا کر آگے نکل جاتے ہیں۔ کیونکہ وہ ہماری زندگی کا لازمی حصہ ہیں۔ طنز و مزاح کی اہمیت کا اندازہ اس بات سے لگایا جاسکتا ہے کہ کبھی اس کی وجہ سے حکومت کے ایوانوں میں زلزلہ آجاتا ہے، ملکوں میں انقلاب آجاتا ہے، حکومتیں بدل جاتی ہیں۔ کیونکہ اشاروں ہی اشاروں میں ایسی چوٹ لگتی ہے کہ راتوں رات قوموں کی تقدیریں بدل جاتی ہیں۔

اُردو نثر میں طنز و مزاح کے ابتدائی نقوش قدیم داستانوں سے ملنا شروع ہو جاتے ہیں۔ یہ نقوش کہیں تو بہت ہلکے اور پست ہیں اور کہیں اس قدر شوخ ہیں کہ ان کے رنگوں کی آمیزش میں بھرپور مذاق ملتا ہے۔ داستانوں کے بیشتر قصے اپنی مضحکہ خیز نوعیت سے ہمارے استہزائیہ حس کو بیدار کرتے ہیں۔ میر امن کی باغ

وبہار میں لطفِ بیان، اختصار اور سنجیدگی غالب ہے کہ ظرافت کے نقوش دب کر رہ گئے ہیں۔ رجب علی بیگ کی فسانۂ عجائب میں شگفتہ نگاری کے باوجود تصنع، تکلف اور مقفیٰ، مسجع انداز بیان ظرافتکو ابھرنے نہیں دیتے۔ پنڈت رتن ناتھ سرشار فسانۂ آزاد میں فقرہ بازی، چہل اور الہڑپن کے مناظر پیش کرکے مزاح پیش کرتے ہیں۔ داستان امیر حمزہ اور بوستان خیال میں ظرافت کا انداز تھوڑا مختلف ہے۔ ان داستانوں میں عیاروں کی عیاری سے تفریح طبع کے سامان فراہم کیے جاتے ہیں۔ اس دور کے داستانوں میں حیدر بخش حیدری کی طوطا کی کہانی، حاتم طائی اور الف لیلیٰ کے تراجم میں مزاح کے چھینٹے دیکھنے کو ملتے ہیں۔ لیکن ان کا رنگ اتنا پست ہے کہ انھیں مزاح نگاری کے دائرے میں شامل نہیں کیا جاسکتا۔ رانی کیتکی کی کہانی میں انشاء اللہ خاں انشاء کا مخصوص ظریفانہ انداز جھلکتا ہے۔ لیکن یہاں بھی اجتہادی روش کے نقوش موجود ہیں۔ البتہ مہجور کی کتاب ''نورتن'' اس زمانے کی ظرافت کا نچوڑ ضرور پیش کرتی ہے۔

اردو نثر میں ظرافت کے بہترین نمونے غالبؔ کے خطوط میں ملتے ہیں۔ انھوں نے اپنے خطوط کے ذریعے مزاح نگاری کا ایک شاندار محل تعمیر کرکے مشکل الفاظ اور روایتی انداز سے انحراف کرکے اظہار بیان میں سادگی پیدا کرکے اردو نثر کو عام بول چال کا لہجہ عطا کیا۔ انھوں نے ہلکے پھلکے مزاح کی آمیزش سے ایک دل افروز کیفیت پیدا کی۔ غالبؔ ناامیدی میں امید کا چراغ جلاتے ہیں۔ ان کی نثر پڑھنے سے احساس ہوتا ہے کہ کوئی شخص آنسوؤں میں بھی مسکرا رہا ہے۔ یہی مزاح کی ارفع منزل ہے۔ غالبؔ نے دوسروں کی بنسبت اپنی ذات کو زیادہ تمسخر بنایا ہے۔ انھوں نے زبان و بیان سے بھی مزاح کی تخلیق میں بہت زیادہ مدد لی ہے۔ ان کے خطوط کے کچھ جملے سنیے۔ ایک خط میں لکھتے ہیں ''لوگ روٹی کھاتے ہیں، میں کپڑا کھاتا ہوں۔'' غربت وافلاس کی بہترین تصویر کشی ہے۔ ایک خط میں لکھتے ہیں کہ ''میرا حال مجھ سے کیا پوچھتے ہو۔ دو چار دن میں پڑوسیوں سے پوچھ لینا۔'' ثاقب کو بیرنگ خط بھیجتے ہوئے لکھتے ہیں کہ ''آج میرے پاس نہ ٹکٹ ہے نہ دام۔ معاف رکھنا والسلام۔''

۱۸۷۷ء میں اودھ پنچ اخبار جاری ہوا تو اُردو میں طنز و مزاح کے ایک نئے دور کا آغاز ہوا۔ اس کا مقابلہ بہت کم اخبار کر سکتے تھے۔ اودھ پنچ کے ایڈیٹر منشی سجاد حسین تھے۔ ان کے نزدیک ہم مذاق اور ہم خیال افراد کا ایک حلقہ تھا۔ سماجی برائیاں اور اخلاقی خرابیاں ان کی نظروں میں تھیں۔ ان کو طنز کا نشانہ بنایا گیا، ان

کی ہنسی اڑائی گئی۔اس کے لکھنے والوں میں اکبرالہ آبادی، مرزا مچھو بیگ ستم ظریف، تربھون ناتھ ہجر، سید محمد آزاد، جوالا پرشاد برق اور پنڈت رتن ناتھ سرشار وغیرہ قابل ذکر ہیں۔تمام شاعر اپنے اسلوب و انداز کی وجہ سے ایک انفرادی شان رکھتے تھے۔اکبرالہ آبادی جو اپنے کلام میں ہنسی مذاق کے ساتھ دعوت فکر بھی دیتے تھے۔سید محمد آزاد کو اپنے دور کا سب سے بڑا طنز نگار کہا جاتا ہے۔انھوں نے سخت لہجہ اختیار کیا لیکن ان کے یہاں زہرناکی اور کینہ پروری کے عناصر بہت کم پائے جاتے ہیں۔انھوں نے مشرقی اور مغربی دونوں تہذیبوں کا مذاق اڑایا۔سجاد حسین نے رنگارنگ پھولوں سے اپنا گلدستہ سجایا۔وہ لندن پنچ سے کافی متاثر تھے۔انھوں نے طنز و مزاح کے میدان کو وسیع کیا اور اس کے موضوعات میں تنوع پیدا کیا۔سجاد حسین نے تصنع اور پر تکلف زبان کی سلاست، صفائی کی اور زبان کی سادگی اور فطری انداز پر زور دیا۔حاج بغلول، طرحدار لونڈی، احمق الذین، پیاری زمین اور میٹھی چھری وغیرہ ان کے یادگار ناول ہیں۔وہ انگریزی زبان کے الفاظ سے مزاح پیدا کرنے کے ہنر سے بخوبی واقف تھے۔انھوں نے خواتین کے طرز تکلم اور ان کے مخصوص لب و لہجے کی بڑی کامیابی کے ساتھ نقل کی ہے۔انھوں نے طنزیہ انداز میں ہندوستانی رئیسوں کے نام خطوط بھی لکھے۔''لوکل'' اور ''موافقت زمانہ'' اودھ پنچ کے مستقل کالم تھے جن کے ذریعے سجاد حسین اپنے عہد کے حالات اور اہم واقعات پر طنزیہ اور ظریفانہ انداز میں روشنی ڈالتے تھے۔جوالا پرشاد برق بے تکلف، سادہ و پرکار اور رواں نثر لکھتے تھے۔مچھو اپنے چھوٹے چھوٹے جملوں میں اصلاحی مقصد کو بڑی خوش اسلوبی کے ساتھ ظرافت کے انداز میں نمایاں کرتے تھے۔انھوں نے ہندی الفاظ کے برمحل استعمال سے عبارت میں رنگینی اور دل نوازی پیدا کی ہے۔برق کے اسلوب میں انفرادیت ہے۔مچھو بیگ 'ستم ظریف' کے فرضی نام سے 'اودھ پنچ' کے لئے کئی سالوں تک لکھتے رہے۔ان کی زبان سادہ سلیس اور رواں ہے۔

طنز و مزاح کا عبوری دور

اودھ پنچ اور اردو طنز و مزاح کے دور عروج کے درمیان ایک عبوری دور ہے جو تقریباً پچاس برسوں پر پھیلا ہوا ہے۔عبوری دور میں انیسویں صدی کی آخری چوتھائی اور بیسویں صدی کی پہلی چوتھائی شامل ہے۔اس دور میں اہل قلم میں ضبط و تحمل پیدا ہوا۔طعن و تشنیع، زہرناکی اور عداوت دیدہ دانستہ اخلاقی قیود کے تابع ہوگئی۔اس دور میں ایک خصوصیت اسلوب بیان میں انقلابی تبدیلی نمو ہوئی جس سے طنز و مزاح کا ادبی

رنگ نکھر گیا۔ اسلوب کو مواد سے زیادہ اہمیت دی جانے لگی۔اس عبوری دور میں لکھنے والوں میں مہدی افادی، محفوظ علی بدایونی، خواجہ حسن نظامی، سلطان حیدر جوش، سجاد حیدر یلدرم، منشی پریم چند، سجاد علی انصاری، قاضی عبدالغفار اور ملا رموزی وغیرہ کے نام خاص طور سے اہم ہیں۔ان کے یہاں طنز ومزاح کا بدلا ہوا روپ نظر آتا ہے۔مہدی افادی سنجیدہ موضوعات پر قلم اٹھاتے ہیں۔ان کی تحریروں میں متانت کے ساتھ شگفتگی بھی پائی جاتی ہے۔ان کی کتاب 'افادات مہدی' کے مطالعے سے پتا چلتا ہے کہ ان کے یہاں نکھرا ہوا ذوق ضرور ہے۔ یہ چیز مضامین کے مقابلے خطوط میں زیادہ دیکھنے کو ملتی ہے۔محفوظ علی بدایونی کی تحریروں میں ظرافت کا رنگ زیادہ گہرا ہے۔ وہ اپنے بے ساختہ اور شگفتہ انداز بیان سے قارئین کے دلوں میں ظرافت کی ہلکی ہلکی اور مدھم لہریں پیدا کرتے ہیں۔خواجہ حسن نظامی کی ظریفانہ تحریریں چٹکیاں اور گدگدیاں ہیں۔لیکن آورد کا رنگ ناگوار ہے۔لفظوں کو الٹ پھیر کر کے مزاح پیدا کرنے میں انھیں کمال حاصل ہے۔ وہ اپنی تحریروں میں رعایت لفظی کا کثرت سے استعمال کرتے ہیں اور ایسے مزاحیہ نکتے نکالتے ہیں جو عام آدمی کے ذہن میں آنا بہت مشکل ہے۔ مثال کے طور پر اپنی ذہانت سے کیکر کو گلاب سے افضل ثابت کر دینا۔جھینگر اور مچھر کی خوبیاں بیان کرنا۔سلطان حیدر جوش، سجاد حیدر یلدرم، سجاد انصاری اور پریم چند کے یہاں بھی طنز ومزاح کے عناصر ملتے ہیں۔ پریم چند کے یہاں سماجی شعور بہت پختہ اور مضبوط ہے جو ان کے معاصرین کی تحریروں میں نظر نہیں آتا۔اس لئے ان کی تحریروں میں سماج میں پھیلی ناہمواریاں ان کے شدید طنز کا نشانہ بنتی ہیں۔

قاضی عبدالغفار اور ملا رموزی کی تحریروں میں بھی طنز ومزاح کی اچھی مثالیں مل جاتی ہیں۔قاضی عبد الغفار کی طنز ومزاح میں تفکر کا رنگ جھلکتا ہے۔فلسفے کی طرف فطری رجحان ہونے کی وجہ سے ان کی طنز میں بھی ایک وزنی کیفیت موجود ہے۔ان کی تحریروں میں خالص ظرافت کم اور طنز زیادہ ہے۔اس کے برعکس ملا رموزی کی تحریروں میں ظرافت زیادہ اور طنز کم ملتا ہے۔کیوں کہ سیاسی مسائل ہنگامی اور وقتی نوعیت کے ہوتے ہیں اس لئے اس میں وقت کے بہاؤ کے ساتھ طنز کی قدر و قیمت کم ہو جاتی ہے۔ان کا روئے سخن اپنی ذات کی طرف ہوتا ہے اور 'میں' کے پردے میں دوسروں کی کمیوں اور کوتاہیوں کو اجاگر کرتے ہیں۔ وہ اپنی 'گلابی اُردو' کی خصوصیت کی وجہ سے بہت مشہور ہیں۔ جو اردو قرآن مجید کے قدیم اردو ترجمہ کی پیروڈی

ہے۔ یہ پیروڈی صرف لفظی ہے جس سے صرف ترجمہ کے انداز کا مذاق اڑتا ہے۔ یہ ان کا ایک اجتہادی کارنامہ ہے۔

طنز ومزاح کا دورِ عروج

طنز وظرافت کا یہ دور جسے دورِ عروج کے نام سے جانا جاتا ہے۔ اس دور میں ظرافت کا میدان بہت وسیع ہوگیا۔ اس دور میں ہر طرح کی طنز وظرافت کا وجود ہوا۔ طنز وظرافت کے اعلانمونے پیش کرنے والے چند معروف ومشہور مصنفین میں مرزا فرحت اللہ بیگ، عظیم بیگ چغتائی، ملاّ رموزی، پطرس بخاری، رشید احمد صدیقی، شوکت تھانوی، کنہیالال کپور اور شفیق الرحمٰن وغیرہ کا نام لیا جاسکتا ہے۔

فرحت اللہ بیگ کا اسلوب اپنی خوش مذاقی کی وجہ سے بہت مقبول ہے۔ ان کے اسلوب کی سب سے بڑی خوبی یہ ہے کہ وہ واقعہ یا موازنہ وغیرہ سے قہقہوں کو تحریک نہیں دیتے بلکہ الفاظ اور جملوں کا ایسا تانا بانا بنتے ہیں کہ دل ودماغ دونوں فرحت وانبساط میں ڈوب جاتے ہیں۔ پھول والوں کی سیر، ،نذیر احمد کی کہانی، کچھ ان کی کچھ میری زبانی' اور دہلی کا یادگار مشاعرہ خوش مذاقی کے بہترین نمونے ہیں۔ نیاز فتح پوری کی تحریروں میں زندگی سے محبت اور بغاوت کا امتزاج نظر آتا ہے۔ شاید یہی وجہ ہے کہ ان کی تحریروں میں بھی مرزا فرحت اللہ کی خصوصیات نظر آتی ہیں۔ وہ بڑے شگفتہ انداز میں زندگی سے مسرت کا آخری قطرہ بھی نچوڑ لینا چاہتے ہیں۔ ان کی تحریروں میں بے تکلفی، شوخ وچنچل مذاق کے ساتھ ایسا طنز ہے جو کبھی بجھتے بجھتے ایک چنگاری کی شکل اختیار کرلیتا ہے اور کبھی تلخ اندیشی کے مدارج تک پہونچ جاتا ہے۔

عظیم بیگ چغتائی کا شمار اردو کے مشہور مزاح نگاروں میں ہوتا ہے۔ وہ عملی مذاق سے مزاح پیدا کرنے کی کوشش کرتے ہیں۔ ان کے ہلکے پھلکے مزاح کی بنیاد بچپن کی شرارتوں پر ہے جن سے ہر انسان کو کبھی نہ کبھی سابقہ پڑا ہے۔ اس لیے عام لوگوں نے ان کی ظرافت کو بہت پسند کیا ہے۔ ان کے مزاح میں محبت کو مرکزی حیثیت حاصل ہے۔ ان کی دنیا میں ہمہ وقت ہنگامہ بپا رہتا ہے۔ وہ معاشرے کی برائیوں کو اپنے طنزیہ اور ظریفانہ مضامین سے اصلاح کرنا چاہتے تھے۔ کولتار، شریر بیوی اور خانم وغیرہ کو مثال کے طور پر پیش کیا جاسکتا ہے۔ ان کے اسلوب کی سب سے بڑی کمزوری یہ ہے کہ وہ بغیر کسی منصوبہ بندی کے لکھتے ہیں۔ زبان کی طرف بے توجہی ان کا دوسرا عیب ہے۔

ملا رموزی کا اصل نام صدیق ارشاد تھا۔ ان کو 'گلابی اُردو' کا موجد کہا جاتا ہے۔ وہ کہتے ہیں کہ گلابی اُردو کا مطلب ہے کہ جملے میں الفاظ کی ترتیب بدل دی جائے۔ مثلاً پہلے فعل پھر فاعل اور پھر مفعول۔ یعنی بالکل عربی کی طرح۔ قاری کو کچھ دیر تک تو مزا آتا ہے لیکنپھر وہ اکتا جاتا ہے۔ طنز و مزاح سے انھیں فطری لگاؤ تھا۔ اس لئے وہ حکومت کے مظالم، سماجی ناانصافی، مذہبی اور ذاتی بھید بھاؤ کو طنز و مزاح کی آڑ میں بیان کرتے ہیں۔

پطرس بخاری کا اصلی نام سید احمد بخاری تھا۔ ان کو اُردو نثر میں خالص مزاح کا علمبردار کہا جاتا ہے جن کے پاس طنز کے عناصر تلاش کرنے پر بھی نہیں ملتے۔ وہ مغربی مزاح نگاروں کے خالص مزاح سے کافی متاثر تھے۔ خالص مزاح کی کیفیت آمد کی ہے آورد کی نہیں۔ ان کے یہاں بنایا ہوا مزاح نہیں ہوتا بلکہ فی البدیہہ اور برجستہ ہوتا ہے۔ اس کا سرچشمہ خوش طبعی سے پھوٹتا ہے۔ ان کے مزاح نگاری کی بنیادی خصوصیت واقعہ نگاری ہے۔ ان کی مزاح نگاری میں موازنہ، مبالغہ، کردار، واقعہ اور اسلوب سبھی مل جل کر اس طرح کام کرتے ہیں کہ قاری کو ہنسی ضبط کرنا مشکل ہوجاتا ہے۔ وہ اکثر اوقات خود کا ہی مذاق اڑاتے ہیں۔

رشید احمد صدیقی ایک بڑے مزاح نگار ہونے کے ساتھ بہت بڑے طنز نگار بھی تھے۔ طنز نگاری کا فن اتنا نازک ہے کہ ذرا سی قلم کو لغزش ہوئی تو کسی نہ کسی کی دل آزاری کا پہلو نکل آیا۔ لیکن وہ اس الزام سے ہمیشہ بری رہے۔ ان کے قلم سے جو بھی تحریریں نکلیں اس میں ظرافت موجِ تہ نشیں کی طرح کارفرما ہیں۔ وہ لفظی بازیگری اور فلسفیانہ عمل دونوں سے کام لیتے ہیں جس سے صرف مخصوص ذہن والے ہی لطف اندوز ہوسکتے ہیں۔ عام قاری لطف اندوز نہیں ہوسکتا۔ ظرافت کا کام لطف اندوزی ہے اور اگر تحریر ہلکی پھلکی ہو تو لطف دوگنا ہوجاتا ہے۔ وہ زمانۂ طالب علمی ہی سے زندگی کی ناہمواریوں کے مضحکہ خیز پہلوؤں پر دلچسپ مضامین لکھتے تھے۔ انھوں نے اپنی ابتدائی زندگی کے واقعات ''آشفتہ بیانی میری'' میں بڑے دل چسپ انداز میں لکھا ہے۔ ان کے موضوعات کا دائرہ بہت وسیع ہے۔ چارپائی، وکیل، ریل کا سفر، دیہاتی ڈاکٹر اور ارہر کا کھیت وغیرہ جیسے موضوعات پر بے تکان لکھتے چلے جاتے ہیں۔ زبان پر انھیں بے پناہ قدرت حاصل تھی۔ وہ لفظوں کے موقع و محل کے حساب سے بڑی آسانی سے ڈھالنا جانتے تھے۔ ان کی تصانیف میں خنداں، مضامین رشید، ذاکر صاحب، آشفتہ بیانی میری، گنج ہائے گراں مایہ، ہم نفسانِ رفتہ، شیخ نیازی، جدید

غزل اور طنزیات ومضحکات قابل ذکر ہیں۔ وہ کسی واقعہ کی تمہید میں ظرافت کا آغاز اس طرح کرتے ہیں کہ اصل موضوع تک پہونچتے پہونچتے مزاح اپنے نقطۂ عروج تک پہونچ جاتا ہے۔ انھوں نے اپنے بیشتر مضامین ریڈیو کے لئے لکھے ہیں اس لئے تحریر میں خطابت کا رنگ سرایت کر گیا ہے۔ ان کے طنز کی سب سے بڑی خصوصیت یہ ہے کہ وہ بیک وقت خود کو اور ناظر کو تمسخر کا نشانہ بناتے ہیں۔ وہ واحد طنز نگار ہیں جن کی تحریروں میں شروع سے آخر تک ایک سنبھلی ہوئی کیفیت موجود رہتی ہے۔

شوکت تھانوی کا اصلی نام محمد عمر تھا۔ ان کا شمار اردو کے مشہور ومعروف طنز ومزاح نگاروں میں ہوتا ہے۔ ان کے مزاحیہ افسانے ''سودیشی ریل'' سے ان کی شہرت چاروں طرف پھیل گئی۔ وہ اپنی تحریروں میں لفظوں کے الٹ پھیر، چٹکلے، رعایت لفظی، محاورے اور املا کی ناہمواریوں سے بھی زیادہ واقعات کو مضحکہ خیز بنا کر ظرافت پیدا کرتے ہیں۔ ان کے طنز ومزاح میں گہرائی نہیں بلکہ سطحیت ہے۔ لیکن قاری کو ان میں ہنسنے کا مواد خوب مل جاتا ہے۔ وہ قاری کو ہنسانے میں تو کامیاب ہو جاتے ہیں لیکن ان کی تحریریں قاری کو غور وفکر کرنے پر مجبور نہیں کرتیں۔ حالانکہ وہ سماجی کمزوریوں اور ناہمواریوں کو دور کرنا چاہتے ہیں۔ اس لئے ان پر ہنستے اور مذاق اڑاتے ہیں۔

کنھیا لال کپور کا شمار اردو کے کامیاب طنز ومزاح نگاروں میں ہوتا ہے۔ وہ انسانی فطرت سے بخوبی واقف ہیں۔ اس لئے انسان کی عام کمزوریوں کو بڑی حد تک اپنی گرفت میں کر لیتے ہیں۔ وہ انگریزی ادب کے طنزیہ اور مزاحیہ ادب سے بھی بخوبی واقف ہیں۔ ان کی تخلیقات زمان ومکان کے حدود کو توڑتے ہوئے آگے بڑھ جاتی ہیں۔ ہر زمانے کے لوگ ان کی تحریروں سے لطف اندوز ہوتے رہے ہیں۔ فسلفۂ کائنات، کامریڈ شیخ چلی اور انکم ٹیکس والے ان کے نمائندہ مضامین ہیں۔ ان کے طنز میں تیزی اور نفاست دونوں ہے۔ ان کا طنز تیز نشتر کی طرح بڑی صفائی کے ساتھ عمل جراحی کرتا ہے۔ عام طور پر وہ ادبی موضوعات کو طنز وظرافت کا نشانہ بناتے ہیں۔ جیسے ''چینی شاعری''، ''غالب جدید شعرا کی مجلس میں'' اور ''اہل زبان'' ان کے نمائندہ مضامین ہیں۔ زبان پر انھیں قدرت حاصل ہے۔ اور وہ صاف ستھری زبان لکھتے ہیں۔ اس لئے ان کے مضامین ادبی رنگ میں رنگے نظر آتے ہیں۔ ابتدائی دور میں ان کی زبان زیادہ نکھری ہوئی نہیں تھی لیکن رفتہ رفتہ زبان پر گرفت مضبوط ہوتی گئی۔ ان کا ذوق مزاح بہت شستہ ہے۔ وہ صرف لفظوں کے الٹ

پھیر سے مزاح پیدا نہیں کرتے بلکہ خیال اور کرداروں کے سہارے اسے پروان چڑھاتے ہیں۔

کرشن چندر کا شمار بنیادی طور افسانہ نگاروں میں ہوتا ہے۔ان کی ادبی تربیت رومانی ماحول میں ہوئی ہے۔لیکن ان کی تحریروں کا نمایاں وصف طنز وظرافت ہے۔ان کے طنز کی سب سے بڑی خوبی یہ ہے کہ وہ جھٹکے نہیں لگاتے بلکہ سماج میں پھیلی برائیوں اور خرابیوں پر چٹکیاں لے لے کر مار ڈالتے ہیں۔وہ زندگی پر ہنستے نہیں بلکہ اس کے ساتھ قدم سے قدم ملا کر ہنسنے کی کوشش کرتے ہیں۔قاری پہلے تو مضمون کا لفافہ دیکھ کر ان کی مخالفت کرتا ہے لیکن جب اندر کا مضمون پڑھتا ہے تو دھیرے دھیرے ان کا ہمنوا بن جاتا ہے۔کرشن چندر بہت حساس تھے،ان کی نظر بہت تیز تھی اور وہ ماحول کا گہرا شعور رکھتے تھے۔طنز ومزاح کے موضوع پر ''گدھے کی سرگزشت'' کرشن چندر کی اہم تصنیف ہے۔انھوں نے خالص طنزیہ مضامین بھی لکھے ہیں ۔ہوائی قلعے،غسلیات،سوراج سے پچاس سال بعد،مانگے کی کتابیں وغیرہ قابل ذکر ہیں۔

دور جدید میں جن مزاح نگاروں نے طنز وظرافت کو بلندیوں تک پہونچانے میں اہم کردار ادا کیا ہے ۔ان میں سے کچھ لوگوں کے نام ان کی مشہور تصنیفات کے ساتھ درج ذیل ہیں:

ابراہیم جلیس کی ''اوپر شیروانی ،اندر پریشانی''،''آزاد غلام''،''نیکی کر تھانے جا''،''گورے گئے کالے آئے''اور احمد جمال پاشا کی ''اندیشۂ شہر''،''ستم ایجاد''،''لذت آزاد''اور راجندر سنگھ بیدی کی ''دانہ ودام''،''ایک چادر میلی سی''،''بیوی، بیماری اور مہمان''اور سید ضمیر جعفری کی ''اڑتے ہوئے خاکے''اور بھارت چند کھنہ کی ''ٹھنڈی بجلیاں''،''مسکراتے آنسو''،''تیر نیم کش''اور شفیق الرحمٰن کی ''کرنیں''،''شگوفے''،''نئے شگوفے''،''مدوجزر''،''حماقتیں''اور غلام احمد فرقت کاکوروی کی ''کفِ گل فروش''،''صیدوہدف''،''قدمچے''،''غالبؔ خستہ کے بغیر''اور نریندر لوتھر کی ''مزاج پرسی''اور یوسف ناظم کی ''کیف وکم''،''فٹ نوٹ''،''دیوارِیے''،''زیرِ غور''،''سائے''اور مشتاق یوسفی کی ''چراغ تلے''،''زرگزشت''،''خاکم بدہن''اور کرنل محمد خان کی ''بجنگ آمد''،''بہ سلامت روی''اور مجتبیٰ حسین کی ''قطع کلام''،''تکلف برطرف''،''قصہ مختصر''اور مجیب سہالوی کی ''بہت بے آبرو ہوکر''اور وجاہت علی سندیلوی کی ''باقیاتِ غالبؔ''،''دھوپ کی عینک''،''طشت ازبام''،''دودھ کے دھلے''،تخلص بھوپالی کی ''پاندان والی خالہ''،''غفور میاں''اور خواجہ عبدالغفور کی ''شگوفہ راز''،''گل گلزار''وغیرہ شامل ہیں۔

سوال:2 طنز و مزاح سے متعلق مختلف نظریات قلمبند کیجیے۔

جواب: انسانی فکر کی تاریخ میں مزاح کے مسئلے میں ہمیں دو نظریے ملتے ہیں۔ پہلا نظریہ ارسطو کا ہے جو کہتا ہے کہ ہنسی کسی ایسی کمی یا بدصورتی کو دیکھ کر معرض وجود میں آتی ہے جو درد انگیز نہ ہو۔ دوسرا نظریہ کانٹ کا ہے جو کہتا ہے کہ ہنسی اس وقت نمودار ہوتی ہے جب کوئی چیز ہوتے ہوتے رہ جائے۔ اور ہماری امید یں اچانک پانی کے بلبلے کی طرح پھٹ کر ختم ہو جائیں۔ ایسٹ مین نے ان متضاد نظریوں کی ایک انوکھے انداز میں وضاحت کی اور یہ بتایا کہ یہ دونوں نظریے اپنی اپنی جگہ ہنسی کو سمجھنے میں ہمارے معاون ہیں۔ اس نے مزاح کو ایک قطعاً علاحدہ انسانی جبلت قرار دیا۔ اس نے کہا کہ مزاح کھیل کی جبلت ہے۔ اس کا کام یہ ہے کہ انسان کو صدمے اور مایوسی سے ہنس کھیل کر مقابلہ کرنے کا ہمت و حوصلہ دے۔

برگسان نے ہنسی کو خالص ذہنی عمل قرار دیا ہے۔ اس کے نظر میں ہنسی نہ صرف سوسائٹی کے ہر اس عمل کو شبہ کی نظر سے دیکھتی ہے جو میکانکی صورت اختیار کرنے اور جمود کو مسلط ہو جانے میں مدد بہم پہونچاتا ہے۔

فرائڈ نے مزاح کی چار صورتیں بیان کی ہیں:

(۱) بے ضرر لطائف: اس کا مقصد صرف یہ ہوتا ہے کہ یہ الفاظ یا افکار کی جادوگری سے سامان انبساط بہم پہونچانے کا کام کرتے ہیں۔

(۲) افادی لطائف: اس میں بھی بے ضرر لطائف کا ہی طریق کار اختیار کیا جاتا ہے۔ لیکن اس کے ساتھ ہی کسی جنسی یا تشدد آمیز خواہش کی بھی تسکین کرتے ہیں۔ ایسے لطائف کسی نہ کسی کے خلاف ضرور صف آرا ہوتے ہیں۔

(۳) مضحک: مضحک سے حصول مسرت یہ قوت تخیل میں بحث سے پیدا ہوتی ہے۔ کھودا پہاڑ نکلا چوہا اس کی بہترین مثال ہے۔

(۴) خالص مزاح: اس کا حصولِ مسرت قوتِ جذبات میں بحث کے نتیجے میں ہوتا ہے۔ مثال کے طور پر ایکشخص مصیبت میں گرفتار ہے۔ دوسرے کو اس سے ہمدردی ہو جاتی ہے۔ لیکن پہلے شخص کے کسی بات سے دوسرے کو محسوس ہوتا ہے کہ وہ اپنی بات کا مذاق اڑا رہا ہے تو دوسرا بھی مذاق میں اس کا ساتھی بن جاتا ہے۔

سوال:3 منشی سجاد حسین کے مزاحیہ ناول حاجی بغلول پر تبصرہ کیجیے۔

یا

منشی سجاد حسین پر ایک نوٹ لکھیے۔ [دسمبر:2015 سوال:5(c)]

جواب: منشی سجاد حسین ۱۸۵٦ء میں لکھنؤ میں پیدا ہوئے اور ۱۹۱۰ء میں انتقال کر گئے۔ وہ ناول نگار کی حیثیت سے کافی مشہور تھے۔ حاج بغلول، احمق الذین، پیاری زمین اور میٹھی چھری وغیرہ ان کی یادگار ناولیں ہیں۔ وہ لکھنؤ کی ٹکسالی زبان لکھتے تھے۔ وہ انگریزی زبان کے الفاظ سے مزاح پیدا کرنے کے فن سے بخوبی واقف تھے۔ انھوں نے ''شام اودھ'' کے نام سے ایک چھاپہ خانہ بھی قائم کیا تھا۔ اودھ پنچ اخبار اپنے دور کا زبردست سیاسی شعور رکھنے والا اخبار تھا۔ طنز ومزاح اس کا اسلوب تھا مقصد نہیں۔ اودھ پنچ میں سیاسی شعور اور گردو پیش کے جو حالات ملتے ہیں۔ اس کا مقابلہ بہت کم اخبار کر سکتے ہیں۔ ان کے نزدیک ہم مذاق اور ہم خیال افراد کا ایک حلقہ تھا۔ اکبرالہ آبادی، مرزا مچھو بیگ ستم ظریف، تربھون ناتھ ہجر، سید محمد آزاد، جوالا پرشاد برق اور پنڈت رتن ناتھ سرشار وغیرہ اپنے اسلوب وانداز کی وجہ سے ایک انفرادی شان رکھتے تھے۔ اکبرالہ آبادی جو اپنے کلام میں ہنسی مذاق کے ساتھ دعوت فکر بھی دیتے تھے۔

سید محمد آزاد کی زبان سلیس، پر اثر اور پر لطف تھی۔ سجاد حسین نے رنگا رنگ پھولوں سے اپنا گلدستہ سجایا تھا۔ وہ ''لندن پنچ'' سے کافی متاثر تھے۔ انھوں نے طنز ومزاح کے میدان کو وسیع کیا اور اس کے موضوعات میں تنوع پیدا کیا۔ سجاد حسین نے تصنع اور پر تکلف زبان کی سلاست، صفائی کی اور زبان کی سادگی اور فطری انداز پر زور دیا۔ بعض لوگوں کا کہنا ہے کہ اودھ پنچ اردو کا ایسا قلعہ ہے جس کی زیارت کرنے سے آدمی اردو داں ہو جاتا ہے۔ وہ خواتین کے طرز تکلم اور ان کے مخصوص لب ولہجے کی بڑی کامیابی کے ساتھ نقل کرتے ہیں۔ انھوں نے طنزیہ انداز میں ہندوستانی رئیسوں کے نام خطوط بھی لکھے۔ ''لوکل'' اور ''موافقت زمانہ'' اودھ پنچ کے مستقل کالم تھے جن کے ذریعے سجاد حسین اپنے عہد کے حالات اور اہم واقعات پر طنزیہ اور ظریفانہ انداز میں روشنی ڈالتے تھے۔ اودھ پنچ نے جدوجہد آزادی میں بالواسطہ حصہ لیا اور اس کی سیاسی دلچسپی ملک اور بیرون ملک روس، افغانستان اور ترکی وغیرہ میں پھیلی ہوئی تھی۔ منشی صاحب ایک صحافی، ناول نگار کے ساتھ مزاح نگار بھی تھے۔ ابتدا میں ان کے مزاح کا رخ شخصی تھا۔ پھر اجتماعیت کی طرف

مڑ گیا۔لیکن اس کے ساتھ ساتھ کبھی انفرادی رنگ کو ہاتھ سے جانے نہ دیا۔انھوں نے سیاسی اور سماجی مسائل کو پہلی بار طنز و مزاح کا نشانہ بنایا۔مغربی تہذیب اور برطانوی حکومت کو ظرافت کا نشانہ بنایا۔ان کے مزاح کا بہت بڑا حصہ سیاسی اور وقتی تھا جو وقت کے ساتھ ختم ہو گیا۔لیکن اس کے باوجود ان کا جو اُردو مزاح پر گراں قدر احسان ہے اس کو کبھی فراموش نہیں کیا جا سکتا۔

حاجی بغلول' ایسا ہی ایک شخصی، تخلیقی مزاحیہ کردار ہے جو ایک ایسے شخص کے ارد گرد گھومتا ہے جسے لوگ حاجی بغلول کہتے ہیں لیکن اسے کبھی حج بیت اللہ کی زیارت نصیب ہوئی ہے۔صرف بمبئی تک کے حاجی ہیں اور اپنی عجیب و غریب حرکتوں سے لوگوں کا مذاق بنتے ہیں۔حاجی بغلول کا اسلوب لکھنؤ کی ٹکسالی زبان کا مرہون منت ہے۔جس میں معمولی سے معمولی باتوں میں مزاح پیدا کرنے کی کوشش کی گئی ہے۔ کردار نگاری اور پلاٹ سازی کے اعتبار سے اسے ناول نہیں کہا جا سکتا۔اعلا درجے کا مزاح کہنا تو بالکل غلط ہے۔ہاں اس عہد کے حساب سے اس میں مزاح کا پہلو تلاش کیا جا سکتا ہے۔

سوال:4 رشید احمد صدیقی کے مزاحیہ مضمون 'چارپائی' پر تبصرہ کیجیے۔

یا

رشید احمد صدیقی پر ایک نوٹ لکھیے۔ [دسمبر:2015 سوال:5(b)]

جواب: رشید احمد صدیقی ۱۸۹۴ء میں موضع مڑیاہو ضلع جونپور، اتر پردیش میں پیدا ہوئے۔اعلا تعلیم کے لئے ایم اے او کالج علی گڑھ میں داخلہ لیا۔مالی حالت بہت خراب تھی اس لئے کچہری میں ملازمت کے ساتھ تعلیم بھی حاصل کرتے رہے۔اور پھر فارسی میں ایم۔اے کیا۔زمانہ طالب علمی سے مزاحیہ مضمون لکھنا شروع کر دیا تھا۔۱۹۲۲ء میں کالج کے پروفیسر رہے۔جب کالج علی گڑھ مسلم یونیورسٹی بن گیا تو یونیورسٹی میں استاد کی حیثیت سے کام کرتے رہے اور پھر پروفیسر اور صدر شعبہ مقرر ہوئے۔۱۹۵۸ء میں ریٹائر ہو گئے اور پھر ۱۹۷۸ء میں اردو ادب کا یہ جگمگاتا ستارہ ہمیشہ کے لئے ڈوب گیا۔اور اپنے پیچھے طنز و مزاح کا ایسا قیمتی سرمایہ چھوڑ گیا جس سے آنے نسلیں ہمیشہ لطف اندوز ہوتی رہیں گی۔

رشید احمد زمانہ طالب علمی ہی سے زندگی کی ناہمواریوں کے مضحکہ خیز پہلوؤں پر دلچسپ مضامین لکھتے تھے۔انھوں نے اپنی ابتدائی زندگی کے واقعات ''آشفتہ بیانی میری'' میں بڑے دل چسپ انداز میں لکھا

ہے۔ان کے موضوعات کا دائرہ بہت وسیع ہے۔ چار پائی، وکیل، ریل کا سفر، دیہاتی ڈاکٹر اور ارہر کا کھیت وغیرہ جیسے موضوعات پر بے تکان لکھتے چلے جاتے ہیں۔زبان پر انھیں بے پناہ قدرت حاصل تھی۔ وہ لفظوں کو موقع و محل کے حساب سے بڑی آسانی سے ڈھال لیتے ہیں۔ان کی تصانیف میں خنداں، مضامین رشید، ذاکر صاحب، آشفتہ بیانی میری، گنج ہائے گراں مایہ، ہم نفسانِ رفتہ، شیخ نیازی، جدید غزل اور طنزیات و مضحکات اُردو طنز و مزاح کی تنقیدی تاریخ وغیرہ قابل ذکر ہیں۔ وہ کسی واقعہ کی تمہید میں ظرافت کا آغاز اس طرح کرتے ہیں کہ اصل موضوع تک پہونچتے پہونچتے مزاح اپنے نقطۂ عروج تک پہونچ جاتا ہے۔ انھوں نے اپنے بیشتر مضامین ریڈیو کے لئے لکھے ہیں۔اس لئے ان کی تحریروں میں خطابت کا رنگ سرایت کر گیا ہے۔ان کے طنز کی سب سے بڑی خصوصیت یہ ہے کہ وہ بیک وقت خود کو اور ناظر کو تمسخر کا نشانہ بناتے ہیں۔وہ واحد طنز نگار ہیں جن کی تحریروں میں شروع سے آخر تک ایک سنبھلی ہوئی کیفیت موجود رہتی ہے ۔ان کے طنز میں اصلاحی مقصد ہوتا ہے۔ وہ سماج کو ہر طرح کی خرابیوں سے پاک صاف اور اعلا اوصاف سے مزین دیکھنا چاہتے تھے۔ معاشرے، تہذیب و تمدن میں انھیں جو خرابیاں نظر آئیں ان پر انھوں نے زبردست طنز کیا ۔لیکن اس میں ایک حد تک احتیاط بھی کیا۔یہی وجہ ہے جب مزاروں، مزار پرستوں، مجاوروں کی مکاریوں کا پردہ فاش کرتے ہیں تو گہرے طنز اور ناپسندیدگی کے باوجود اس میں شگفتگی اور ضبط کا احساس ہوتا ہے۔

اکبرالٰہ آبادی کے بعد طنز و مزاح کی سب سے گہری چھاپ رشید احمد صدیقی کے یہاں دیکھنے کو ملتی ہے۔وہ معمولی باتوں میں بھی ظرافت کا پہلو تلاش کر لیتے ہیں۔وہ جیتی جاگتی تصویروں سے اپنے مضامین کا تانا بانا تیار کرتے ہیں۔وہ خلق بذلہ سنج ہیں اور دو چیزوں کو مماثل یا متضاد قرار دے کر ان میں مزاح پیدا کرنے کی کوشش کرتے ہیں۔ وہ قول محال یا Paradox کے ماہر ہیں اور لفظوں کے الٹ پھیر سے کام چلاتے ہیں۔ان کی تحریروں میں ایک سولیٹ کی تیزی، برناڈ شا کی بت شکنی، جسٹرٹن کی طباعی تینوں کے نمونے ملتے ہیں۔ان کے اکثر و بیشتر تحریروں میں اردو سے محبت اور علی گڑھ سے جذباتی لگاؤ دیکھنے کو ملتا ہے۔لیکن غور سے دیکھا جائےتو ایک دانش گاہ ایک عالم ہوتا ہے۔ان کے خیال میں اردو کو علی گڑھ سے الگ نہیں کیا جاسکتا۔ دونوں کا مزاج اور معیار یکساں ہے اور دونوں ایک ہی تاریخی اور سماجی تقاضوں کی پیداوار

ہیں۔ ناقدین کا الزام ہے کہ وہ دنیا کو علی گڑھ کی آنکھ سے دیکھتے ہیں۔ ان کی تحریریں علی گڑھ کے اطراف گھومتی ہیں۔ اس لئے ناقدین انھیں اُردو کا والٹر اسکاٹ کہتے ہیں۔ جس طرح والٹر اسکاٹ کی تحریریں اسکاٹ لینڈ کے چاروں طرف گردش کرتی ہیں۔

رشید صاحب کے مضمون 'چار پائی'' میں طنز و مزاح کے نادر نمونے موجود ہیں۔ پورے مضمون کا مرکز و محور چار پائی ہے۔ ان کی تحریروں میں فکر و فن کی نیرنگی، خیالات کی ندرت اور انداز بیان کی جدت، شگفتگی، شیفتگی، برجستگی اور روانی سبھی کچھ ملتی ہے۔ جو انھیں صاحب طرز ادیب بناتی ہے۔ ان کی تحریروں میں سماجی معنویت اور تہذیبی رکھ رکھاؤ کے ساتھ فرحت و انبساط اور طرب و نشاط کے عناصر پوری طرح جلوہ گر ہیں۔ انھوں نے طنز و مزاح کے فن کو وقتی اور طبعی لذت کے لئے نہیں برتا بلکہ افادی نقطہ نظر سے اپنایا ہے۔ رشید احمد اُردو کے ایک بلند پایہ مزاح نگار ہونے کے ساتھ طنز نگار بھی تھے۔ طنز نگاری کا فن اتنا نازک ہے کہ ذرا سی قلم کو لغزش ہوئی تو کسی نہ کسی کی دل آزاری کا پہلو نکل آتا ہے۔ لیکن وہ اس الزام سے ہمیشہ بری رہے۔ ان کے قلم سے جو بھی تحریریں نکلیں اس میں ظرافت موجِ تہ نشیں کی طرح کارفرما ہیں۔ وہ لفظی بازیگری اور فلسفیانہ عمل دونوں سے کام لیتے ہیں جس سے صرف مخصوص ذہن والے ہی لطف اندوز ہو سکتے ہیں۔ عام قاری لطف اندوز نہیں ہو سکتا۔ ظرافت کا کام لطف اندوزی ہے اور اگر تحریر ہلکی پھلکی ہو تو لطف دوگنا ہو جاتا ہے۔ ورنہ سارا مزاہ کرکرا ہو جاتا ہے۔

سوال:5 پطرس بخاری کے حالاتِ زندگی اور فن پر ایک نوٹ لکھیے۔

جواب: پطرس بخاری کا اصلی نام احمد شاہ تھا، یکم اکتوبر ۱۸۹۸ء میں پشاور، موجودہ پاکستان میں پیدا ہوئے۔ اور ۱۳/ دسمبر ۱۹۵۸ء کو نیویارک، امریکہ میں انتقال کر گئے۔ ابتدائی تعلیم زمانے کے رواج اور خاندانی روایات کے مطابق فارسی اور عربی حاصل کی۔ اعلا تعلیم کے لئے گورنمنٹ کالج، لاہور میں ایڈمیشن لیا اور پھر اعلا تعلیم کے لئے لندن کا رختِ سفر باندھا۔ اور کیمبرج یونیورسٹی کے عمانویل کالج میں انگریزی ادب میں Tripos کی ڈگری اول درجے میں حاصل کی اور کالج کے سینئر اسکالر منتخب ہوئے۔ وہ جنوبی ایشیا کے دوسرے طالب علم تھے جنھوں نے انگریزی ادب میں اول درجے کی ڈگری حاصل کی تھی۔ بخاری صاحب نے اپنی ملازمت کا آغاز ٹریننگ کالج سے کیا اور تھوڑے دنوں بعد ہی گورنمنٹ کالج

لاہور کے لیکچرار مقرر ہو گئے۔ ۱۹۳۷ء میں آل انڈیا ریڈیو، حکومت ہند میں اسسٹنٹ کنٹرولر کی حیثیت سے تقرر ہوا۔ چار سال میں ترقی کر کے کنٹرولر جنرل ہو گئے۔ گورنمنٹ کالج لاہور میں پروفیسری کے دوران تقسیم ہند کا واقعہ پیش آیا۔ وہ یہیں قیام پذیر رہے اور انھوں نے پاکستان کی بین الاقوامی کانفرنس میں حصہ لیا۔ انھیں یکم اگست ۱۹۴۹ء میں اقوام متحدہ میں پاکستان کا مستقل مندوب مقرر کیا گیا۔ ۱۹۵۳ء میں اقوام متحدہ کے انڈر سکریٹری جنرل انچارج تعلقات عامہ منتخب ہوئے۔ جس پر ہندوستان نے سخت احتجاج کیا۔ لیکن اقوام متحدہ کے جنرل سکریٹری داگ ہیمر شولڈ نے ہندوستان کے اعتراضات کو رد کرتے ہوئے ان کی تقرری کی منظوری دے دی۔ بخاری صاحب کی یہ تقرری پاکستان کے لئے ایک اعجاز ہے جو آج تک کسی پاکستانی کو حاصل نہ ہو سکا۔ بخاری صاحب نے اپنی ادبی زندگی کا باقاعدہ آغاز 'سول اینڈ ملٹری گزٹ' سے کیا۔ وہ عام طور سے تنقیدی مضامین لکھتے تھے۔ اس وقت 'سول اینڈ ملٹری گزٹ' کے ایڈیٹر M.E.Hardy تھے جو بخاری کو ایک کالم کے سولہ روپئے دیتے تھے۔ جس کی قدر و قیمت اس زمانے میں تین تولہ سونے سے زیادہ تھی۔

۱۹۴۵ء میں جے پور میں PEN (اہل قلم کی بین الاقوامی انجمن) کا سالانہ اجلاس منعقد ہوا تھا۔ جس میں ملک اور بیرون ملک کی عظیم شخصیات ای ایم فاسٹر، محترمہ سروجنی نائیڈو، پنڈت جواہر لال نہرو، رادھا کرشنانن، صوفیا واڈیا، مرزا اسماعیل، ملک راج آنند وغیرہ شامل تھے۔ پطرس نے اجلاس میں ایک نہایت فکر انگیز مقالہ بعنوان ''ہمارے زمانے کا اردو ادب'' پیش کیا تو ان کے مقالے کے دھوم مچ گئی۔ پہلی بار کسی نے اردو اور ہندوستانی زبانوں کے ادیبوں کے بنیادی مسئلے کو نہایت وضاحت کے ساتھ پیش کیا تھا۔ انھوں نے کہا ہندوستانی ادیب مادری زبان اور انگریزی زبان کے دو چکی کے پاٹوں کے درمیان پس رہا ہے یہی کشمکش اس کے فکر و نظر کو پروان چڑھنے نہیں دیتی۔ پطرس بخاری کی تنقید کسی خاص صنف تک محدود نہیں ہے۔ وہ اردو ادب کے تمام اصناف نظم و نثر، افسانہ، ڈراما اور دیباچوں اور تقریظوں پر بھی اپنی رائے کا اظہار کرتے ہیں۔ وہ انگریزی زبان کے رموز، انداز اور مزاج سے اچھی طرح واقف تھے۔ انھیں اردو زبان کے اظہار پر پوری قدرت حاصل تھی۔ ان کے ترجموں میں افسانے، ڈرامے، مضامین اور اوپیرا وغیرہ شامل ہیں۔ بخاری کا کمال یہ ہے کہ وہ اپنی مزاح نگاری کو تمسخر اور طنز سے آلودہ نہیں ہونے دیتے۔ وہ انسانوں

کے پیچ رہ کر ان کی ذہنی اور عملی حرکات کے کسی کمزور پہلو کو شوخی اور لطافت کے ساتھ پیش کرتے ہیں۔ان کی تحریروں میں خالص ادبی مزاح کے بہترین نمونے موجود ہیں۔ان کے یہاں طنز کم اور مزاح زیادہ ہے۔وہ اپنے یہاں خوجی، حاجی بغلول اور چچا چھکن جیسے کردار تخلیق نہیں کرتے بلکہ انسانی زندگی میں جہاں کہیں انھیں کوئی کمزوری نظر آتی ہے اسی کو مزاحیہ اور ڈرامائی انداز میں پیش کرتیہیں۔لیکن اس میں بھی ہمدردی کا عنصر موجود رہتا ہے۔'مرید پور کا پیر'' میں جب لیڈر تقریر کرنے کھڑا ہوتا ہے، پرچہ گم ہوجانے کی وجہ سے تقریر نہیں کر پاتا تو پطرس اس کا مضحکہ اڑانے کے بجائے اس سے ہمدردی کرنے لگتے ہیں۔مذاق مذاق میں وہ کام کی بات کہہ جاتے ہیں۔خواہ لاہور کا جغرافیہ ہو یا میبل اور میں ہو۔ ہر جگہ ان کا ذہن مقصدیت کے گرد گھومتا ہے۔یہی وہ خصوصیات ہیں جو دوسرے مزاح نگاروں سے انھیں ممتاز بناتی ہیں۔واقعات کے ربط و تسلسل میں مزاحیہ عناصر کو سمو کر ظرافت کے سانچے میں ڈھالنے کا ہنر انھیں بخوبی آتا ہے۔سویرے جو کل آنکھ میری کھلی، کتا، مرحوم کی یاد میں، ہاسٹل میں پڑھنا، میں ایک میاں ہوں، میبل اور میں، مرید پور کا پیر اور سنیما کا شوق وغیرہ یادگار مضامین ہیں جن میں طنز و مزاح ملے ہوئے ہیں لیکن ان میں مزاح اور ظرافت کا پہلو غالب ہے۔

بعض ناقدین کی رائے ہے کہ پطرس غلط اردو لکھتے ہیں۔رشید احمد صدیقی ان کے اعتراضات کا جواب اس طرح دیتے ہیں کہ پطرس عام طور پر غلط اردو نہیں لکھتے بلکہ ''چنانچہ'' اور ''چونکہ'' جیسے الفاظ سے وہ فقروں اور جملوں کو طویل کر دیتے ہیں۔ان کی ظریفانہ تحریروں کی انفرادیت میں واحد متکلم بے حد اہم ہے جس سے مضمون میں لطف و انبساط کا عنصر نکھر آتا ہے۔وہ ظرافت میں غیر شائستہ جملوں اور اشاروں کے قائل نہیں بلکہ ظرافت کو ایک شائستہ فن سمجھتے ہیں۔وہ اردو نثر کے پہلے پیروڈی نگار ہیں۔ان کی ''اُردو کی آخری کتاب''، محمد حسین آزاد کی مشہور کتاب ''اردو کی پہلی کتاب'' کی تحریف ہے۔ان کی دوسری پیروڈی ''لاہور کا جغرافیہ'' ہے۔

سوال:6 پطرس بخاری کے مضمون ''مرحوم کی یاد میں'' پر تبصرہ کیجیے۔ [جون:2015 سوال:5]

جواب: پطرس بخاری اپنے مزاحیہ اسلوب کی وجہ سے جانے جاتے ہیں۔حالانکہ اردو ادب میں مزاحیہ ادب پطرس سے پہلے بھی موجود تھا لیکن اس میں پھکڑ پن اور سستے چٹکلوں کی بھرمار تھی۔طنز و مزاح میں

بنیادی فرق یہ ہے کہ طنز ٹوٹے ہوئے تانے بانے کو بکھیر دیتا ہے جبکہ مزاح اس کو جوڑنے کی کوشش کرتا ہے۔ خالص مزاح کے سب سے بڑے علمبردار پطرس ہیں جن کے یہاں طنز کے عناصر تلاش کرنے پر بھی نہیں ملتے۔ ظرافت نگاری میں ان کے ہم عصروں میں ان کا کوئی ثانی نہیں ہے۔ یہی وجہ ہے کہ ان کا نام اردو مزاح کی تاریخ میں چند مضامین کے بدولت ہی زندہ جاوید ہوگیا۔ پطرس نے مغربی ادب سے فیض اٹھایا اور اپنی تحریروں میں واقعہ، کردار، موازنہ اور اسٹائل کی ظرافت کو بے اختیار اپنالیا۔ ان کا سب سے بڑا کمال یہ ہے کہ انھوں نے واقعہ میں مزاح پیدا کرنے کی کامیاب کوشش کی ہے۔ پطرس زندگی کی حقیقت کو کبھی تنگ نظری اور حقارت سے نہیں دیکھتا بلکہ اس کو ہمدری اور محبت سے دیکھتا ہے اور اس میں مزاح کا پہلو تلاش کر کے قارئین کو ہنسنے پر مجبور کر دیتا ہے۔ ان کا مضمون 'مرحوم کی یاد میں' کی پوری کہانی مرزا صاحب کی ایک عجیب و غریب سائیکل کے ارد گرد گھومتی ہے جس کو ان کے ایک عزیز (واحد متکلم) خرید لیتے ہیں۔ پطرس نے اس سائیکل کی شکل و ہیئت، پرزوں اور اس پر سواری کے عجیب و غریب احوال و کوائف کو بڑے ہی مزاحیہ انداز میں بیان کیا ہے کہ بے اختیار ہنسی چھوٹ جاتی ہے۔ واقعہ نگاری ہی ان کے مزاح کی بنیادی خصوصیت ہے۔ پطرس کی خوبی یہ ہے کہ وہ طنز کا نشانہ خود اپنی ذات کو بنا کر مزاح پیدا کرتے ہیں۔ ان کا مزاح فطری ہے۔ انھیں مزاح پیدا کرنے کے لئے کسی خاص موضوع، کردار، لفظ یا واقعے کی یا کسی ذریعے اور بہانے کی ضرورت نہیں پڑتی۔ کیوں کہ جب ایک فطری مزاح نگار قلم اٹھاتا ہے تو مزاح قدرتی طور پر بڑی آسانی اور روانی کے شروع ہو جاتا ہے۔ وہ ایسی جگہوں اور موقعوں میں بھی مزاح کا پہلو تلاش کر لیتے ہیں جہاں قاری کا ذہن پہونچ بھی نہیں پاتا۔ مضمون سے چند اقتباس ملاحظہ ہو:

> "ایک دن مرزا صاحب اور میں برآمدے میں ساتھ ساتھ کرسیاں ڈالے چپ چاپ بیٹھے تھے۔ جب دوستی بہت پرانی ہو جائے تو گفتگو کی چنداں ضرورت باقی نہیں رہتی۔ اور دوست ایک دوسرے کی خاموشی سے لطف اندوز ہو سکتے ہیں۔ یہی حالت ہماری تھی۔ ہم دونوں اپنے اپنے خیالات میں غرق تھے۔ مرزا صاحب تو خدا جانے کیا کیا سوچ رہے تھے۔ لیکن میں زمانے کی ناسازگاری پر غور کر رہا تھا۔ دور سڑک پر تھوڑے تھوڑے وقفے کے بعد ایک موٹر کار گزر جاتی تھی۔ میری طبیعت کچھ

ایسی واقع ہوئی ہے کہ میں جب کبھی کسی موٹر کار کو دیکھوں، مجھے زمانے کی ناسازگاری کا خیال ضرور ستانے لگتا ہے۔ اور میں کوئی ایسی ترکیب سوچنے لگتا ہوں جس سے دنیا کی تمام دولت سب انسانوں میں برابر برابر تقسیم کی جا سکے۔''

بعض لوگ پطرس کی زبان پر اعتراضات کرتے ہیں کہ وہ خود کو 'ہم' لکھ کر فوراً ہی 'میں' لکھ دیتے ہیں۔ اس کے علاوہ ان کی تحریروں میں تذکیر و تانیث کی کہیں کہیں غلطیاں بھی ہیں۔ لیکن یہ چھوٹی موٹی غلطیاں ہیں جن سے مزاح نگاری میں کوئی فرق نہیں پڑتا۔ وہ سیدھے سادھے موضوعات، واقعات اور چیزوں کو اپنے مخصوص انداز میں اس طرح بیان کرتے ہیں کہ ان میں مزاح اپنے آپ پیدا ہو جاتا ہے۔ آج نصف صدی سے زیادہ عرصہ گزر جانے کے باوجود بھی ان کی کتاب ''پطرس کے مضامین'' ایک مختصر کتاب ہونے کے باوجود بھی سدا بہار ہے۔ پطرس نے اس کتاب میں زندگی کی ناہمواریوں پر اس طرح روشنی ڈالی ہے کہ ان میں کہیں بھی طنز اور تلخی کا شائبہ نہیں ہے۔ پطرس کو جہاں کہیں بھی ہمارے سماج میں بے ڈھنگا پن نظر آتا ہے۔ وہاں وہ بے چین ہو جاتا ہے اور اپنے مخصوص انداز میں اس بے ڈھنگے پن کو اجاگر کر دیتا ہے۔ کیوں کہ مزاح نگار کا اصل کام یہی ہے کہ وہ زندگی میں بے تکی اور بے ڈھنگی چیزوں کو مزاحیہ انداز میں پیش کرے اور اس کام کو پطرس نے بخوبی انجام دیا ہے۔

سوال: 7 شوکت تھانوی کا مختصر سوانح حیات قلمبند کیجیے۔

جواب: شوکت تھانوی ۲ر فروری ۱۹۰۴ء کو قصبہ تھانہ بھون ضلع متھرا کے مقام بندرابن میں پیدا ہوئے۔ اسی کی نسبت سے وہ اپنے نام کے آگے تھانوی لگاتے ہیں۔ ابتدائی تعلیم گھر پر حاصل کی۔ ان کے والد محکمہ پولیس میں کوتوال تھے۔ کچھ دنوں بعد ان کے والد انسپکٹر جنرل پولیس بھوپال ہو گئے۔ شوکت اپنے والدین کے ساتھ بھوپال چلے گئے۔ اور اس کے بعد ان کے والد نے لکھنؤ میں مستقل سکونت اختیار کر لی۔ شوکت نے یہیں پر اردو میں عبور حاصل کیا اور مختلف اخباروں ہمدم، ہمت اور ہفت روز سرپنچ وغیرہ کے ساتھ وابستہ ہو گئے۔ انھیں اخباروں نے انھیں ایک مزاح نگار کی حیثیت سے متعارف کرایا۔ تقسیم ملک کے بعد پاکستان چلے گئے اور وہاں مختلف اخبارات سے وابستہ رہے۔ ریڈیو پاکستان سے ان کا مستقل فیچر (قاضی جی) بہت مقبول ہوا۔ انھوں نے 'مابدولت' (خودنوشت) میں اپنے عادات و اطوار کو بڑے مزاحیہ انداز میں بیان کیا

ہے۔'شیش محل' میں قلمی تصویریں اور خاکے پیش کئے ہیں۔ برقِ تبسم، بحرِ تبسم، سیلاب تبسم، دنیائے تبسم اور طوفانِ تبسم ان کی مزاحیہ تحریریں ہیں۔'سودیشی ریل، سودیشی ڈاک' وغیرہ مضامین اب تک بڑے دل چسپی سے پڑھے جاتے ہیں۔ان کی مزاحیہ تحریروں کو نصف صدی سے زیادہ عرصہ گز جانے کے بعد آج بھی بڑے ذوق وشوق سے پڑھا جاتا ہے۔ وہ زندگی کے آخری ایام میں 'جنگ' اخبار کے ایڈیٹر رہے۔وہ ایک صحافی، ناول نگار، ڈراما نگار، افسانہ نگار، مزاح نگار، ادیب اور شاعر تھے۔ان کا مجموعہ کلام 'گہرستان' کے نام سے شائع ہوا۔۱۴رمئی ۱۹۶۳ء کو لاہور میں انتقال کر گئے۔

شوکت تھانوی میں غیر معمولی مزاح کی حس تھی۔وہ چھوٹے موٹے واقعات اور معمولی باتوں سے مزاح کا پہلو تلاش کر لیتے تھے۔لیکن بسیار نویسی نے ان کے فن کو نکھرنے کا زیادہ موقع نہ دیا۔ بسیار نویسی میں ان کی معاشری ضرورت، احباب اور مدیروں کا بڑا دخل تھا جیسا کہ خود لکھتے ہیں کہ ''اپنے مضامین کو میں نے مختلف حیثیتوں میں تقسیم کر رکھا ہے۔مثلاً فرمائشی، فہمائشی، نمائشی، معاشی اور پیدائشی......اب ذرا معاشی مضامین پر غور کر لیجئے۔ یہ وہ مضامین ہیں جن کو درزی کا ٹھیکہ کہنا چاہیے۔یہ میرے مضامین کی بڑی زرخیز قسم ہے اور یہاں قائل ہونا پڑتا ہے کہ یہ ادب برائے ادب قسم کی باتیں محض ڈھکوسلے ہیں۔ اصل چیز ادب برائے چیک اور چیک برائے بینک......ان مضامین کو بھی لوگ تنقیدی نظر سے پڑھتے ہیں۔اب ان کو کیسے سمجھایا جائے کہ صاحب! اس قسم کی تنقید آخر آپ ترکاریوں پر کیوں نہیں کرتے، جو بازار میں بکنے کے لئے ڈھیر ہوتی ہیں۔''

ادب کو پیشہ بنانے ہی کا نتیجہ ہے کہ ان کے مضامین اور ناولوں میں وغیرہ میں 'بھرتی کا مال' بہت ملتا ہے۔ انھوں نے صفحات بھرنے کے لئے غیر ضروری تفصیلات اور طوالت کا طریقہ اپنا لیا۔ انھوں نے افسانے اور ناول بھی لکھے ہیں۔ان کے افسانوں میں انشائیہ کا رنگ دیکھنے کو ملتا ہے۔ان کی تحریریں انسان کی روزمرہ زندگی کی کمزوریوں کے اردگرد گھومتی ہیں۔وہ مکالموں سے مزاح پیدا کرنے کے ہنر سے بخوبی واقف ہیں۔'خدانخواستہ، بکواس، کتیا اور سسرال وغیرہ ان کے مقبول ناول ہیں۔وہ واقعات اور ماحول وفضا اچھی تصویر کشی کرنے میں ماہر ہیں۔ان کی تحریروں میں ہمارے یہاں کے عام گھروں کا ماحول ابھر کر سامنے آتا ہے۔انھوں نے اپنے ناولوں اور افسانوں میں ایسی دنیا بسائی ہے جس میں ہر چیز برعکس دکھائی دیتی ہے

اوران کی تحریروں میں الٹی گنگا بہتی ہے۔وہ ایک مزاحیہ کالم نویس بھی تھے۔اُردو میں مزاحیہ صحافت کا آغاز اودھ پنچ سے ہوتا ہے۔جس کی تقلیدی روایت منشی سجاد حسین، مولانا محمد علی جوہر، خواجہ حسن نظامی، ظفرعلی خاں، عبدالماجد دریابادی اور چراغ حسن حسرت سے ہوتے ہوئے شوکت تھانوی تک پہونچتی ہے۔وہ تقسیم ہند سے پہلے 'ہمدم'، تحریک اودھ، سرپنچ، طوفان، ہند، حق وغیرہ کے لئے مزاحیہ کالم لکھتے تھے۔اور پاکستان جانے کے بعد اخبار 'جنگ' میں مزاحیہ کالم لکھنے لگے۔انھوں نے پیروڈی بھی لکھی ہیں۔ان میں اقبال کے تصور مردمومن پر پرلطف اور مزاح انگیز پیروڈی ہے۔

سوال:8 'سودیشی ریل' پر ایک نوٹ لکھیے۔ **[جون:2016 سوال:5(a)]**

جواب: شوکت تھانوی نے اپنے مضمون 'سودیشی ریل' کے ذریعے بڑے محتاط انداز میں انگریزی حکومت کی تعریف اور ہندوستان میں تحریک آزادی کا مزاحیہ انداز میں مذاق اڑایا ہے۔وہ اپنی تحریروں میں سیاسی مسائل پر بہت کم بات کرتےہیں۔لیکنجہاں بھی خیال آرائی کی ہے بڑی احتیاط سے کام لیا ہے۔ان کے سیاسی مضامین میں آزادی (سوراج) کی جدوجہد کی جھلکیاں دیکھنے کوملتی ہیں۔لیکن ان کا ابتدائی نقطہ نظر کچھ زیادہ ہمدردانہ نہیں تھا۔ان کا خیال تھا کہ آزادی ملنے کے بعد ملک میں افراتفری کا ماحول ہوگا اور چاروں طرف بدانتظامی پھیل جائے گی۔عوام کی بے ڈھنگی عادت اور لاابالی فطرت انھیں کوئی کام ڈھنگ سے کرنے نہیں دے گی۔وہ بالکل آزاد اور بے فکرے ہوں گے۔ان احوال وکوائف کومحسوس کر کے انھوں نے ''سودیشی ریل'' لکھا۔جس میں بتلایا گیا ہے کہ سوراج ملنے کے بعد اسٹیشن کا منظر کتنا بدتر اور خطرناک ہوجاتا ہے۔کوئی آدمی اپنے فرض کےتیئں جواب دہ نہیں رہتا ہے۔ہرشخص اپنی من مانی اور رعب جمانے کی کوشش کرتا ہے۔

دراصل اس دور میں انگریز حکومت اہل ہندوستان پر اپنا تسلط مزید مستحکم کرنا چاہتی تھی۔اوراس فکر میں تھی کہ کس طرح جدوجہد آزادی کے لئے کئے جانے والے اقدامات کے اثرات ختم ہوجائیں۔''سودیشی ریل''، میں دکھایا گیا کہ کس طرح آزادی کے بعد ملک کا نظام درہم برہم ہوگیا۔اس میں سودیشی تحریک کا مذاق اڑایا گیا تھا جس سے حکومت کے ہاتھ مضبوط ہوتے تھے۔اس مضمون کی شہرت کا اندازہ اس بات سے لگایا جاسکتا ہے کہ اس مضمون کے چلتے مولانا کوانگریزی حکومت میں سونگ پبلسٹی کے محکمے میں ملازمت مل گئی تھی۔مضمون سے چنداقتباس ملاحظہ ہو:

''سنیے تو جناب! ٹھہریے تو جناب دیکھیے تو جناب! اچھا دو روپے دے دیجیے۔ آیئے وہی ایک روپیہ تیرہ آنہ دیجیے۔ اب وہ بھی نہ دیجیے گا؟ اچھا آپ بھی کیا کہیں گے۔ لایئے ڈیڑھ روپیہ۔ اب اس سے زیادہ ہم کم نہیں کر سکتے۔ ہمارا نقصان ہو رہا ہے۔''

ہم سمجھے تھے کہ بابو صاحب اس پر راضی نہ ہوں گے مگر واللہ کمال کیا۔ انھوں نے کہ گردن لٹکا کر ذرا دھیمی آواز میں کہنے لگے۔

''لایئے صاحب لایئے۔ بونی کا وقت ہے۔ آپ ہی کے ہاتھوں بونی کرتا ہوں۔''

مولانا صاحب میں غیر معمولی مزاح کی حس تھی۔ وہ چھوٹے موٹے واقعات اور معمولی باتوں سے مزاح کا پہلو تلاش کر لیتے تھے۔ لیکن بسیار نویسی نے ان کے فن کو نکھرنے کا زیادہ موقع نہ دیا۔ وہ واقعات اور ماحول وفضا سے اچھی تصویر کشی کرنے میں ماہر تھے۔ ان کی تحریریں انسان کی روزمرہ زندگی کی کمزوریوں کے اردگرد گھومتی ہیں۔ وہ سیدھے سادھے اور عام بول چال کی زبان میں مکالموں سے مزاح پیدا کرنے کے ہنر سے بخوبی واقف ہیں۔ اسی مزاح کے پہلو پر انھوں نے اپنے مضامین کی بنیاد رکھی ہے۔ مٹی سے سونا اور پتھر سے ہیرا نکالنے کا ہنر انھیں بخوبی آتا ہے۔ ایک چھوٹے سے واقعے کو طویل بنا کر بیان کرنے میں انھیں کمال کی مہارت حاصل تھی۔ لیکن ان کے طنز ومزاح میں گہرائی نہیں بلکہ سطحیت ہے۔ وہ قارئین کو ہنسانے میں تو کامیاب ہو جاتے ہیں لیکن غور وفکر کرنے پر مجبور نہیں کرتے۔ ان کی تحریروں میں مقصدیت واضح ہے اور وہ سماج کی کمیوں اور کوتاہیوں کو دور کرنا چاہتے ہیں۔ اس لئے ان کا ہنس کر مذاق اڑاتے ہیں۔ اس مضمون کے ذریعے شوکت تھانوی نے اہل ہندوستان پر گہرا اور نوکیلا طنز کسا ہے اور کسی حد تک ایک کامیاب کوشش ہے۔ لیکن آزادی کے نقطۂ نظر سے کچھ زیادہ سراہا نہیں جا سکتا۔

سوال: 9 پیروڈی کسے کہتے ہیں؟

جواب: پیروڈی یہ لفظ پیروڈیا سے ماخوذ ہے۔ اردو زبان میں اسے ''تحریف'' کہتے ہیں جس کے معنی الٹ پھیر کرنا۔ یعنی کسی نظم ونثر میں اس طرح ردوبدل کر دیا جائے کہ اس میں مزاح کا رنگ پیدا ہو جائے اور قاری کو ہنسی آ جائے۔ پیروڈی نظم ونثر دونوں میں ہو سکتی ہے۔ پیروڈی طنز وظرافت ہی کی ایک صنف ہے۔ جس میں کسی سنجیدہ چیز کو مضحکہ خیز بنانا یا کسی صحیح بات کو الٹ پھیر کر بیان کرنا کہ اس کی اصل شکل مسخ نہ ہو۔

(۱) لفظی پیروڈی: اس میں پیروڈی نگار کا سارا زور لفظوں کے الٹ پھیر کی جانب ہوتا ہے۔اس کا اصل مقصد تفریح طبع ہوتا ہے۔یعنی کسی تخلیق میں کچھ ردوبدل کر کے اس کے مزاج میں مزاحیہ پہلو پیدا کر دینا۔لفظی پیروڈی کی مثال کسی تصویر کو بگاڑ کر اسے کارٹون بنا دینے سے دی جاسکتی ہے۔

(۲) معنوی پیروڈی: اس میں لفظوں کی تبدیلی کے ساتھ اصل تخلیق کی معنویت بھی بدل جاتی ہے۔ایسی پیروڈیاں کسی اسلوب نگارش یا ادب میں بڑھتی ہوئی جذباتیت کے خلاف طنز کا درجہ رکھتی ہیں۔اور کسی خاص سیاسی اور سماجی برائیوں پر طعنہ زن ہوتی ہیں۔

اُردو نثر میں پیروڈی کی بہت سی مثالیں ہیں مثلاً چراغ حسن حسرت کی ''پنجاب کا جغرافیہ''پطرس کی ''اردو کی آخری کتاب''، شفیق الرحمٰن کی ''تزکِ نادری''احمد جمال پاشا کی ''کپور کا فن''، کنھیا لال کپور کی ''غالب جدید شعرا کی محفل میں''اور''حالی ترقی پسند ادیبوں کی محفل میں'' قابل ذکر ہیں۔

☺☺☺

سوال نامے

(Question Papers)

اُردو کی غیر افسانوی نثر : BULE-005

June, 2015

نوٹ :- سبھی پانچ سوالوں کے جواب لکھیے ۔ سوالوں کے نمبر مساوی ہیں۔

سوال 1: جدید اُردو نثر کے ارتقا پر ایک نظر ڈالیے۔

جواب: دیکھیں بلاک : 1، سوال : 1

(یا)

اُردو نثر کے اسالیب پر تبصرہ کیجیے۔

جواب: دیکھیں بلاک : 1، سوال : 2

سوال 2: اُردو میں مضمون نگاری کے ارتقا پر ایک نوٹ لکھیے۔

جواب: دیکھیں بلاک : 1، سوال : 4

(یا)

شبلی نعمانی کے مضمون ''سرسید اور اُردو لٹریچر'' پر تبصرہ کیجیے۔

جواب: دیکھیں بلاک : 2، سوال : 3

سوال 3: ''بقائے دوام'' کے حوالے سے محمد حسین آزاد کی انشائیہ نگاری پر تبصرہ کیجیے۔

جواب: دیکھیں بلاک : 3، سوال : 3

(یا)

انشائیہ سے کیا مراد ہے؟ چند اہم انشائیہ پردازوں کا حوالہ دیتے ہوئے سمجھائیے۔

جواب: دیکھیں بلاک : 3، سوال : 1

سوال:**4** سوانح نگاری کے فن سے بحث کیجیے۔

جواب: دیکھیں بلاک: 1، سوال: 5

(یا)

جوشؔ ملیح آبادی کی خودنوشت ''یادوں کی بارات'' پر تبصرہ کیجیے۔

جواب: دیکھیں بلاک: 4، سوال: 5

سوال:**5** اُردو میں خاکہ نگاری کی روایت پر ایک نوٹ لکھیے۔

جواب: دیکھیں بلاک: 1، سوال: 6

(یا)

پطرس بخاری کے مضمون ''مرحوم کی یاد میں'' پر تبصرہ کیجیے۔

جواب: دیکھیں بلاک: 6، سوال: 6

☺☺☺

اُردو کی غیر افسانوی نثر : BULE-005

December, 2015

نوٹ:- سبھی پانچ سوالوں کے جواب لکھیے۔ سوالوں کے نمبر مساوی ہیں۔

سوال:1 اُردو نثر کے فروغ میں سرسید تحریک کی خدمات بیان کیجیے۔

جواب: دیکھیں بلاک: 1، سوال: 9

(یا)

اُردو نثر میں خطوطِ غالبؔ کی اہمیت پر روشنی ڈالیے۔

جواب: دیکھیں بلاک: 5، سوال: 1

سوال:2 جدید اُردو نثری اصناف سے کیا مراد ہے۔ چند کا تعارف پیش کیجیے۔

جواب: دیکھیں بلاک: 1، سوال: 3

(یا)

اُردو نثر کے فروغ میں حالؔی کی خدمات پر روشنی ڈالیے۔

جواب: دیکھیں بلاک: 2، سوال: 6

سوال:3 اُردو نثر کی ترقی میں شبلی کے کارناموں سے بحث کیجیے۔

جواب: دیکھیں بلاک: 2، سوال: 4

(یا)

محمد حسین آزادؔ کی نثری خدمات بیان کیجیے۔

جواب: دیکھیں بلاک: 3، سوال: 2

سوال:4 اُردو میں سوانح نگاری کی روایت اور ارتقا پر روشنی ڈالیے۔

جواب: دیکھیں بلاک: 1، سوال: 5

(یا)

جوشؔ ملیح آبادی کی نثری خدمات بیان کیجیے۔

جواب: دیکھیں بلاک: 4، سوال: 5

سوال:5 خاکہ نگاری کی حیثیت سے شاہد دہلوی کے امتیازات پر روشنی ڈالیے۔

جواب: دیکھیں بلاک: 5، سوال: 8

(یا)

ذیل میں سے صرف دو (۲) پر نوٹ لکھیے۔

(a) اُردو لٹریچر کے عناصرِ خمسہ

جواب: دیکھیں بلاک: 2، سوال: 5

(b) رشید احمد صدیقی

جواب: دیکھیں بلاک: 6، سوال: 4

(c) منشی سجاد حسین

جواب: دیکھیں بلاک: 6، سوال: 3

(d) ابوالکلام آزاد

جواب: دیکھیں بلاک: 3، سوال: 6

☺☺☺

BULE-005 : اُردو کی غیر افسانوی نثر

June, 2016

نوٹ:- صرف پانچ سوالوں کے جواب لکھیے۔ سوالوں کے نمبر مساوی ہیں۔

سوال:**1** جدید اُردو نثر کے آغاز وارتقا پر روشنی ڈالیے۔

جواب: دیکھیں بلاک: 1، سوال: 1

(یا)

اُردو نثر کے فروغ میں سرسیّد احمد کی خدمات بیان کیجیے۔

جواب: دیکھیں بلاک: 1، سوال: 9

سوال:**2** اُردو میں سوانح نگاری کی روایت پر روشنی ڈالیے۔

جواب: دیکھیں بلاک: 1، سوال: 5

(یا)

عہدِ سرسیّد کو اُردو نثر کا عہدِ زرّیں کیوں کہا جاتا ہے، اس کے اسباب تفصیل سے بیان کیجیے۔

جواب: دیکھیں بلاک: 1، سوال: 9

سوال:**3** اُردو میں انشاء پردازی کی روایت کا تفصیلی جائزہ پیش کیجیے۔

جواب: دیکھیں بلاک: 3، سوال: 1

(یا)

اُردو نثر کے فروغ میں خواجہ حسن نظامی کی خدمات پر روشنی ڈالیے۔

جواب: دیکھیں بلاک: 3، سوال: 4

سوال:4 خاکہ نگاری کی حیثیت سے شاہد احمد دہلوی کا مرتبہ متعین کیجیے۔

جواب: دیکھیں بلاک: 5، سوال: 8

(یا)

رپورتاژ نگاری میں عصمت چغتائی کی خدمات بیان کیجیے۔

جواب: دیکھیں بلاک: 5، سوال: 7

سوال:5 اُردو نثر میں طنز و مزاح نگاری کی روایت پر تفصیل سے اظہارِ خیال کیجیے۔

جواب: دیکھیں بلاک: 6، سوال: 1

(یا)

ذیل میں سے صرف دو (۲) پر نوٹ لکھیے۔

(a) سودیشی ریل

جواب: دیکھیں بلاک: 6، سوال: 8

(b) مہدی افادی

جواب: دیکھیں بلاک: 2، سوال: 5

(c) رشید احمد صدیقی

جواب: دیکھیں بلاک: 6، سوال: 4

(d) صالحہ عابد حسین

جواب: دیکھیں بلاک: 5، سوال: 3

☺☺☺

BULE-005 : اُردو کی غیر افسانوی نثر

December, 2016

نوٹ:- سبھی پانچ سوالوں کے جواب لکھیے۔ سوالوں کے نمبر مساوی ہیں۔

سوال:1 جدید اُردو نثر کے ارتقا پر مضمون تحریر کیجیے۔

جواب: دیکھیں بلاک: 1، سوال: 1

(یا)

اُردو نثر کے مختلف اسالیب پر روشنی ڈالیے۔

جواب: دیکھیں بلاک: 1، سوال: 2

سوال:2 اُردو کے اہم انشا پردازوں کی تحریروں کے بارے میں اپنی رائے بیان کیجیے۔

جواب: دیکھیں بلاک: 1، سوال: 8

(یا)

اُردو میں مضمون نگاری کی روایت اور فن پر تبصرہ کیجیے۔

جواب: دیکھیں بلاک: 2، سوال: 1

سوال:3 سر سیّد کے مضمون 'امید کی خوشی' کو مدنظر رکھ کر ان کے فن پر اظہارِ خیال کیجیے۔

جواب: دیکھیں بلاک: 2، سوال: 2

(یا)

شبلی نعمانی کی مضمون نگاری اور ان کے مضمون 'سر سیّد اور اُردو لٹریچر' پر تبصرہ کیجیے۔

جواب: دیکھیں بلاک: 2، سوال: 3

سوال:**4** مہدی افادی کے مضمون 'اُردو لٹریچر کے عناصر خمسہ' کا خلاصہ قلمبند کیجیے۔

جواب: دیکھیں بلاک: 2، سوال: 5

(یا)

اُردو انشائیہ نگاری کی روایت اور فن پر ایک مضمون تحریر کیجیے۔

جواب: دیکھیں بلاک: 3، سوال: 1

سوال:**5** الطاف حسین حالؔی کی سوانح نگاری کا تجزیہ 'یادگارِ غالبؔ' کی روشنی میں کیجیے۔

جواب: دیکھیں بلاک: 4، سوال: 3

(یا)

اُردو میں طنز و مزاح کی روایت اور فن پر اظہارِ خیال کیجیے۔

جواب: دیکھیں بلاک: 6، سوال: 1

☺☺☺

BULE-005 : اُردو کی غیر افسانوی نثر

June, 2017

نوٹ :- سبھی پانچ سوالوں کے جواب لکھیے ۔سوالوں کے نمبر مساوی ہیں۔

سوال:1 جدید اُردو نثر کے ارتقا پر اپنے خیالات کا اظہار کیجیے۔

جواب: دیکھیں بلاک: 1، سوال: 1

(یا)

اُردو میں غیر افسانوی نثری اصناف کی نشان دہی کیجیے۔

جواب: دیکھیں بلاک: 1، سوال: 3

سوال:2 اُردو کے اہم انشا پردازوں کے کارناموں پر تبصرہ کیجیے۔

جواب: دیکھیں بلاک: 1، سوال: 8

(یا)

سرسید کے مضمون ''امید کی خوشی'' پر ایک تنقیدی مضمون قلمبند کیجیے۔

جواب: دیکھیں بلاک: 2، سوال: 2

سوال:3 شبلی نعمانی کی مضمون نگاری پر 'سرسید اور اُردو لٹریچر' کی روشنی میں تبصرہ کیجیے۔

جواب: دیکھیں بلاک: 2، سوال: 3

(یا)

محمد حسین آزاد کی انشائیہ نگاری پر ایک تنقیدی مضمون تحریر کیجیے۔

جواب: دیکھیں بلاک: 3، سوال: 3

سوال:**4** ابوالکلام آزاد کے مضمون 'چڑیا اور چڑے کی کہانی' کی روشنی میں ان کی انشائیہ نگاری کی خصوصیات بیان کیجیے۔

جواب: دیکھیں بلاک: 3، سوال: 6

(یا)

جوشؔ ملیح آبادی کی خودنوشت 'یادوں کی برات' کو مدِ نظر رکھ کر ان کی سوانح نگاری پر مضمون تحریر کیجیے۔

جواب: دیکھیں بلاک: 4، سوال: 5

سوال:**5** اُردو میں طنز و مزاح کی روایت اور فن پر اپنی رائے بیان کیجیے۔

جواب: دیکھیں بلاک: 6، سوال: 1

(یا)

'اُردو میں خطوط نگاری اور غالبؔ کی خطوط نگاری' کے موضوع پر ایک مفصّل مضمون لکھیے۔

جواب: دیکھیں بلاک: 5، سوال: 1 اور 2

☺☺☺

اُردو کی غیر افسانوی نثر : BULE-005

December, 2017

نوٹ:- صرف پانچ سوالوں کے جواب لکھیے۔ سوالوں کے نمبر مساوی ہیں۔

سوال 1: اُردو میں رپورتاژ کی روایت پر روشنی ڈالیے۔

جواب: اُردو میں رپورتاژ نگاری کا باقاعدہ آغاز بیسویں صدی سے ہوتا ہے۔ لفظ رپورتاژ دراصل فرانسیسی لفظ سے انگریزی میں مستعار لیا گیا ہے جس کے معنی رپورٹ یا روداد کے ہیں جس میں رپورتاژ نگار خود شریک ہو یا چشم دید ہو۔ رپورتاژ انگریزی لفظ 'رپورٹ ایج' کا اردو ترجمہ ہے جو رومن رسم الخط Reportage ہے۔ رپوتاژ کے معنی مختلف لغات اس طرح ہیں:

(۱) کسی واقعہ کو دلچسپ اور افسانوی انداز میں لکھنا۔ (فیروز اللغات)

(۲) کسی واقعے کو نہایت دلچسپی اور جزئیات کے ساتھ بیان کر کے پیش کرنا۔ آنکھوں دیکھا حال اور لمحہ لمحہ کی بات۔ (اعجاز اللغات)

(۳) کسی واقعے کو دلچسپ اور افسانوی انداز میں تحریر کرنا۔ Reporatage کا مورد۔

مذکورہ حوالوں سے یہ بات پتا چلتی ہے کہ رپورتاژ کے لغوی معنی کسی واقعہ یا روداد کو دلچسپ اور افسانوی انداز میں پیش کرنے کو کہتے ہیں۔ اس کی تعریف مختلف ادباء، ماہرین اور ناقدین نے اپنے اپنے انداز میں کی ہے۔ عاتق شاہ اس کی تعریف کچھ اس طرح کرتے ہیں۔

"رپورتاژ اُردو ادب کی ایک ایسی صنف ہے جو مغرب سے آئی ہے۔ اس میں صرف ان چشم دید واقعات کا اظہار کیا جاتا ہے جن کی نوعیت شخصی بھی ہوسکتی ہے اور سماجی بھی اس طرح رپورتاژ لکھنے والے کی حیثیت تماشائی کی بھی۔ ممکن ہے کہ وہ اس کا کردار رہا ہو۔" ان تمام ادیبوں اور دانشوروں کی آرا کے

مطالعے کے بعد رپورتاژ نگاری کی تعریف کچھ اس طرح کی جاسکتی ہے کہ کسی ادبی رپورٹ کو رپورتاژ کہا جاتا ہے۔ رپورتاژ نگار کا کردار اہمیت کا حامل ہوتا ہے کیوں کہ وہ عینی شاہد ہوتا ہے۔ اور واقعے کو افسانوی انداز میں بیان کرتا ہے کہ قاری کو بوریت کا احساس نہیں ہوتا۔

اُردو ادب میں رپورتاژ نگاری کے نقوش ترقی پسند تحریک کے دور کے رسائل وجرائد اور اخبار میں نظر آتے ہیں۔ اسی تحریک کے زیر اثر رپوتاژ نگاری نے آغاز وارتقا کی مختلف منزلیں طے کی ہیں۔ اور اپنے وجود کی علاحدہ حیثیت کو منوایا اور جدید ادبی نثر میں اپنی ضرورت واہمیت سے روشناس کرایا۔ ترقی پسند تحریک سے قبل رپورتاژ کی کوئی صورت واضح نہ تھی۔ صحافت کا عروج تھا لیکن اس میں جوں کا توں حقائق پیش کر دیا جاتا تھا۔ لہٰذا صحافی رپورٹ کو ادبی چاشنی کے ساتھ کانفرنسوں اور جلسوں کو دل کش انداز میں بیان کیا گیا جس سے ایک نئی صنف وجود میں آئی جو رپورتاژ کہلائی۔ سجاد ظہیر نے اپنے احساس وجذبات کو پیش کرنے کا ذریعہ رپورتاژ ہی کو بنایا۔ حمید اختر نے بھی ترقی پسند مصنفین کے کانفرنسوں اور جلسوں کی روداد کو دل کش انداز میں پیش کیا تاکہ عوام اسے دل چسپی سے پڑھے اور سمجھے۔ اُردو کے پہلے رپورتاژ نگار کے سلسلے میں اختلاف ہے۔ بعض لوگ سجاد حیدر یلدرم کے 'سفر بغداد' کو ہی پہلا رپورتاژ قرار دیتے ہیں۔ محمد حسن عسکری کرشن چندر کے 'پودے' کو پہلا رپورتاژ کہتے ہیں۔ جبکہ طلعت گل سجاد ظہیر کی تصنیف ''یادیں'' کو اردو کا پہلا رپورتاژ مانتی ہیں۔ وہ 'پودے' کے بارے میں لکھتی ہیں کہ پودے کی اہمیت نقش ثانی ہونے کے علاوہ جامع اور مستحکم ہے۔ سجاد ظہیر اور کرشن چندر نے جو رپورتاژ لکھے ہیں وہ آزادی سے قبل کی روداد یں ہیں۔ لیکن آزادی ہند کے بعد جب ملک تقسیم ہوا تو چاروں طرف فسادات پھوٹ پڑے۔ ہر طرف افراتفری کا عالم تھا۔ لوگوں کو ہجرت کرنی پڑی۔ اس دوران لوگوں کو بڑی پریشانیاں آئیں۔ لاکھوں کا جانی مال نقصان ہوا۔ ملک کی تقسیم اور فسادات کو موضوع رپورتاژ بنایا گیا۔ خدیجہ مستور نے 'پوپھٹے' اور فکر تونسوی نے 'چھٹا دریا' اور جمنا داس نے 'اور خدا دیکھتا رہا' اور ابراہیم جلیس نے 'دو ملک ایک کہانی' اور شاہد احمد دہلوی نے 'دلی کی بپتا۔ ماں' اور تاجور سامری نے 'جب بندھن ٹوٹے' اور شفیق الرحمٰن نے 'دجلہ سے فرات تک' اور عبداللہ ملک نے 'مستقبل ہمارا ہے' اور صفیہ اختر نے 'ایک ہنگامہ' اور اجمل اجملی نے 'ایک رات گزری ہے، ایک صدی گزری ہے' جیسے قابل ذکر رپورتاژ لکھے۔

اس کے بعد رپورتاژ نگاری کا چلن عام ہوتا چلا گیا۔ مختلف موضوعات پر رپورتاژ لکھے گئے۔ انور عظیم نے 'پھول کی پتی ہیرے کا جگر' اور پرکاش پنڈت نے 'کہت کبیر سنو بھائی سادھو' اور رضا سجاد ظہیر نے 'امن کا کارواں' اور نثار لطفی نے 'جشن فرید' اور زہرہ جمال نے '۵؍دسمبر کی رات' اور اظہار اثر نے 'ترقی پسند مصنفین کی کل ہند کانفرنس' اور قاضی عبدالستار نے 'سفر ہے شرط' وغیرہ قابل ذکر ہیں۔

اسی دوران قرۃ العین حیدر نے 'لندن لیٹر'، کوہ دماوند اور 'ستمبر کا چاند' جیسے شاہکار رپورتاژ لکھے جو فنی محاسن کی تکمیل کے علاوہ دلچسپ و دل کش انداز میں پیش کیے گئے۔ رپورتاژ کے فن واصول کو قرۃ العین نے اس حسن خوبی سے برتا کہ رپورتاژ کی روایت کو ایک راہ مل گئی جن پر کئی ادیبوں نے چل کر اس کے سرمایہ میں بہت اضافہ کیا۔ پھر ایک دور ایسا آیا کہ رپورتاژ اور سفرنامہ میں فرق کرنا مشکل ہوگیا۔ رسالہ 'ماہِ نو' میں جو مضامین اور سفرنامے شائع ہورہے تھے ان کو رپورتاژ کا نام دیا گیا جس سے رپورتاژ کے فن واصول میں غلط فہمیاں جگہ پانے لگیں۔ لیکن ایسے وقت میں چند ایسے ادباء نے اس فرق کو سمجھتے ہوئے ایسے رپورتاژ لکھے کہ جس سے اس فن کو سمجھنے میں بہت مدد ملی۔ سلمیٰ صدیقی نے 'نقاب' اور 'چہرے' کے نام سے ایسے ہی رپورتاژ لکھے جس کا موضوع دانشوروں اور ماہرین علم وفن کی ایک دعوت کی روداد ہے اور جو کرشن چندر کے گھر پر دی گئی تھی۔ رام لعل نے 'احساس کی یاترا' لکھا جس کا موضوع جدیدیت کے رجحان کے تحت مصنفین کے سمپوزیم کا روداد ہے۔ حمید سہروردی نے ایک اور شب افسانہ کی روداد 'اس رات کی بات' لکھا۔ مسعود مفتی نے مشرقی پاکستان کے آنکھوں دیکھے حال کو 'چہرے' کے عنوان سے لکھا۔ عاتق شاہ نے 'خالی ہاتھ' لکھا۔ شوکت حیات نے ادبی سرگرمیوں پر مشتمل 'تین دنوں کا شہر' لکھا۔ اس طرح یہ روایت آگے بڑھی اور ترقی پسند تحریک نے ۱۹۳۶ء سے لے کر ۱۹۷۶ء تک اپنے عروج وزوال کے مراحل کو طے کرتے ہوئے نئے تحریکات وتصورات کے دور دیکھے۔ اس عہد کے ماحول کے مطابق ایسے موضوعات پر رپورتاژ لکھے گئے جس سے رپورتاژ نگاری میں نئے موضوعات کو وسعت ملی۔

قرۃ العین حیدر نے 'گلگشت' لکھا جس کا موضوع روس وکشمیر ہے۔ ایک اور رپورتاژ 'کوہِ دماوند' لکھا جس کا موضوع ایک ایرانی لڑکی کے ملکہ ایران بننے پر مشتمل ہے۔ ممتاز مفتی کا رپورتاژ 'ہندیاترا' ہے جس کا موضوع ہندوستان کے سفر کی روداد ہے۔ رفیع الدین ہاشمی نے 'اقبال پر ایک یادگار عالمی اجتماع' کے عنوان

سے لکھا جو جو حیدر آباد میں منعقد اقبال عالمی سیمینار کی روداد ہے۔ مسعود مفتی نے 'ہم نفس' لکھا جو سقوط ڈھاکہ پر مشتمل ہے۔اس کے بعد کئی رپورتاژ لکھے گئے جو اپنے عہد کی ترجمانی کرتے ہیں۔اس صنف نے عروج وزوال کے کئی منازل طے کئے ہیں۔لیکن اس کا فن مخصوص ہے جو زندگی کی حقائق کو پیش کرتا ہے۔جس طرح ادب اور زندگی کے درمیان ایک گہرا رشتہ ہے ٹھیک اسی طرح یہ صنف بھی ادب کو زندگی سے جوڑتی ہے۔اس لئے اس کا مستقبل بہت روشن ہے۔

سوال:2 سفرنامہ نگاری کی حیثیت سے صالحہ عابد حسین کی خدمات بیان کیجیے۔

جواب: دیکھیں بلاک: 5، سوال:5

سوال:3 پطرس بخاری کے نثری اسلوب کی نمایاں خصوصیات قلم بند کیجیے۔

جواب: دیکھیں بلاک:6، سوال:5 اور 6

سوال:4 رشید احمد صدیقی کی نثر کے امتیاز پر اظہارِ خیال کیجیے۔

جواب: دیکھیں بلاک:6، سوال:4

سوال:5 شاہد دہلوی کی خاکہ نگاری پر روشنی ڈالیے۔

جواب: دیکھیں بلاک: 5، سوال:8

سوال:6 خواجہ حسن نظامی کی نثر کے امتیازات بیان کیجیے۔

جواب: دیکھیں بلاک: 3، سوال: 4

سوال:7 ابوالکلام آزاد کے نثری اسلوب پر روشنی ڈالیے۔

جواب: دیکھیں بلاک: 3، سوال:6

سوال: **8** شبلی نعمانی کی نثر کے امتیاز بیان کیجیے۔

جواب: دیکھیں بلاک: 2، سوال: 4

سوال: **9** آزادی کے بعد اُردو میں طنز و مزاح کی روایت پر روشنی ڈالیے۔

جواب: دیکھیں بلاک: 6، سوال: 1

سوال:**10** ذیل میں سے صرف دو (۲) پر نوٹ لکھیے۔

(i) اُردو میں انشاپردازی کی روایت

جواب: دیکھیں بلاک: 3، سوال: 1

(ii) مہدی افادی کی نثر

جواب: دیکھیں بلاک: 2، سوال: 5

(iii) جدید اُردو نثر کی اصناف

جواب: دیکھیں بلاک: 1، سوال: 3

(iv) سرسید احمد کی نثر

جواب: دیکھیں بلاک: 2، سوال: 2

☺☺☺

اگر ارادے بلند ہوں تو منزل
اپنے آپ ہی آسان ہو جاتی ہے

اُردو کی غیر افسانوی نثر : BULE-005

June, 2018

نوٹ :- صرف پانچ سوالوں کے جواب لکھیے ۔ سوالوں کے نمبر مساوی ہیں۔

سوال:1 سودیشی ریل کے حوالے سے شوکت تھانوی کے مزاحیہ اسلوب کی خصوصیات بیان کیجیے۔

جواب: دیکھیں بلاک : 6، سوال : 8

سوال:2 آزادی سے پہلے اُردو میں طنز و مزاح کی صورتِ حال پر روشنی ڈالیے۔

جواب: دیکھیں بلاک : 6، سوال : 1

سوال:3 خطوطِ غالب کی نثر کے امتیازات بیان کیجیے۔

جواب: دیکھیں بلاک : 5، سوال : 1

سوال:4 اُردو میں انشائیہ نگاری کی روایت کا مختصر جائزہ لیجیے۔

جواب: دیکھیں بلاک : 3، سوال : 1

سوال:5 شبلی نعمانی کے اسلوب نثر کی خصوصیات بیان کیجیے۔

جواب: دیکھیں بلاک : 2، سوال : 3

سوال:6 غیر افسانوی نثر کی دو اہم اصناف کا تعارف پیش کیجیے۔

جواب: دیکھیں بلاک : 1، سوال : 3

سوال:7 اُردو نثر کے ارتقائی سفر پر اختصار سے روشنی ڈالیے۔

جواب: دیکھیں بلاک: 1، سوال: 1

سوال:8 مہدی افادی کی مضمون نگاری کے امتیازات پر اظہارِ خیال کیجیے۔

جواب: دیکھیں بلاک: 2، سوال: 5

سوال:9 'نیرنگِ خیال' کی روشنی میں محمد حسین آزاد کی انشا پردازی کا جائزہ پیش کیجیے۔

جواب: دیکھیں بلاک: 3، سوال: 3

سوال:10 ذیل میں سے صرف دو (۲) پر نوٹ لکھیے۔

(i) رشید احمد صدیقی

جواب: دیکھیں بلاک: 6، سوال: 4

(ii) حسن نظامی

جواب: دیکھیں بلاک: 3، سوال: 4

(iii) مرزا محمود بیگ

جواب: دیکھیں بلاک: 3، سوال: 7

(iv) اُردو میں خاکہ نگاری

جواب: اُردو میں خاکہ نگاری کا آغاز کب اور کیسے ہوا یہ کہنا ذرا مشکل ہے۔ البتہ شاعری جو اُردو ادب کی قدیم اصناف ہے اس صنف کے ابتدائی نقوش اس میں بکثرت ملتے ہیں۔ مثنویوں، مرثیوں، قصیدوں اور ہجو وغیرہ میں اس کی جھلکیاں نظر آتی ہیں۔ اور نثری ادب میں اس کے ابتدائی نمونے تذکروں میں ملتے ہیں۔ تذکرے کب اور کیسے وجود میں آئے یہ کہنا بھی مشکل ہے۔ لیکن جب اُردو میں باضابطہ شعر گوئی کا

رواج ہوا تو مشاعرے ترتیب دیئے جانے لگے اور پھر اہل ذوق نے بیاضوں میں اپنی پسند کے اشعار ترتیب دینے شروع کئے۔ بعض لکھنے والوں نے شعر کے ساتھ شاعر کے احوال بھی لکھ دیئے۔ اس طرح تذکرہ نگاری کی ابتدا ہوئی۔ ان بیاضوں اور تذکروں میں شعرا کے بارے میں جو کچھ لکھا گیا وہ فارسی زبان میں تھا کیوں کہ اس وقت ملک کی سرکاری زبان فارسی تھی۔ میر کا 'نکات الشعرا' ۱۱۶۵ء میں لکھا گیا۔ اس کے بعد کے تذکروں میں خاکہ نگاری کے ہلکے پھلکے نقوش ملتے ہیں۔ لیکن یہ نقوش اتنے مکمل نہیں ہیں کہ انھیں خاکہ کہا جاسکے۔ کیوں کہ تذکرہ نگاروں نے اس کو صنف ادب کی حیثیت نہیں برتا۔ شخصیت کو پیش کرتے وقت بڑے ہی ایجاز و اختصار سے کام لیا اور اس کے مختلف پہلوؤں کی طرف چند الفاظ یا فقروں کے ذریعہ اشارہ کر کے آگے بڑھ گئے۔

بعض تذکروں میں شاعروں سے متعلق زیادہ تفصیلات ہیں جیسے قدرت اللہ قاسم کا مجموعۂ نغز ۱۳۱۲ھ اور سعادت یار خاں کا تذکرہ 'خوش معرکہ زیبا' وغیرہ قابل ذکر ہیں۔ لیکن اتنی تفصیل ہونے کے باوجود بھی شاعر کی پوری شخصیت ہمارے سامنے نہیں آتی۔ ہم اسے خاکہ کا عکس تو کہہ سکتے ہیں لیکن خاکہ کی عدم شرائط کی وجہ سے اسے صنف خاکہ میں شمار نہیں کرسکتے۔ تذکروں کے بعد انشاء اللہ خاں انشا کی 'دریائے لطافت' میں کردار نگاری کی جھلکیاں بہت حد واضح ملتی ہیں۔ انشاء نے میر ظفر عینی، بھاڑا مل، مرزا صدرالدین اصفہانی اور ملا عبدالفرقان کی کامیاب تصویریں اتاری ہیں جس میں حلیہ اور ہیبت نگاری زیادہ اور شخصیت کی عکاسی کم ہے۔

خاکہ نگاری صنف ادب کی حیثیت سے چند انفرادی خدوخال اور خصوصیات کی حامل ہوتی ہے۔ خاکہ نگار شخصیت کی سیرت کی دھوپ چھاؤں، اس کے عادات واطوار، کردار کے سیاہ وسفید کی ایسی بہترین تصویر کشی کرتا ہے کہ جس سے شخصیت کے اہم گوشے بے نقاب ہوجاتے ہیں۔ اس کی جھلک 'ہمیں محبوب الزمن' اور 'تذکرہ گل رعنا' میں کہیں کہیں نظر آتی ہے۔ اسی طرح محمد حسین آزاد کی 'دربار اکبری' اور 'نیرنگِ خیال' اور 'آب حیات' میں کرداروں کے مختلف پہلوؤں پر ایسے انداز میں روشنی ڈالی گئی ہے کہ یہ قلمی تصویریں خاکے کے بہت زیادہ قریب معلوم ہوتی ہیں۔ لیکن خاکہ نگاری کے لئے صرف شخصیت کو جان لینا کافی نہیں ہوتا بلکہ اس کے تمام احوال وکوائف کو جمع کر کے اپنے قوتِ تخیل سے اس میں روح پھونکنا ضروری ہوتا

ہے۔آزاد کی رکھی ہوئی بنیادوں کو بلند کرنے میں مرزا محمد ہادی رسوؔا اور عبد الحلیم شرر نے اہم کردار ادا کیا ہے۔شررؔ نے تو کوشش بہت کی کہ صورت کے ساتھ سیرت کے نقوش بھی واضح ہو جائیں لیکن وہ زیادہ تر کارنامے یا خاص واقعات ہی سنا کر رہ گئے۔پھر بھی ماضی کی بے جان شخصیت کو قاری زندہ اور متحرک محسوس کرتا ہے۔'سیر رجال اور سیر نسوان' میں عبدالحلیم شرر کی زبان بالکل سیدھی سادی اور ہر قسم کی صنعت کاری سے عاری ہے۔مختلف کرداروں میں یکسانیت کا احساس ہوتا ہے۔اس لئے فنی نقطۂ نظر سے انھیں مکمل خاکوں میں شمار نہیں کر سکتے۔البتہ اُردو خاکہ نگاری میں ابتدائی نقوش کی حیثیت سے ان کی اہمیت مسلم ہے۔رسوؔا نے 'وضع داران لکھنؤ' کے نام سے شخصیتوں پر مضامین کا مجموعہ شائع کیا۔ان کی پیش کش میں جذبات، خلوص، اعتماد اور قطعیت ضرور ہے لیکن انھوں نے شخصیتوں کے کسی ایک پہلو کو اجاگر کیا ہے۔اس لئے فنی نقطہ نظر سے ان کے شخصی مضامین کو نیم شخصی مرقع کہنا درست ہے۔رسوؔا کے بعد خواجہ حسن نظامی نے دلی کی بڑی شخصیتوں کی تصویر کشی کی ہے۔جنھیں وہ قلمی تصویر کہتے تھے۔لیکن وہ شخصیت کا عکس نہیں صرف حلیہ بیان کرتے ہیں۔اس لئے ان کی تصویریں متحرک نہیں سپاٹ ہیں۔'محرم نامہ' میں شخصیتوں کے حلیے، سیرت کے نقوش، منظر نگاری، واقعہ نگاری سبھی کچھ ملتے ہیں اس کے باوجود انھیں مکمل خاکہ نہیں کہا جا سکتا ہے۔البتہ اُردو خاکہ نگاری میں ابتدائی نقوش کی حیثیت سے ان کی اہمیت مسلم ہے۔

جدید خاکہ نگاری کی ابتدا مرزا فرحت اللہ بیگ کے خاکوں سے ہوتی ہے۔فرحت اللہ بیگ نے بیسویں صدی کی تیسری دہائی میں شخصی خاکوں کی طرف توجہ کی اور شخصی خاکہ نگاری کو ایک مستقل صنف کے درجے پر پہونچا دیا۔'نذیر احمد کی کہانی' اُردو ادب کا ایک گراں قدر تخلیقی کارنامہ ہے۔ایک وصیت کی تعمیل، لالہ سری رام، یاد ایام، عشرت فانی، العظمۃ اللہ، خواجہ بدر الدین، حکیم آغا جان عیش، نواب عبدالرحمٰن احسان وغیرہ شخصی خاکے ہیں۔اس تخلیق کے منظر عام پر آنے کے بعد کئی ادیبوں نے اس صنف کی طرف توجہ کی۔آغا حیدر حسن نے مختلف شخصیتوں پر 'پس پردہ' میں چند خاکے لکھے ہیں۔اس میں مسز سروجنی نائیڈو، سید حسن اور مسٹر حیات اللہ انصاری کے خاکے شامل ہیں۔مولوی عبدالحق کے شخصی خاکوں کا مجموعہ 'چند ہم عصر' کے نام سے ۱۹۳۷ء میں شائع ہوا۔ان کے خاکے خارجی نقطہ نظر اور غیر جانب داری کی وجہ سے انفرادی حیثیت کے حامل ہیں۔وہ اپنے خاکوں کو صاف ستھری زبان، سادے اسلوب اور ہلکے تبسم خیز مزاح کے

ساتھ مربوط انداز میں بیان کرتے ہیں۔اس لئے ان کے خاکوں میں ایک خاص ادبی قدر کے ساتھ آورد کی کیفیت ہوتی ہے۔رشید احمد صدیقی کا شمار خاکہ نگاری کے معماروں میں ہوتا ہے۔مضامین رشید، خنداں، گنج ہائے گراں مایہ، ذاکر صاحب اور ہم نفسان رفتہ جیسے انمول شاہکار اردو ادب میں امتیازی شان رکھتے ہیں۔' مضامین رشید' مزاحیہ مضامین پر مشتمل ہے اس میں صرف ایک خاکہ اقبال سہیل کا ہے۔'خنداں' چالیس ریڈیائی تقریروں کا مجموعہ ہے۔اس میں صرف دو خاکے ایک ' شیخ پیرو' اور دوسرا ' ڈاکٹر خنداں' کا ہے۔' ذاکر صاحب' ایک ہمدرد، عقیدت منداور قریبی دوست نے ایک ایسے شخص کی زندگی کے مختلف پہلوؤں پر روشنی ڈالی ہے جس کا مقصد اور نصب العین صرف محبت اور محبت ہے۔' ہم نفسانِ رفتہ' یہ سات خاکوں سے مزین ہے۔ان میں وہ ہستیاں ہیں جن سے رشید صاحب کے ایک طویل عرصہ تک روابط رہے ہیں۔' گنج ہائے گراں مایہ' میں تیرہ تعزیتی مضامین مجتمع کئے گئے ہیں۔بعض نامور ہستیوں کے انتقال اور چند مخلص دوستوں کے داغ مفارقت سے متاثر ہو کر یہ خاکے لکھے۔ ہر خاکہ غم واندوہ اور دردو کسک میں ڈوبا ہوا ہے۔

جدید خاکہ نگاروں کے چند نام یہاں پیش ہیں جنھوں نے خاکہ نگاری میں اہم رول ادا کیا ہے۔ان میں فرحت اللہ بیگ، آغا حیدر حسن، عبدالحق، محمد شفیع دہلوی، بشیر احمد ہاشمی، خواجہ غلام السیدین، عبدالرزاق کانپوری، عبدالماجد دریابادی، رشید احمد صدیقی، عصمت چغتائی، سعادت حسن منٹو، اشرف صبوحی، دیوان سنگھ مفتون، شوکت تھانوی، مالک رام، اعجاز حسین، چراغ حسن، تمکین کاظمی، غلام احمد فرقت کاکوروی، رئیس احمد جعفری، محمد طفیل، عبدالماجد سالک، ضیاء الدین احمد برنی، شاہد احمد دہلوی، علی جواد زیدی، عبدالاحد خاں بھوپالی، معین الدین دردائی، الطاف حسین قریشی، نریش کمار شاد وغیرہ کے نام قابل ذکر ہیں۔

☺☺☺

BULE-005 : اُردو کی غیر افسانوی نثر

December, 2018

نوٹ :- سبھی پانچ سوالوں کے جواب لکھیے۔ تمام سوالوں کے نمبر مساوی ہیں۔

سوال:1 جدید اُردو نثر کے ارتقائی سفر کا جائزہ پیش کیجیے۔

جواب: دیکھیں بلاک: 1، سوال:1

یا

سرسید کی نثری خدمات بیان کیجیے۔

جواب: دیکھیں بلاک: 1، سوال:9

سوال:2 حالؔی کے نثری کارناموں پر روشنی ڈالیے۔

جواب: دیکھیں بلاک: 2، سوال:6

یا

شاہد احمد دہلوی کی خاکہ نگاری پر اظہارِ خیال کیجیے۔

جواب: دیکھیں بلاک: 5، سوال:8

سوال:3 رشید احمد صدیقی کی نثری خدمات بیان کیجیے۔

جواب: دیکھیں بلاک: 6، سوال:4

یا

خواجہ حسن نظامی کی انشائیہ نگاری پر روشنی ڈالیے۔

جواب: دیکھیں بلاک: 3، سوال:5

سوال:4   مرزا محمود بیگ کی نثری خدمات بیان کیجیے۔
جواب: دیکھیں بلاک: 3، سوال:7

یا

منشی سجاد حسین کی نثری خدمات کا جائزہ پیش کیجیے۔
جواب: دیکھیں بلاک: 6، سوال:3

سوال:5   شوکت تھانوی کی نثری خدمات پر روشنی ڈالیے۔
جواب: دیکھیں بلاک: 6، سوال:7

یا

ذیل میں سے کسی دو پر نوٹ لکھیے :

(i) یادوں کی بارات
جواب: دیکھیں بلاک: 4، سوال:5

(ii) غیر افسانوی نثر کے امتیازات
جواب: دیکھیں بلاک: 1، سوال:3

(iii) امید کی خوشی
جواب: دیکھیں بلاک: 2، سوال:2

(iv) اُردو لٹریچر کے عناصر خمسہ
جواب: دیکھیں بلاک: 2، سوال:5

(v) خطوطِ غالب
جواب: دیکھیں بلاک: 5، سوال:1

☺☺☺

اُردو کی غیر افسانوی نثر : BULE-005

June, 2019

نوٹ :- سبھی سوالوں کے جواب لکھیے۔ نمبر مساوی ہیں۔

سوال:1 جدید اُردو نثر کی اصناف پر روشنی ڈالیے۔

یا

اُردو کے کسی اہم انشا پرداز پر اظہار خیال کیجئے۔

سوال:2 اُردو میں مضمون نگاری کی روایت پر روشنی ڈالیے۔

یا

مہدی افادی کے مضمون 'اُردو لٹریچر کے عناصر خمسہ' پر اظہار خیال کیجئے۔

سوال:3 اُردو میں انشائیہ نگاری کے آغاز و ارتقا پر روشنی ڈالیے۔

یا

حسن نظامی کے انشائیے 'دیا سلائی' پر اظہار خیال کیجیے۔

سوال:4 شبلی نعمانی کی سوانح نگاری پر اظہار خیال کیجئے۔

یا

غالب کی خطوط نگاری پر روشنی ڈالیے۔

سوال:5 اُردو میں طنز و مزاح کی روایت پر روشنی ڈالیے۔

یا

رشید احمد صدیقی کے فن پر اظہار خیال کیجئے۔

اُردو کی غیر افسانوی نثر : BULE-005

December, 2019

نوٹ :- سبھی سوالوں کے جواب لکھیے۔ ہر سوال کے نمبر مساوی ہیں۔

سوال:1 جدید اُردو نثر کے ارتقا پر اظہار خیال کیجئے۔

یا

جدید اُردو نثر کی اصناف پر روشنی ڈالیے۔

سوال:2 سر سید کے مضمون 'امید کی خوشی' پر تبصرہ کیجئے۔

یا

اُردو میں مضمون نگاری پر نوٹ لکھئے۔

سوال:3 انشائیہ نگاری کے فن پر روشنی ڈالیے۔

یا

حسن نظامی کے انشائیے ''دیا سلائی'' کی خصوصیت بیان کیجئے۔ط

سوال:4 اُردو میں سوانح نگاری کی روایت پر مضمون لکھئے۔

یا

الطاف حسین حالی کی سوانح نگاری پر اظہار خیال کیجئے۔

سوال:5 رپورتاژ کے فن پر روشنی ڈالیے۔

یا

خاکہ نگاری پر تبصرہ کیجئے۔

BULE-005 : اُردو کی غیر افسانوی نثر

June, 2020

نوٹ :- سبھی سوالوں کے جواب لکھیے۔تمام سوالوں کے نمبر مساوی ہیں۔

سوال:1 غیر افسانوی نثر کا تعارف پیش کیجئے۔

یا

رشید احمد صدیقی کے اسلوب کے امتیازات بیان کیجئے۔

سوال:2 شبلی نعمانی کے مضمون ''سرسید اور اُردو لٹریچر'' پر اظہار خیال کیجئے۔

یا

محمد حسین آزاد کے انشائیے ''بقائے دوام'' پر روشنی ڈالئے۔

سوال:3 سوانح نگاری کے فن پر اظہار خیال کیجئے۔

یا

جوش ملیح آبادی کی خودنوشت سوانح ''یادوں کی بارات'' پر روشنی ڈالئے۔

سوال:4 اُردو میں سفرنامے کی روایت پر روشنی ڈالئے۔

یا

شاہد احمد دہلوی کے خاکے کے ''میر ناصر علی'' پر اظہار خیال کیجئے۔

سوال:5 پطرس بخاری کے مزاحیہ مضمون ''مرحوم کی یاد میں'' پر اظہار خیال کیجئے۔

یا

شوکت تھانوی کے مضمون ''سودیشی ریل'' پر روشنی ڈالئے۔

BULE-005 : اُردو کی غیر افسانوی نثر

February, 2021

نوٹ :- سبھی سوالوں کے جواب لکھیے ۔ نمبر مساوی ہیں ۔

سوال:1 غیر افسانوی نثر اور اس کی اصناف پر روشنی ڈالیے ۔

یا

سر سید کی مضمون نگاری کی خصوصیات بیان کیجیے ۔

سوال:2 محمد حسین آزاد انشائیہ نگاری پر اظہار خیال کیجئے ۔

یا

مرزا محمود بیگ کا انشائیہ ''آنکھ کی شرم'' پر روشنی ڈالیے ۔

سوال:3 شبلی کی سوانح نگاری پر تبصرہ کیجئے ۔

یا

جوش ملیح آبادی کی خود نوشت سوانح پر اظہار خیال کیجئے ۔

سوال:4 غالب کی مکتوب نگاری پر اظہار خیال کیجئے ۔

یا

خاکہ نگاری پر روشنی ڈالیے ۔

سوال:5 اُردو میں طنز و مزاح کی روایت پر اظہار خیال کیجئے ۔

یا

رشید احمد صدیقی کی تخلیق ''چارپائی'' پر تبصرہ کیجئے ۔

اُردو کی غیر افسانوی نثر : BULE-005

June, 2021

نوٹ :- صرف پانچ سوالوں کے جواب لکھیے۔ تمام سوالوں کے نمبر مساوی ہیں۔

سوال:1 جدید اُردو نثر کے فروغ میں ''علی گڑھ تحریک'' کی خدمات پر روشنی ڈالئے۔

سوال:2 اُردو کے چند اہم انشاء پردازوں کا تعارف کرائیے۔

سوال:3 اُردو نثر کے فروغ میں خطوطِ غالب کی اہمیت پر روشنی ڈالیے۔

سوال:4 اُردو نثر کے فروغ میں خطوطِ غالب کی اہمیت پر روشنی ڈالئے۔

سوال:5 مہدی افادی کی مضمون ''اردو لٹریچر کے عناصر خمسہ پر اظہار خیال کیجئے۔

سوال:6 محمد حسین آزاد کی نثری خدمات بیان کیجئے۔

سوال:7 ابوالکلام آزاد کی انشائیہ نگاری پر ''چڑیا چڑے کی کہانی'' کے حوالے سے تبصرہ کیجئے۔

سوال:8 رشید احمد صدیقی کے مضمون ''چارپائی'' کی روشنی میں ان کے اسلوب پر تبصرہ کیجئے۔

سوال:9 اُردو میں سوانح نگاری کی روایت پر روشنی ڈالئے۔

سوال:10 ذیل میں سے صرف دو (۲) پر نوٹ لکھئے۔

(الف) اُردو میں خاکہ نگاری

(ب) شبلی نعمانی

(ج) خواجہ حسن نظامی

(د) شوکت تھانوی

اُردو کی غیر افسانوی نثر : BULE-005

December, 2021

نوٹ:- صرف پانچ سوالوں کے جواب لکھئے۔ تمام سوالوں کے نمبر مساوی ہیں۔

سوال 1: جدید اُردو نثر کے ارتقاء پر ایک مکمل اور جامع نوٹ لکھئے۔

سوال 2: اُردو میں مضمون نگاری کے ارتقاء پر ایک مفصل نوٹ لکھئے۔

سوال 3: علامہ شبلی نعمانی کے مضمون ''سرسید احمد اُردو لٹریچر'' پر تبصرہ کیجئے۔

سوال 4 : محمد حسین آزاد کی انشائیہ نگاری پر ''بقائے دوام'' کے حوالے سے تبصرہ کیجئے۔

سوال 5: اُردو میں سوانح نگاری کے فن پر ایک جامع اور مکمل نوٹ لکھئے۔

سوال 6: پطرس بخاری کے مضمون ''مرحوم کی یاد میں'' پر تبصرہ کیجئے۔

سوال 7: اردو میں طنز و مزاح کی روایت پر اظہار خیال کیجئے۔

سوال 8: غالب کی خطوط نگاری کے موضوع پر ایک مفصل مضمون لکھئے۔

سوال 9: اردو نثر کی ترقی میں علامہ شبلی نعمان کے کارناموں کا احاطہ کیجئے۔

سوال 10: ذیل میں سے صرف دو (۲) پر نوٹ لکھئے۔

(الف) رپورتاژ ''بمبئی سے بھوپال تک'' پر تبصرہ کیجئے۔

(ب) شوکت تھانوی کے مضمون ''سودیشی ریل'' کا جائزہ لیجئے۔

(ج) مہدی افادی کے مضمون ''اردو لٹریچر کے عناصر خمسہ'' پر اظہار خیال کیجئے۔

(د) ابوالکلام آزاد کی انشائیہ نگاری پر تبصرہ کیجئے۔